汽车色彩与调色

主　编　吴兴敏　姜　浩　姜忠良
副主编　张兴良　马宏伟　杨艳芬

北京理工大学出版社
BEIJING INSTITUTE OF TECHNOLOGY PRESS

内 容 简 介

本书共分四个项目,分别是准备工作、调色基本技能训练、涂料的调色和颜色的检验。用图文结合的方式,详细介绍了汽车涂装调色的职业安全与健康事项、色盲理论与检查方法、色母与工具准备方法、色彩对比技能训练理论与方法、颜色配方获取方法、素色漆与金属漆的调色理论与方法及颜色的检验理论与方法。

本书是高职院校汽车整形技术专业的创新教材,也可作为汽车涂装与颜色培训用教材及从事汽车涂装和调色工作的技术人员参考用书。

版权专有　侵权必究

图书在版编目（CIP）数据

汽车色彩与调色 / 吴兴敏,姜浩,姜忠良主编. —北京：北京理工大学出版社,2020.8重印

ISBN 978-7-5682-0132-2

Ⅰ.①汽…　Ⅱ.①吴…②姜…③姜…　Ⅲ.①汽车-涂漆　Ⅳ.①U472.44

中国版本图书馆 CIP 数据核字（2015）第 027916 号

出版发行 /	北京理工大学出版社有限责任公司
社　　址 /	北京市海淀区中关村南大街5号
邮　　编 /	100081
电　　话 /	（010）68914775（总编室）
	82562903（教材售后服务热线）
	68948351（其他图书服务热线）
网　　址 /	http：//www.bitpress.com.cn
经　　销 /	全国各地新华书店
印　　刷 /	三河市天利华印刷装订有限公司
开　　本 /	787 毫米 × 1092 毫米　1/16
印　　张 /	14
彩　　插 /	6
字　　数 /	326 千字
版　　次 /	2020 年 8 月第 1 版第 5 次印刷
定　　价 /	38.00 元

责任编辑 / 陈莉华
文案编辑 / 陈莉华
责任校对 / 周瑞红
责任印制 / 马振武

图书出现印装质量问题,请拨打售后服务热线,本社负责调换

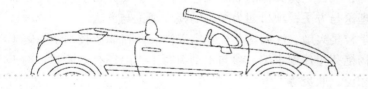 

前 言
PREFACE

汽车漆面修补用涂料本身有一定的颜色,但在实际使用中,特别是在汽车的涂装维修中,往往购得的涂料与维修汽车的表面颜色不同。这就必须对涂料的颜色进行调配,尽量使之与汽车原色漆颜色一致。根据色彩的基本知识和原理,再结合涂料使用的具体要求,进行色漆的调配。

在涂装工业及汽车修补涂装作业中,调色是一种非常重要的基本技法,也是一种不容易掌握的技法。

目前的汽车维修企业,大多数油漆调色工作均通过外协作业完成。外协调漆除减少了企业的利润外,还会因涂装后的色差问题产生纠纷,所以,目前的汽车维修企业都有将油漆调色由本企业完成的趋向。汽车油漆调色是一个独立的工种,社会人才需求量很大。

调色离不开颜色理论,即色彩学。在目前的汽车整形技术专业人才培养方案中,大多数的院校是将调色与涂装修复整合为一门课,即汽车涂装修复技术。这样做,会产生两个主要问题:一是汽车涂装修复技术课程的内容偏多,需要90学时以上;二是需要独立开设一门基础课程,即色彩学基础。而色彩学基础课程讲授的内容又过于颜色专业化,有些内容与实际调色没多大关系。

鉴于以上原因,由本书第一主编负责,组建了由从事色彩艺术的艺术家、高职院校汽车涂装修复技术课程资深教授、从事油漆培训工作的培训师及从事实际调漆工作的技师组成的编写团队,完成了本书的编写。

本书主要有以下特点:

(1) 有大量的彩色图片,以直观显示颜色的特点。

(2) 引入了职业健康、环保与劳动安全内容,充分体现职业教育的特点。

(3) 采用项目引领、任务驱动的教学模式设计。

(4) 将色彩理论,颜色的混合、推移、感觉、对比与调和的理论与技能训练恰当地融合于完整的油漆调色过程,基础理论与技能和实际调色工作紧密结合。

(5) 引入了企业技师与艺术家的经验与观点,是典型的校企合作开发模式。

(6) 配备了教学PPT、实训与考核工单、习题库及答案、图片素材、课程标准、教学设计等教学资源。

本书共分四个项目,分别是:项目一 准备工作;项目二 调色基本技能训练;项目三 涂料的调色;项目四 颜色的检验。项目一详细介绍了汽车涂装调色的职业安全与健康事项、色盲理论与检查方法、色母与工具准备方法；项目二为颜色调配基本理论与技能学习，主要介绍了与实际油漆调色密切相关的色彩学基础知识与技能，包括颜色混合、色彩推移、色彩感觉、色彩对比和色彩调和等；项目三为具体的油漆调色方法，主要介绍了颜色配方获取方法、素色漆与金属漆的调色理论与方法；项目四为颜色的检验理论与方法。

本书由辽宁省交通高等专科学校吴兴敏、沈阳沈北少年宫姜浩和营口职业技术学院姜忠良担任主编，张兴良、马宏伟、杨艳芬担任副主编，参与本书编写工作的还有宋孟辉、冯玉来、佟志伟、翟静、孙永晶、吴相位、耿炎等。

本书是高职院校汽车整形技术专业的创新教材，也可作为汽车涂装与颜色培训用教材及从事汽车涂装和调色工作的技术人员参考用书。

编　者

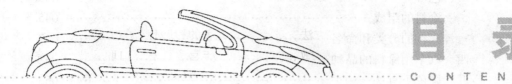

目 录
CONTENTS

项目一　准备工作 ························· 004
　任务1-1　职业安全与健康 ················· 004
　　学习目标 ······························ 004
　　任务分析 ······························ 004
　　相关知识 ······························ 004
　　　一、涂装安全守则 ···················· 004
　　　二、安全警告标识 ···················· 005
　　　三、汽车涂装作业时可能对人体的伤害 ···· 007
　　　四、涂装作业安全防护 ················ 008
　　　五、安全生产 ························ 012
　　　六、急救与医护 ······················ 015
　　技能学习与考核 ························ 016
　　　一、防毒面罩的使用 ·················· 016
　　　二、紧急洗眼器的准备 ················ 019
　　　三、常遇的特殊情况下的人员急救 ······ 021
　　　四、常用灭火器的使用 ················ 022
　　　五、技能考核 ························ 027
　任务1-2　色盲检查 ······················ 028
　　学习目标 ······························ 028
　　任务分析 ······························ 028
　　相关知识 ······························ 028
　　　一、颜色感觉的过程 ·················· 028
　　　二、视觉的三要素 ···················· 028
　　　三、颜色视觉的理论 ·················· 039
　　　四、色盲与色弱 ······················ 040
　　技能学习与考核 ························ 043
　任务1-3　色母与工具的准备 ··············· 044
　　学习目标 ······························ 044

任务分析 ··· 045
　　相关知识 ··· 045
　　　一、色母 ··· 045
　　　二、涂料的组成 ··· 045
　　　三、涂料的分类和命名 ··· 047
　　　四、汽车用涂料的品种 ··· 052
　　　五、调色工具 ·· 053
　　技能学习与考核 ··· 060
　　　一、涂料的开封与装架 ··· 060
　　　二、调色工具准备 ·· 063
　　　三、技能考核 ·· 063
项目二　调色基本技能训练 ··· 065
　任务2-1　色彩混合与色彩的推移 ··································· 065
　　学习目标 ··· 065
　　任务分析 ··· 065
　　相关知识 ··· 065
　　　一、色彩的三要素 ·· 065
　　　二、色彩的变化 ··· 068
　　　三、色彩的表色体系 ·· 069
　　　四、色彩的混合 ··· 076
　　　五、色彩的推移 ··· 077
　　技能学习与考核 ··· 079
　　　一、用水粉调出108种色彩 ····································· 079
　　　二、制作12色色相环 ··· 079
　　　三、色彩推移 ·· 080
　　　四、技能考核 ·· 081
　任务2-2　色彩的调配 ··· 082
　　学习目标 ··· 082
　　任务分析 ··· 082
　　相关知识 ··· 083
　　　一、色彩的感觉 ··· 083
　　　二、色彩的对比 ··· 088
　　　三、色彩的调和 ··· 097
　　技能学习与考核 ··· 102
　　　一、色彩的感觉训练 ·· 102
　　　二、色彩的对比训练 ·· 105
　　　三、色彩的调和训练 ·· 107
　　　四、技能考核 ·· 109
项目三　涂料的调色 ·· 112

任务3-1 获取颜色配方 ... 112
学习目标 ... 112
任务分析 ... 112
相关知识 ... 113
一、涂料的成膜方式 ... 113
二、涂层标准 ... 115
三、颜色配方 ... 118
四、颜色的命名 ... 119
技能学习与考核 ... 119
一、查阅汽车制造厂提供的技术资料获取配方 ... 120
二、从色卡上直接获取配方 ... 120
三、利用电脑获取配方 ... 122
四、技能考核 ... 124

任务3-2 素色漆的调色 ... 127
学习目标 ... 127
任务分析 ... 127
相关知识 ... 128
一、颜色的同色异谱现象 ... 128
二、素色漆光谱特性 ... 128
三、压缩空气喷涂系统 ... 129
四、喷漆室 ... 135
五、喷涂操作要领 ... 136
六、涂料的干燥方式 ... 139
七、调色的次序 ... 140
八、调色的工艺流程 ... 140
技能学习与考核 ... 140
一、准备工作 ... 140
二、操作流程 ... 142
三、技能考核 ... 162

任务3-3 金属漆的调色 ... 163
学习目标 ... 163
任务分析 ... 164
相关知识 ... 164
一、金属闪光色 ... 164
二、珍珠色 ... 173
三、金属闪光色最佳调色步骤 ... 175
四、金属漆与素色漆比色技术的差异 ... 175
五、金属漆调色时的注意事项 ... 178
六、金属闪光涂膜外观评价 ... 178

技能学习与考核·⋯⋯⋯⋯⋯⋯⋯⋯⋯⋯⋯⋯⋯⋯⋯⋯⋯⋯⋯⋯⋯⋯⋯⋯⋯⋯⋯⋯ 178
　　一、准备工作 ⋯⋯⋯⋯⋯⋯⋯⋯⋯⋯⋯⋯⋯⋯⋯⋯⋯⋯⋯⋯⋯⋯⋯⋯⋯⋯⋯⋯ 179
　　二、调色流程 ⋯⋯⋯⋯⋯⋯⋯⋯⋯⋯⋯⋯⋯⋯⋯⋯⋯⋯⋯⋯⋯⋯⋯⋯⋯⋯⋯⋯ 179
　　三、技能考核 ⋯⋯⋯⋯⋯⋯⋯⋯⋯⋯⋯⋯⋯⋯⋯⋯⋯⋯⋯⋯⋯⋯⋯⋯⋯⋯⋯⋯ 184

项目四　颜色的检验 ⋯⋯⋯⋯⋯⋯⋯⋯⋯⋯⋯⋯⋯⋯⋯⋯⋯⋯⋯⋯⋯⋯⋯⋯ 186
　学习目标 ⋯⋯⋯⋯⋯⋯⋯⋯⋯⋯⋯⋯⋯⋯⋯⋯⋯⋯⋯⋯⋯⋯⋯⋯⋯⋯⋯⋯⋯⋯ 186
　任务分析 ⋯⋯⋯⋯⋯⋯⋯⋯⋯⋯⋯⋯⋯⋯⋯⋯⋯⋯⋯⋯⋯⋯⋯⋯⋯⋯⋯⋯⋯⋯ 186
　相关知识 ⋯⋯⋯⋯⋯⋯⋯⋯⋯⋯⋯⋯⋯⋯⋯⋯⋯⋯⋯⋯⋯⋯⋯⋯⋯⋯⋯⋯⋯⋯ 186
　　一、颜色标绘 ⋯⋯⋯⋯⋯⋯⋯⋯⋯⋯⋯⋯⋯⋯⋯⋯⋯⋯⋯⋯⋯⋯⋯⋯⋯⋯⋯⋯ 186
　　二、色度学常识 ⋯⋯⋯⋯⋯⋯⋯⋯⋯⋯⋯⋯⋯⋯⋯⋯⋯⋯⋯⋯⋯⋯⋯⋯⋯⋯⋯ 187
　　三、色差测定 ⋯⋯⋯⋯⋯⋯⋯⋯⋯⋯⋯⋯⋯⋯⋯⋯⋯⋯⋯⋯⋯⋯⋯⋯⋯⋯⋯⋯ 192
　技能学习与考核 ⋯⋯⋯⋯⋯⋯⋯⋯⋯⋯⋯⋯⋯⋯⋯⋯⋯⋯⋯⋯⋯⋯⋯⋯⋯⋯⋯ 196

"汽车色彩与调色"课程习题库 ⋯⋯⋯⋯⋯⋯⋯⋯⋯⋯⋯⋯⋯⋯⋯⋯⋯⋯⋯ 198

参考文献 ⋯⋯⋯⋯⋯⋯⋯⋯⋯⋯⋯⋯⋯⋯⋯⋯⋯⋯⋯⋯⋯⋯⋯⋯⋯⋯⋯⋯⋯ 213

涂装使用的材料称为涂料。涂装是指将涂料涂覆于经过处理的物面（基底表面）上，经干燥成膜的工艺。有时也将涂料在被涂物表面扩散开的操作称为涂装，俗称涂漆或油漆。

已经固化了的涂料膜称为漆膜，也称涂膜。

由两层以上的漆膜组成的复合层称为涂层。汽车表面涂装就是典型的多涂层涂装。

汽车和摩托车是现代化的交通工具，其外表的90%以上是涂装表面。涂层的外观、颜色、光泽等的优劣是人们对汽车质量的直观评价。因此，它将直接影响汽车的市场竞争能力。另外，涂装也是提高汽车产品的耐蚀性和延长使用寿命的主要措施之一。所以，无论是汽车制造还是汽车维修行业，都将汽车的表面涂装列为重要的工作而特别对待。

汽车涂装是指各种车辆的车身及其零部件的涂漆装饰，根据涂装的对象不同，汽车涂装可以分为新车涂装和修补涂装两个大体系。

汽车经过涂装后，除使汽车具有优良的外观外，还会增强汽车车身耐腐蚀性，从而提高汽车的商品价值和使用价值。

汽车漆面修补用涂料本身有一定的颜色，但在实际使用中，特别是在汽车的涂装维修中，往往购得的涂料与维修汽车的表面颜色不同。这就必须对涂料的颜色进行调配，尽量使之与汽车原色漆颜色一致。根据色彩的基本知识和原理，再结合涂料使用的具体要求，进行色漆的调配。

在涂装工业中，调色是一种非常重要的基本技法，也是一种不容易掌握的技法。

人生活在彩色的世界中，蓝天碧水、红花绿叶、神奇的自然不断展示着色彩的魔力，色彩是植物、动物、海洋生物等自然生命生存进化、自我保护的有效凭借，也是美丽自然的构成元素。色彩不只存在于自然之中，繁华的都市、人工的世界也同样被色彩所包围，不论人们对色彩的认识是理性的还是感性的，都会被映入眼帘的色彩所唤醒，产生兴趣、喜悦、警觉等感受，进而感动人们的心灵。人的视觉器官在观察物体最初的 20 s 内，色彩感觉占 80%，形体感觉占 20%；2 min 后，色彩感觉占 60%，形体感觉占 40%；5 min 后，色彩感觉和形体感觉各占一半，并且这种状态将持续下去。色彩以其特有的视觉功能，无时无刻不在影响着人类的生活。

色彩是有灵性的生命，不同的人会有不同的领悟，感动心灵的色彩组合是超越常规的色彩创造，只可意会不可言传。

跨越时空与文化历史，人类对色彩的认知还是会找到许多共同之处。通过对色彩常识的学习，可以让我们更好地把握色彩规律，运用色彩改善生活环境，提升人类的生活品质。

从人类诞生那一刻起，就开始了感知色彩的历史。在旧石器时代人类已经开始主动运用色彩描绘野生动物。公元前 17000 年左右，原始人在今天法国境内的拉斯科洞窟，用红色、褐色和黑色刻画出栩栩如生的野牛、驯鹿和野马等原始动物，如图 0-1 所示。在新石器时代我国的马家窑文化时期的彩陶使用天然矿物质颜料进行图案描绘，如图 0-2 所示。伴随文明的发展，从文明古国到现代社会，从建筑、日常用品到艺术品，色彩都发挥了不可替代的作用。

尽管人类的色彩应用已有上万年的历史，但独立意义上的科学的色彩学研究却直到 17 世纪 60 年代才算真正开始。公元 1666 年英国著名物理学家牛顿，通过三棱镜折射光的实验，发现了红、橙、黄、绿、青、蓝、紫七色光谱，如图 0-3 所示。从此，人类才开始从

图 0-1　法国境内的拉斯科洞窟壁画（见彩图1）

图 0-2　马家窑文化（神人纹双耳彩陶罐）（见彩图2）

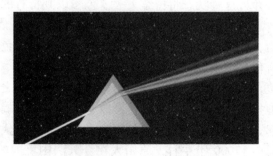

图 0-3　三棱镜与七色光（见彩图3）

科学的角度认识色彩，明确了光与色的关系，得出白光是由不同颜色光线混合而成的结论，颜色的本质才逐渐得到正确的解释。在此之前，也有一些学者从不同角度对色彩进行研究，取得了一定的研究成果，提出过有历史价值的色彩观点。公元前500年中国《考工记》中提出"青、黄、赤、白、黑"五色论。约在公元前400多年，中国的墨子在《墨经》中提出了光的直线传播性和针孔成像学说，记录了世界上最早的光学知识。古希腊学者欧几里得的《反射光学》一书，研究了光的直线传播原理和光的反射定律。我国宋代沈括在《梦溪笔谈》中指出：彩虹是由于阳光射到空气中的水滴里，发生反射与折射造成的。文艺复兴时期的艺术巨匠达·芬奇对色彩进行了视觉研究，写就了色彩研究笔记。牛顿发现七色光谱后，奠定了色彩的科学理论基础，1678年惠更斯发表了光的波动学说，1857年马克斯威尔发表光的电磁波学说，1772年拉姆伯特提出了金字塔式的色彩图概念。之后，栾琴提出了色彩的球体概念。1831年伯鲁斯特发表红、黄、蓝三色彩为颜料三原色的理论，1872年赫林发表红、黄、蓝、绿为心理四原色的学说。1874年冯特提出了色彩的圆锥概念，为色彩的实践应用奠定了基础。1801年歌德发表《色彩论》，之后《论视觉与色彩》（叔本华）、《色彩和谐与对比的原则》（谢弗勒尔）、《色彩理论》（贝佐尔德）等色彩学研究的专门著作在19世纪中后期相继问世。20世纪之后，色彩学在与之相关的科学如物理学、心理学发展的基础上向着实用的方向取得了实质性的发展，各种科学实用的色彩表现体系得以建立并逐步完善。通过对当今国际有代表性的色彩表现体系的学习，可以帮助我们从科学、理性的高度认识色彩。

项目一
准备工作

任务1-1 职业安全与健康

学习目标

(1) 能够正确描述汽车涂装安全准则。
(2) 能够识读与汽车修补涂装相关的危险警告标识。
(3) 能够正确描述汽车修补涂装可能对人体造成的危害。
(4) 能够说明汽车修补涂装应配备的劳动保护用品。
(5) 能够正确描述安全用电常识。
(6) 能够正确描述常用灭火器的类型及其应用。
(7) 能够正确使用防毒面罩。
(8) 能够进行常遇的特殊情况的急救。
(9) 能够正确使用常用灭火器。
(10) 能够注意培养良好的安全卫生习惯、环保及团队协作意识。
(11) 能够检查、记录和评价工作效果。

任务分析

汽车涂装工为特殊工种。修补涂装作业过程中存在很多关于安全、卫生及环保的特殊事项,从事涂装作业的技师必须熟记这些事项并且具备丰富的劳动安全、卫生及环保知识与技能,才能最大限度地避免工作事故的发生,并且即便在发生事故时,也能进行有效的处理。因此,劳动安全、卫生及环保知识与技能的学习是汽车修补涂装从业人员必须学习的第一课。

相关知识

一、涂装安全守则

(1) 所有漆料产品应适当储存及远离孩童。
(2) 所有产品必须在通风较好的环境下及装置排气系统的操作间内使用。
(3) 汽车修补漆只供专业喷涂或工业施工之用。
(4) 有关产品说明书及安全守则可向经销商或油漆制造商查阅。
(5) 所有产品在使用前必须详细阅读有关资料及化学品安全技术说明书。

二、安全警告标识

在进行汽车维修涂装操作时,要特别注意安全及健康问题。使用涂装材料前要仔细阅读产品的使用说明书和相应的标签,并能充分理解各类型安全警告标识的含义,以便做到提前准备。

与汽车涂装相关的安全警告标识主要有以下几种。

1. 避免皮肤接触标识

(1) 穿着合适的工作服及佩戴合适的手套。
(2) 使用隔绝性护手膏以保护裸露的皮肤。
(3) 避免使用稀释剂洗手,应使用合适的清洁剂。
(4) 皮肤接触有害污物时,应立即除下污染物并以大量清水及肥皂水清洗。

避免皮肤接触提示图标如图 1-1-1 所示。

图 1-1-1 避免皮肤接触标识

2. 避免眼睛接触标识

(1) 使用或处理油漆、固化剂和溶剂时必须佩戴护目镜。
(2) 如有任何漆料溅入眼睛,应马上用清水冲洗 10 min 并送医院治疗。

避免眼睛接触提示图标如图 1-1-2 所示。

图 1-1-2 避免眼睛接触标识

3. 避免呼吸系统接触标识

(1) 避免处于充满油漆和尘雾的工作间,工作间应装置良好的排风系统。
(2) 使用干式打磨或喷涂操作时,必须佩戴合适的面罩。

避免呼吸系统接触提示图标如图 1-1-3 所示。

图 1-1-3 避免呼吸系统接触标识

4. 避免食用接触标识

(1) 切勿在工作间内进食及吸烟,以免误服有害物质。

（2）工作人员进食前要彻底洗手。

（3）误服有害物质后不要强行使人呕吐，保持体温和安静并尽快送医救治。

避免食用接触提示图标如图1-1-4所示。

图1-1-4　避免食用接触标识

5. 注意防火标识

漆雾和挥发性气体是易燃易爆的，所用工作间必须装置防火设备，工作人员必须具备正确的安全防火知识。

注意防火提示图标如图1-1-5所示。

图1-1-5　注意防火标识

6. 健康危害标识

如图1-1-6所示，该标识提示可能存在以下健康危害：

（1）呼吸过敏和皮肤过敏。

（2）生殖细胞突变性。

（3）致癌性。

（4）生殖毒性。

（5）特异性淋巴器官一次接触毒性。

（6）特异性淋巴器官反复接触毒性。

7. 毒性/刺激标识

如图1-1-7所示，该标识提示可能存在以下安全危害：

图1-1-6　健康危害标识　　　　图1-1-7　毒性/刺激标识

（1）急性毒性。

（2）皮肤腐蚀/刺激性。

（3）严重眼损伤/眼睛刺激性。

（4）呼吸过敏和皮肤过敏。

8. 易燃标识

如图1-1-8所示，该标识提示可能存在以下易燃物：

（1）易燃气体。

（2）易燃气溶胶。

（3）易燃液体。

9. 腐蚀标识

如图1-1-9所示，该标识提示可能存在以下腐蚀情况：

（1）金属腐蚀物。

（2）皮肤腐蚀/刺激性。

（3）严重眼损伤/眼睛刺激性。

图1-1-8 易燃标识

10. 急性毒性标识

如图1-1-10所示，该标识提示可能存在急性毒性。

11. 水环境危害标识

如图1-1-11所示，该标识提出可能存在急性/慢性水环境危害。

图1-1-9 腐蚀标识 　　　图1-1-10 急性毒性标识 　　　图1-1-11 水环境危害标识

三、汽车涂装作业时可能对人体的伤害

汽车涂装作业时能够危害人体的物质有很多，在短期内可能不易察觉对身体造成的伤害，但15或20年以后，病症就会发作。通常这种伤害是无法挽回的。

颜料可能含有铅、铬、镉、铁等重金属。铅会影响神经系统、血液系统、肾脏系统、生殖系统；铬会损伤呼吸道、消化道，引起皮肤溃疡、鼻中隔穿孔等；镉会引起呼吸道病变，危害肾脏系统。

有机溶剂可能含有甲苯、二甲苯，会刺激中枢神经、皮肤，损伤肝脏。

树脂可能会引起呼吸道过敏、皮肤过敏。

2K型（双组分）烤漆的固化剂可能含有异氰酸盐，会刺激皮肤、黏膜，引起呼吸器官障碍。从事汽车涂装作业的职业病种类，如图1-1-12所示。

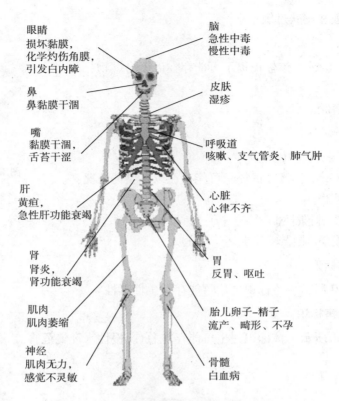

图 1-1-12　从事汽车涂装工作的职业病种类

进行汽车修补漆作业时，必须注意安全，避免意外的发生。因此，我们必须谨记：预防胜于补救。

还要注意一点：有慢性肺病或呼吸系统问题者，应避免接触漆料及有关产品。

四、涂装作业安全防护

喷漆工作中时刻要注意自身的安全防护，安全防护措施不仅需要硬件上的支持，例如良好的工作环境和维修设备，更需要维修厂的管理人员和维修人员充分认识到安全防护的重要性。

1. 环境控制

环境控制中很重要的内容是通风。在使用油漆、稀释剂以及腻子等化学品时，适当的通风是非常重要的，通常采用换气扇等换气系统强制通风。特别是喷漆车间，更需要充分换气，这样不仅可以加速漆面的干燥，也可以除去有害混合物和气体。如果条件允许，最好在具有强制换气扇的烤漆房或无尘车间内喷漆。

2. 使用先进的工具设备

先进的喷漆设备可以有效地降低化学物质对操作者的危害。

（1）使用高质量的喷枪（如 HVLP 喷枪），可提高喷涂时的油漆利用率，减少飞漆。

（2）使用无尘干磨设备可以使打磨造成的粉尘降到最低，减少了操作者呼吸系统吸入粉尘的概率。

（3）改进喷漆室的排风效率，减少喷漆时漆雾对人体的影响。

（4）在准备工作、调漆和喷漆作业时，为抵御产生的溶剂蒸气和漆雾，应佩戴高质量的劳动保护用品。

3. 使用环保的涂装产品

（1）使用高固体分含量的涂料。

（2）使用水性漆等。

4. 佩戴个人劳动防护用品

从事汽车涂装作业的个人安全防护用品如图 1－1－13 所示。在工作中采取安全防护措施的成本，永远比健康损害和挣钱能力降低的损失要低。

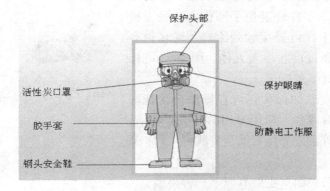

图 1－1－13　涂装作业个人安全防护用品

1）护目镜

用于防止稀释剂、固化剂、飞溅的油漆以及打磨灰尘对眼睛造成伤害。图 1－1－14 所示为护目镜及其佩戴标识。

2）防尘面具

用于保护肺部免受打磨时产生的固体微粒的危害。图 1－1－15 所示为防尘面具及其佩戴标识。防尘面具应根据需要使用不同级别微尘过滤器。滤芯的保护等级见表 1－1－1。

图 1－1－14　护目镜及其佩戴标识　　　图 1－1－15　防尘面具及其佩戴标识

表 1 – 1 – 1　过滤式口罩滤芯的保护等级

过滤物质	英文代号	颜色	过滤等级	保护范围
颗粒	P	白色	P1	低毒性固体物质
			P2	低毒性固体及液态物质
			P3	一般毒性固体及液态物质
有机气体及挥发物	A	棕色	A1	沸点在 65 ℃ 以上的有机气体及挥发物（如溶剂）
			A2	沸点在 65 ℃ 以下的有机气体及挥发物（如溶剂）

3）防护手套

工作手套主要有两种，一种是棉手套，主要用于在打磨或处理汽车零件时避免手部伤害；另一种是胶手套，主要用于在可能接触到涂料、稀释剂等时，防止有害物质通过皮肤渗入人体。图 1 – 1 – 16 所示为防护手套及其佩戴标识。

图 1 – 1 – 16　防护手套及其佩戴标识

另外，对手部皮肤的保护还可在操作前涂抹防护霜；如果皮肤沾有漆料，应用专用的清洗膏清洁；如果皮肤出现划伤等，应采用有助于皮肤再生的护理。

4）防护面罩

涂装作业中的防护面罩主要有以下三种类型。

（1）过滤式呼吸防护面罩。如图 1 – 1 – 17 所示，适用于短时间接触有害气体的操作时佩戴。其过滤等级一般为 P2 和 A2 级。

（2）半面式供气面罩。如图 1 – 1 – 18 所示，半面式供气面罩适用于长时间接触有害气体的操作时佩戴。这种类型的防护面罩，呼吸空气的质量与环境空气无关。两侧送风，气流均匀，通过附设的气压计可随时调整最舒适的送风气压，可以随时观察活性炭滤芯的有效性。需配活性炭过滤器（配腰带）、空气加热器、空气加湿器等。

活性炭过滤器及腰带，如图 1 – 1 – 19 所示，经活性炭过滤后的气体可以直接供人呼吸，绑在腰上方便使用，不影响喷涂操作。

空气加热器和加湿器，如图 1 – 1 – 20 所示。空气加热器带调节阀，可加热空气大约 10 ℃；空气加湿器可以把压缩空气的相对湿度提升至 30%，提供舒适安全的呼吸气体。

图 1 – 1 – 17　过滤式呼吸防护面罩　　图 1 – 1 – 18　半面式供气面罩　　图 1 – 1 – 19　活性炭过滤器及腰带　　图 1 – 1 – 20　空气加热器和加湿器

(3) 全面式供气面罩。如图 1-1-21 所示，全面式供气面罩的用途、配套装置及特点与半面式供气面罩相同，只不过它能够将整个面部全部遮盖起来，实现对头部的完全保护。

图 1-1-22 所示为需佩戴防毒面罩标识。

图 1-1-21 全面式供气面罩

图 1-1-22 需佩戴防毒面罩标识

5) 防护服

从事涂装作业的防护服通常分两种，一种是机械危险防护服，即普通棉质工作服，主要在从事打磨等机械性作业时穿戴，用于防止受到边缘锋利的材料伤害，以及避免一般的机械影响和脏污。另一种是化学防护服，如图 1-1-23 所示，主要在从事调漆、喷漆及抛光等作业时穿戴，用于防止涂料、稀释剂及抛光剂飞溅等造成的危害。喷涂作业防护服最好是带帽连体式，用透气、耐溶剂、防静电、不起毛材料制作，袖口为收紧式。

图 1-1-23 喷漆防护服

6) 安全鞋

在设有排水（排漆雾）的金属格栅的喷漆房内作业，必须穿戴安全鞋。安全鞋通常具有耐溶剂、绝缘等特性，鞋头和后跟均有内置钢板。图 1-1-24 所示为安全鞋及穿戴安全鞋标识。

图 1-1-24 安全鞋及穿戴安全鞋标识

7) 耳罩(或耳塞)

涂装作业间的噪声并不是很大,但长期在即使很小的噪声环境中工作,也会对听力产生损伤,因而应该佩戴耳罩或耳塞予以保护。涂装间的噪声源主要有以下几方面:

(1) 喷漆房的排气扇。
(2) 工作间的排气管道。
(3) 打磨噪声。
(4) 压缩空气机噪声等。

图 1-1-25 所示为耳罩及其佩戴标识。

图 1-1-25 耳罩及其佩戴标识

五、安全生产

1. 安全用电

安全用电是企业经营管理的基本原则之一。如果认识和掌握了电的性能及安全用电的知识,便可利用电能来为人类造福。相反,如果没有掌握安全用电的知识,违反用电操作规程,不仅会造成停电、停产、损坏设备和引起火灾,而且容易发生触电事故,危及生命。因此,研究触电事故的原因和预防措施,提高安全用电的技术理论水平,对于安全用电,避免各种用电事故的发生是非常重要的。

1) 触电对人体的伤害

触电是指电流以人体为通路,使身体的一部分或全身受到电的刺激或伤害。触电可分为电击和电伤两种。电击是指电流通过人体,造成人体内部器官伤害,这是十分危险的;电伤是指电流对人体外部造成的局部伤害，如电弧烧伤、电灼伤等。

2）触电的原因和方式

造成触电事故的原因，常见的有以下三种。

（1）忽视安全操作，违章冒险。

（2）缺乏安全用电的基本常识。

（3）电线或电气设备的绝缘损坏，当人体触及带电的裸露线或金属外壳时，就会触电。

触电方式分为单相触电和两相触电。单相触电是指人体站在地面上，人体某一部位触及一相带电体。大部分的触电事故都是单相触电。此时人体承受220 V的电压作用，电流通过人体进入大地，再经过其他两相电容或绝缘电阻流回电源，当绝缘不良或电容很大时也有危险。两相触电是指人体同时触及三相电的两根火线，此时加在人体的是380 V电压，其触电后果最为严重。

3）安全防范措施

为了防止触电事故的发生，可采用以下安全措施。

（1）电气设备的保护接地。保护接地就是将电气设备的金属外壳与接地体之间可靠连接。图1-1-26所示为电动机保护接地电路。电动机采用保护接地后，当某相电线因绝缘损坏而碰外壳时，这时若有人触及带电的外壳，人体相当于接地电阻的一条并联支路。由于人体电阻远远大于接地体电阻，所以通过人体的电流很小，从而保证了人体安全。反之，若外壳不接地，当人体触及带电的外壳时，就会有大电流通过人体，造成触电事故。

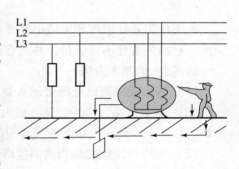

图1-1-26　电动机保护接地电路

（2）电气设备的保护接零。如图1-1-27所示，保护接零就是将电气设备的金属外壳与零线可靠连接。采用保护接零后，若电动机内部一相绝缘损坏而碰外壳，则该相短路，其短路电流很大，将使电路中的保护电器动作或使熔丝烧断而切断电源，从而消除了触电危险。可见，保护接零的防护比保护接地更为完善。

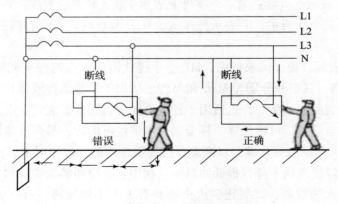

图1-1-27　保护接零

实际工作中常用的单相用电设备，如抛光机、电动角磨机、热风枪等，用三脚扁插头和三眼扁插座。正确的接法应把用电器的外壳用导线接在中间长的插脚上，并通过插座与保护零线相连。绝不允许用电器的零线直接与设备的外壳相连，必须由电源单独接一零线到设备的外壳上。否则，可能会引起触电事故。

（3）电气设备的绝缘要求。电气设备的金属外壳和导电线圈之间的绝缘好坏通常用绝缘电阻来衡量。根据电气设备的绝缘要求规定，固定电气设备的绝缘电阻不能低于 0.5 MΩ；可移动的电气设备，如手提式电钻、台式风扇的绝缘电阻不能低于 1 MΩ；潮湿地方使用的电气设备，如洗衣机等电器的绝缘电阻还应更高些，以保证安全。电气设备的绝缘性能是随着使用年限的增长、温度升高和湿度增大而下降的，所以要定期用电表测量电气设备的绝缘电阻。对绝缘电阻不符合要求的电气设备不能继续使用，必须进行维修。

应该指出，对于长期搁置的电气设备，在使用前都必须用电表测量其绝缘电阻，不可贸然使用，以免发生事故。

2. 防火

火灾危害是在生产和生活中经常遇到的危险，针对它的措施重点是预防，因为一旦发生火灾，它的危害性不可估量，并且它的损害往往都是无法弥补的。

1）灭火的基本方法

（1）移去或隔离已经燃烧的火源，熄灭火焰。

（2）隔绝空气，切断氧气，使火焰窒息，或者将不燃烧的气体（如二氧化碳）喷射到燃烧的物体上，使空气中的氧气含量下降到 16% 以下，熄灭火焰。

（3）用冷却法把燃烧物的温度降低到着火点以下，即可以灭火。

2）常用的灭火器

灭火器的种类很多，按其移动方式分为手提式和推车式；按驱动灭火剂动力来源分为储气瓶式、储压式、化学反应式；按所充装的灭火剂分为泡沫、二氧化碳、干粉、卤代烷、酸碱、清水式灭火器等。常见的灭火器有 MP 型、MPT 型、MF 型、MFT 型、MFB 型、MY 型、MYT 型、MT 型、MTT 型。

这些字母的含义如下：

第一个字母 M 表示灭火器；第二个字母 F 表示干粉，P 表示泡沫，Y 表示卤代烷，T 表示二氧化碳；有第三个字母的，T 表示推车式，B 表示背负式，没有第三个字母的表示手提式。

（1）MP 型灭火器。根据国家标准，MP 型手提式泡沫灭火器按所充装灭火剂的容量有 6 L 和 9 L 两种规格，其型号分别为 MP6 和 MP9。适用于扑救油类液体和可熔融固体物质燃烧的火灾，如石油制品、油脂等，也适用于扑救固体有机物质燃烧的火灾，如木材、棉织品等。但不能扑救带电设备、可燃气体、轻金属、水溶性可燃物、易燃液体燃烧的火灾。

（2）MT 型灭火器。二氧化碳是以液态存放在钢瓶内的，使用时液体迅速汽化而吸收本身的热量，使自身温度急剧下降到很低的温度。利用它来冷却燃烧物质和冲淡燃烧区空气中的含氧量以达到灭火的效果。二氧化碳灭火器具有灭火不留痕迹、有一定的绝缘性能等特点，因此适用于扑救 600 V 以下的带电电器、贵重设备、图书资料、仪器仪表等的初起火灾，以及一般的液体火灾。MT 型灭火器不适用于扑救轻金属火灾。

（3）MF 灭火器。干粉灭火器是以高压为动力，由喷射筒内的干粉进行灭火，为储气瓶式。适用于扑救石油及其产品、可燃气体、易燃液体、电气设备的初起火灾，广泛应用于工厂、船舶、油库等场所。按充装的干粉质量分类，MF型灭火器的型号可分为MF1、MF2、MF4、MF5、MF8、MF10等；按充装物质的不同，又可分为碳酸氢钠干粉灭火器和磷酸铵盐干粉灭火器两种。碳酸氢钠干粉灭火器适用于易燃、可燃液体以及带电设备的初起火灾；磷酸铵盐干粉灭火器除可用于上述几类火灾外，还可用于扑救固体物质火灾，但都不适宜扑救轻金属燃烧的火灾。

（4）MY型灭火器。主要适用于扑救易燃、可燃液体、气体及带电设备的初起火灾；扑救精密仪器、仪表、贵重的物资、珍贵文物、图书档案等初起火灾；扑救飞机、船舶、车辆、油库、宾馆等场所固体物质的表面初起火灾。

3. 设备的安全使用

设备的使用也是生产安全方面很重要的一项内容，有很多的工伤事故都是由于设备的违规操作造成的。使用设备一定要严格按使用说明书的要求操作，尤其是新的设备使用前，一定要将它的性能了解透彻。汽车涂装经常使用电动工具，对于这些设备的使用要遵循以下安全操作规则。

（1）工作场所应该清洁无杂物，杂乱无章的工作环境会导致意外事故的发生。

（2）不要在易燃易爆的场所使用电动工具，在潮湿的场所使用时要做好电路的绝缘。

（3）与作业无关的人员不要靠近工作场所，尤其是幼童。

（4）工作时衣服穿戴要合适，不要让松散的衣角或长链首饰卷入旋转工具的转动部分。长发者应戴工作帽，把头发拢起。

（5）使用电动工具作业时，绝大多数情况下需佩戴护目镜。进行粉尘飞扬的切削作业时，需戴防尘面罩。

（6）不要握电线提起电动工具，也不要强行拉扯电线从电源插座拆除插头。要保证电线与热源和油液隔开，并避免与锐利的边缘接触。

（7）不使用时、维修以前以及更换附件之前，一定要拔下电源插头。

（8）谨防误开动开关，插头一插上电源插座，手指就不可随便接触电源开关。插接电源之前，要确定开关是否切断。

（9）保持高度警觉，密切注意所进行的作业，注意力集中。疲惫时不要使用电动工具。

（10）工具应妥善维护，保持工作部位清洁，以达到更好、更为安全的使用效能。应按规定加注润滑脂、更换附件。线缆应定期检查，如发现破损应立即修复。手柄要保持干燥，并防止黏附油脂类的脏污。

（11）不使用的电动工具要妥善保存，存放地点干燥并加锁保管。

六、急救与医护

尽管技术上、组织上和个人的安全措施已相当周全，有时仍无法避免发生事故，也必须要考虑到员工突然发病的可能性。因此，急救在发生事故损伤和其他紧急情况时是必不可少的。

汽车维修企业、相关培训机构等，只允许安排在经过认证的救助机构中接受过培训和进修的人员作为急救员。只有受过培训的、熟悉各种必要措施的急救员才能提供有效的急救。

因此,必须在适当的时间范围内提升和更新急救员的知识和能力。

技能学习与考核

一、防毒面罩的使用

1. 防毒面具的检查

防毒面具在每次使用之前必须检查,如面具损坏或零件缺损,面具必须丢弃,检查程序如下:

(1)如图1-1-28所示,检查面具有无裂痕、撕破或脏物。确保面具,尤其是面具与脸部贴合密封部分不能弯曲变形。

图1-1-28　检查裂痕

(2)如图1-1-29所示,检查呼吸阀有无变形、裂痕或撕裂,将阀提起,检查阀座有无脏物或裂痕。

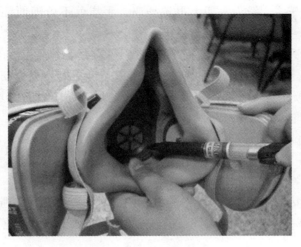

图1-1-29　检查呼吸阀

(3)检查头带是否完整并有弹性。

（4）检查所有的塑料部件是否有裂痕，检查过滤罐座是否完好。

2. 滤毒罐装配

（1）如果更换过滤棉，将塑料盖如图1-1-30所示拉起。

（2）如图1-1-31所示，将滤棉放入塑料盖中，使印有字体的一面朝向滤毒罐。

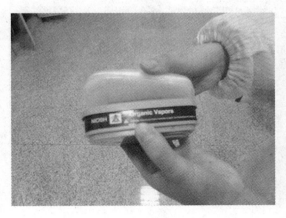 

图1-1-30　打开塑料盖　　　　　　　　图1-1-31　安装过滤棉

（3）将塑料盖扣向滤毒罐并卡定。如装配正确，滤棉将完全遮住滤毒罐表面。

（4）先将滤毒罐标记部分对准面具本体的标记部分，然后扣上。

（5）以顺时针方向扭转滤毒罐至卡定位置（约1/4圈），如图1-1-32所示。

3. 佩戴

（1）将面具盖住口鼻，然后将头带框套拉至头顶，如图1-1-33所示。

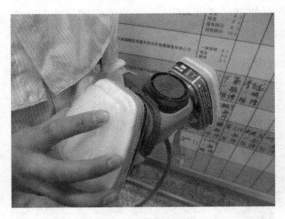 

图1-1-32　安装滤毒罐　　　　　　　　图1-1-33　套头带

（2）用双手将下面的头带拉向颈后，然后扣住，如图1-1-34所示。

（3）将面具沿鼻梁稍往下调整，以不阻挡视野并保持最佳密闭性，如图1-1-35所示。

（4）先调整前头带，然后调整颈后头带，不要拉得过紧（如过紧，可向外推塑料卡将头带放松）。

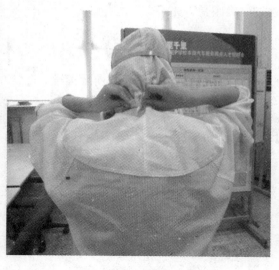 

图 1-1-34　扣下头带　　　　　　　图 1-1-35　调整面具位置

4. 密封性测试

（1）正压测试。如图 1-1-36 所示，将手掌盖住呼气阀并向外慢慢呼气，如面具向外轻轻鼓胀，而没有感觉气体从面部及面罩间泄漏，则表示佩戴密封性良好；如感觉有气体泄漏，重新调整面罩位置及/或调整头带的松紧度，以制止漏气，重新做以上的正压测试，直至密封性良好。

（2）负压测试。如图 1-1-37 所示，用手掌盖住滤棉的中心部分，限制空气流入滤棉的呼吸管道。轻轻吸气，如果面罩有轻微塌陷，并向脸部靠拢，而没有感觉气体从面部和面罩间漏进，则表示佩戴密封性良好；如感觉有气体漏进，重新调整面罩位置或调整头带的松紧度以制止漏气，重做以上负压测试，直至密封性良好。

图 1-1-36　正压测试　　　　　　　图 1-1-37　负压测试

如果佩戴的口罩不能达到良好的密封性要求，请勿进入污染区域。

5. 防毒面罩的维护

（1）清洁。在每次使用后，应卸下滤毒罐和/或滤棉后，用医用酒精棉球清洁面具，如

图1-1-38所示。

如果面罩脏污较重，可将其浸在温热的清洁液中，水温不要超过50℃，用擦布或软刷清洗直至清洁，如图1-1-39所示。用干净、温和的水冲洗，并在清洁的空气中风干。

图1-1-38 清洁面具

图1-1-39 清洗面具

（2）存放。清洁的防毒面具必须在污染区以外，密封保存，如图1-1-40所示。

二、紧急洗眼器的准备

在涂装施工现场，应准备好紧急洗眼器，并保持随时可用状态，如图1-1-41所示。通常，新购置的紧急洗眼器应按下述程序准备。

图1-1-40 防毒面罩的存放

图1-1-41 紧急洗眼器

（1）将软管一端连接到洗眼器体的接头处，并拧紧锁紧帽，如图1-1-42所示。
（2）将软管另一端插到喷头体尾端，拧紧锁紧帽，如图1-1-43所示。
（3）将连接管插入喷头体前端，拧紧锁紧帽，如图1-1-44所示。
（4）将连接管另一端插入喷头尾端，拧紧锁紧帽，如图1-1-45所示。

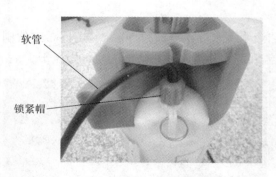

图 1-1-42 软管与洗眼器的连接

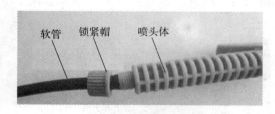

图 1-1-43 软管与喷头体的连接

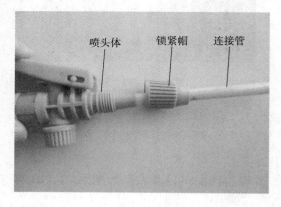

图 1-1-44 连接管与喷头体的连接

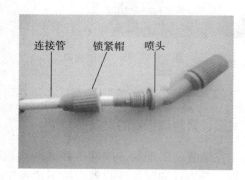

图 1-1-45 连接管与喷头的连接

(5) 拧下加压泵,如图 1-1-46 所示。

(6) 从加液口加入专用洗眼液,注意加液量不要超过瓶体表面的刻度标记的上限,如图 1-1-47 所示。再拧紧加压泵。

图 1-1-46 拧下加压泵

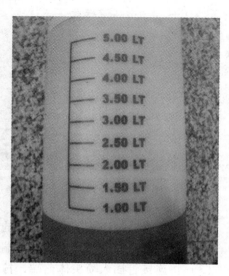

图 1-1-47 液面标记线

（7）反复拉压加压泵拉手加压，如图 1-1-48 所示，同时观察瓶上的压力表，如图 1-1-49 所示，直到感觉下压拉手费力，但压力又不超过规定值（指针没有摆到红色刻度区）为止。至此，紧急洗眼器即达到了可随时使用的状态。

图 1-1-48　加压

图 1-1-49　压力表

三、常遇的特殊情况下的人员急救

1. 呼吸困难

尽快将患者移至有新鲜空气处，保持适合呼吸的姿势休息，如没有呼吸，应实施人工呼吸，并呼叫求助。正确实施人工呼吸抢救的操作流程如下。

（1）先拍打伤患者肩部，以确定伤患者是否有意识反应，如图 1-1-50 所示。

（2）若伤患者没有意识反应，则应高声求救，如图 1-1-51 所示。

（3）若伤患者有意识反应，则先搬动伤患者，使其处于平躺姿势，如图 1-1-52 所示。

（4）解开伤患者衣领，清除口鼻内异物，最好在其颈下垫物，使头部后仰，张开口，如图 1-1-53 所示。

图 1-1-50　确定伤患者是否有意识反应

图 1-1-51　求救

图 1-1-52　使伤患者翻身

图 1-1-53　畅通呼吸道

（5）检查是否还有呼吸，如图1-1-54所示。注意时间不要超过10 s。

（6）救护人深吸气，对准并紧贴伤患者口部，一手捏紧伤患者的鼻孔，用力吹气，如图1-1-55所示。

（7）吹气停止后，松开捏鼻子的手，再次深吸气，重复上述吹气动作。每分钟所吹次数，其频率与平时呼吸频率相似，进行5~10次吹气后，应停下来，检查一下伤患者是否有脉搏（或比原脉搏加快的迹象），如图1-1-56所示。

  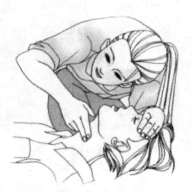

图1-1-54 检查呼吸　　　　　图1-1-55 吹气　　　　　图1-1-56 检查脉搏

（8）继续进行人工呼吸，直到伤患者能够进行自主呼吸为止。注意要有耐心，要坚持不放弃。

2. 眼睛溅入有害物

（1）将受害者引到眼睛清洗站或水槽边，使其伏在水槽上。

（2）将眼睛冲洗器喷嘴对准伤患者进入有害物的眼睛，轻轻地持续按压喷射按钮，使清洗液连续冲洗眼睛。注意应从鼻子向太阳穴冲洗，以避免有害物质进入另一只眼睛。期间要求伤者保持眼睛微睁，必要时用两个手指小心地将眼睑分开。

（3）连续冲洗直到患者感觉眼睛内没有异物为止。

（4）根据事故情况咨询医生。

3. 皮肤接触有害物

立即除下污染物并以大量清水及肥皂水清洗。

4. 误服有害物

立即呼叫中毒控制中心或就医。注意不要催吐或诱使呕吐，保持体温和安静并尽快送医救治。

四、常用灭火器的使用

1. MP型灭火器

（1）右手握压把，左手托住灭火器底盘，从灭火器放置处取下灭火器，如图1-1-57所示。

（2）手提筒体上部的提环，迅速跑到火场，如图1-1-58所示。应注意在奔跑过程中不得使灭火器过分倾斜，更不可颠倒，以免两种药剂混合而提前喷出。

图1-1-57 取下灭火器

图1-1-58 跑到火场

（3）当距离着火点10 m左右时，用右手捂住喷嘴，左手抓住筒体下边沿，如图1-1-59所示。然后将筒体颠倒呈垂直状态，一只手紧握提环，另一只手扶住筒体的底圈，上下晃动几下，然后放开喷嘴，让喷射流对准燃烧物喷射，如图1-1-60所示。

图1-1-59 准备颠倒气瓶

图1-1-60 颠倒气瓶并摇晃

（4）保持对准火源的喷射状态并根据火焰熄灭情况逐渐前进，围绕火焰喷射，直到火焰全部熄灭为止，如图1-1-61所示。

注意：使用灭火器时应始终保持倒置状态，否则将会中断喷射，不可将筒底朝向下巴或其他人,否则可能伤害自己或他人。

图 1-1-61　对准火焰喷射

(5)灭火后,把灭火器卧放在地上,喷嘴朝下,如图 1-1-62 所示。

2. MT 型灭火器

(1)右手握住压把,将灭火器提到火灾现场,如图 1-1-63 所示。

(2)在距燃烧物 2 m 左右,放下灭火器,拆除铅封,如图 1-1-64 所示。

(3)拔出保险销,如图 1-1-65 所示。

图 1-1-62　用后放置

图 1-1-63　提灭火器跑向
　　　　　　火灾现场

图 1-1-64　拆除铅封

图 1-1-65　拔出保险销

（4）站在距火源 2 m 处，左手握住喇叭筒，右手用力压下压把，如图 1-1-66 所示。

（5）对着火焰根部喷射，并不断推进，直到把火焰全部扑灭，如图 1-1-67 所示。

图 1-1-66　准备喷射　　　　　　　图 1-1-67　向火焰喷射

3. MF 型灭火器

（1）右手握压把，左手托住灭火器底盘，从灭火器放置处取下灭火器，如图 1-1-68 所示。

（2）手提灭火器跑向火灾现场，如图 1-1-69 所示。

（3）在距燃烧物 2 m 左右放下灭火器，拆除铅封。

（4）拔出保险销。

（5）握住喇叭筒根部的手柄，左手紧握启闭阀的压把，如图 1-1-70 所示。对没有喷射软管的二氧化碳灭火器，应把喇叭筒往上扳 70°~90°。

图 1-1-68　取下灭火器　　　图 1-1-69　提灭火器跑向火灾现场　　　图 1-1-70　准备喷射

（6）在距离火焰 2 m 处，右手用力压下压把，左手拿着喷管左右摆动，喷射干粉覆盖整个燃烧区，直到将火焰熄灭，如图 1-1-71 所示。注意：在室外时应选择站在上风方向喷射。

图 1-1-71 喷射干粉

4. 手推车式干粉灭火器

（1）将灭火车推（拉）到火灾现场，如图 1-1-72 所示。

（2）右手抓着喷粉枪，左手顺势展开喷粉胶管，直至平直，不能弯折和打圈，如图 1-1-73 所示。

图 1-1-72 将灭火车拉到火灾现场

图 1-1-73 展开胶管

（3）拆掉铅封，如图 1-1-74 所示。

（4）用手掌使劲按下供气阀门，如图 1-1-75 所示。

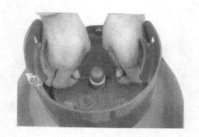

图 1-1-74 拆掉铅封

图 1-1-75 按下供气阀门

（5）左手把持喷粉枪管托，右手把持枪把，用手指扳动喷粉开关，对准火焰喷射，如图1-1-76所示。左右摆动粉枪喷射并不断推进，使干粉笼罩整个燃烧区，直至火焰熄灭。

五、技能考核

（1）教师为每组学生准备好多种类型的涂料产品及其说明书、紧急洗眼器、常用类型的灭火器及常用类型的防毒面具。

（2）小组学生在充分阅读相关说明书的基础上，进行涂料产品危险性了解、紧急洗眼器的准备、各类型灭火器使用及防毒面具的使用操作，同时完成表1-1-2所示的工作单。

（3）教师观察学生学习过程，最后审阅学生完成的工作单，给出评价。

图1-1-76　喷射

表1-1-2　技能学习工作单

实训项目：　职业安全与健康

班级学号		姓名	
1. 在查看涂料产品说明书时，你都看到了哪些安全警告标识？			
2. 在使用灭火器时，你遇到了哪些问题？是如何解决的？			
3. 你都做了哪些急救训练？你是否确信达到了可以进行初级急救的能力？			
4. 在进行防毒面罩的佩戴训练时，你遇到了哪些问题（或出现了哪些错误的操作）？你是如何解决这些问题的？			
5. 你所了解到的涂装工作劳动保护用品有哪些？			
6. 在进行紧急洗眼器准备训练时，你遇到了哪些问题（或出现了哪些错误的操作）？你是如何解决这些问题的？			
7. 个人技能掌握程度：非常熟练□　比较熟练□　一般熟练□　不熟练□			
教师评语： 　　　　　　　　成绩　　　　　（10分制）　教师签字　　　　　　　　　年　　月　　日			

任务 1-2　色盲检查

学习目标

（1）能够正确描述不同物体颜色的产生原理。
（2）能够正确描述色盲和色弱的产生原因。
（3）能够正确认识色盲与职业的关系。
（4）能够正确地进行色盲检查。

任务分析

色感觉与听觉、嗅觉、味觉等都是外界刺激使人体感觉器官产生的感觉，外界光刺激→色感觉→色知觉是个复杂的过程，它涉及光学、光化学、视觉生理、视觉心理等各方面因素。由于人体生理原因，会产生不同的色觉缺陷，即患有色盲或色弱症，从而影响对颜色的正常感知，所以在很多涉及颜色辨别的职业（比如汽车驾驶员、油漆调色人员等），都要进行严格的色盲和色弱的检查。

相关知识

一、颜色感觉的过程

光线照射到有色物体上，反射的光线投射在视网膜上后，形成某种信息，大脑对这种信息进行辨认，产生一种生理感觉，它就是通常所称的"颜色"，如图 1-2-1 所示。所以，颜色是光线和感观器官作用后所引起的生理感觉。

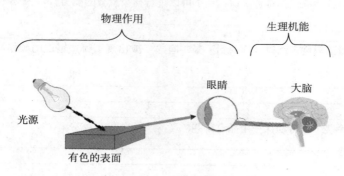

图 1-2-1　颜色感知过程

二、视觉的三要素

感知颜色有以下三个必需的要素：光、有色物体和视觉器官（观察者）。

1. 光（来自于光源）

1）可见光

在漆黑的深夜，没有光的房间，我们看不到任何东西，也无法感知任何色彩。当黎明的第一缕曙光从东方升起，沉睡的人们从梦中醒来，我们生存的世界由模糊逐渐变得清晰，周围的色彩也由昏暗单调逐渐变得明亮丰富。

色彩是因为光的存在才能被我们看见，没有光的地方就没有色彩。所以可见光是颜色感知的第一要素。

太阳光线是由不同波长的电磁波所组成的。光是电磁波的一部分，像水波一样振动前进，它具有波长和振幅两个特性，如图1－2－2所示。

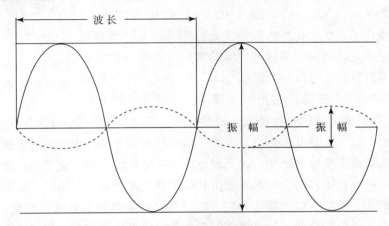

图1－2－2　波长与振幅示意

波长：起伏振动的一个完整的光波的水平长度。不同的波长在人眼中形成不同的颜色种类（色相）。

振幅：光波的波峰与波谷的垂直高度。不同的振幅在人眼中形成不同的色彩明暗程度（明度）。

电磁波中的可见光线只是很窄的一部分，波长大于700 nm的是红外线、雷达、电流等，波长最长的是交流电，可达数千千米；波长小于400 nm的，则有紫外线、X线等，最短的是宇宙射线，仅有$10^{-11} \sim 10^{-15}$ m。人眼在正常的条件下能看见的光线，是波长在380～780 nm的电磁波，所以将这段范围的波长所构成的光谱叫作可视光谱。眼睛所见到的色彩是由于波长不同而显现的各种色彩，如波长在610～780 nm，眼睛感觉到的是红色；波长在590～610 nm，能感受为橙色；波长在570～590 nm为黄色；波长在500～570 nm为绿色；波长在450～500 nm为蓝色；波长在380～450 nm为紫色等，如图1－2－3所示。

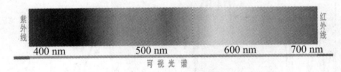

图1－2－3　波长与色彩（见彩图4）

单一波长且不能再分解的色光称为单色光。自然光（日光、火光）及人工光源（如白炽灯、钠灯、氙灯等）所发出的光是由不同波长的单色光混合而成，称为复色光。通常组成复色光的各单色光比例不一，故其光色也不同。

人眼可见的可视光谱，它的波长范围因人而稍有不同，因光强度不同也有所差异。在光谱中，从红端到紫端中在两个相邻的波长范围中间带（区）尚可见到各种中间颜色，如红与橙之间的叫橙红；绿与黄之间的叫绿黄；蓝与绿之间的叫蓝绿等，如图1-2-4所示。人的视觉在辨识波长的变化方面因波长不同而不同，也因光强度不同而不同。在某些光谱部位，只要改变波长1 nm，便能看出差别；而在多数部位改变要在数纳米以上才能看出其变化。人眼大约可辨识出一百多种不同的颜色。总的来说，光谱中除了黄（572 nm）、绿（503 nm）和蓝（478 nm）随着光强度的变化不产生变化外，其他色光都随着光强度增减而稍向红色或紫色变化。例如，早晨和傍晚的太阳光并非纯白，而是或多或少带有红黄色，这时的光谱就与太阳白光（如正午的太阳光）的光谱不相同（它的红端光线比较多，而紫端光线比较少）；

图1-2-4 红、绿、蓝色光的中间色（见彩图5）

白炽灯、油灯的光谱也是红黄部分较多一些，当然整个光谱也比太阳光谱弱。

光谱中的红、绿、蓝是基本颜色，因为一切颜色和白光都能由此三种光配合而成，所以称为三原色。其后许多实验又证明，这三种原色不一定是红、绿、蓝三色，也可用其他三种颜色，不过这三种颜色中任何一种都不能由其他两种色混合而成。由红、绿、蓝三原色相加产生其他颜色最为方便，所以大家认为红、绿、蓝三种颜色是最好的三原色。实验又证明，白色不一定要由三原色配合而成，只要将红色光和绿色光适当配合，也可成白色；橙色光与青色光适当配合也同样成为白色。如此凡两种色光混合能成白色的，则此两色叫互补色。例如红是绿的补色，绿是红的补色，这就是颜色混合的第一条重要定律。不过必须说明的是，这是指色光的混合而不是颜料的混合，红光和绿光适当混合得白色，而红色颜料与绿色颜料混合则成黑色或灰黑色了，这点切不可混淆。

2）光源

（1）光功率分布图。

将光源的光谱辐射功率按波长进行分布，即为光谱功率分布。可见光光谱功率分布如图1-2-5所示，横坐标为波长，纵坐标为能量。将光源光谱功率分布都以波长 $\lambda = 555$ nm 的辐射功率为100进行比较，得出相对功率值所描绘的曲线，称为相对光谱功率分布。

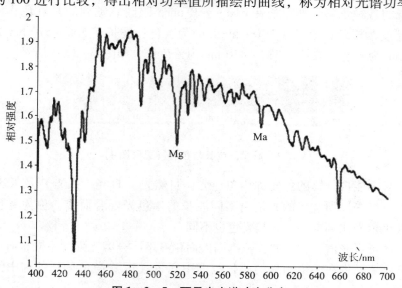

图1-2-5 可见光光谱功率分布

光源光谱分为以下几种：

①连续光谱。包含全部波长的可见光的光谱称为连续光谱，如白炽灯、日光（光谱功率分布见图1-2-5）等。

②线状光谱。光源在某几个波长处，发出狭窄的不连续光谱线的光源光谱称为线状光谱，如高压钠灯、高压汞灯等，典型的光谱功率分布如图1-2-6所示。

③混合光谱，既有连续光谱又夹杂线状光谱的光源光谱，为混合光谱，如日光灯、氙灯等。

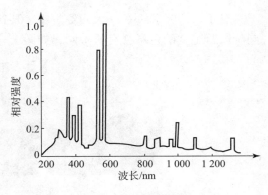

图1-2-6 线状光谱功率分布

（2）光源的分类。光源有自然光源和人造光源之分。太阳是自然光源，是最佳的光源，这是因为太阳光中含有不同波长的光，并且光能的分布比较均衡。但是在太阳光的光谱曲线上（图1-2-7），在光谱的蓝色一端走势较高，因此说日光在本质上有些发蓝。而白炽灯、日光灯是人造光源，若将日光与白炽灯曲线（图1-2-8）做一比较，将会看到白炽灯产生的波长更趋向于在光谱的红色一端达到峰值。因为白炽灯光是由加热灯丝产生的，光中主要含有红色的光线，是属于较温暖的光线。冷白色的日光灯曲线（图1-2-9）在可见光的蓝色部分放射更多的能量。所以当人们步入日光灯照明的房间，会注意到自己的衣服和脸色看上去有些发青，日光灯灯光中主要含有蓝色的光线，是属于较冷的光线。

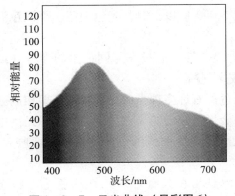

图1-2-7 日光曲线（见彩图6）

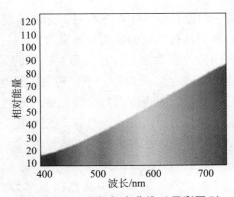

图1-2-8 白炽灯光曲线（见彩图7）

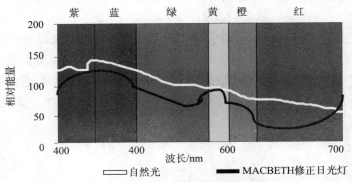

图1-2-9 日光灯光曲线（见彩图8）

对于太阳光源，在一天的各阶段，其各色光成分含量不同，所以观察其中一景色时，不同阶段所感觉的色彩会有所不同，如图1-2-10所示。

图1-2-10　阳光下不同阶段景色的色彩效果（见彩图9）

（3）光源的色温。色温以绝对温度K来表示（0 ℃相当于273 K），是将一标准黑体（例如铂）加热，温度升高至某一程度时颜色开始由红、橙、黄、绿、蓝、紫逐渐改变。如果某光源的光色与黑体的光色相同，其光谱功率分布曲线也相吻合，我们将黑体当时的温度称为该光源的色温度，简称色温。它是描述光源本身颜色外貌的重要指标。

色温度在3 000 K左右时，光色偏黄。色温度在5 000 K以上时，光色偏蓝。不同色温度的光，具有不同的照明和视觉效果。

（4）光源的显色性。光源对物体的显色能力称为显色性，通过在与同色温的参考（或基准）光源（如白炽灯）下，对物体外观颜色的比较来判断。

光所发射的光谱内容决定光源的光色，但同样光色可有许多种类的光谱特性，即相同光色的光源会由不同的光谱组成。光谱组成较广的光源会提供较佳的显色品质。当光源光谱中很少或缺乏物体在基准光源下所反射的主波时，会使颜色产生明显的色差。色差程度愈大，光源对该色的显色性愈差。

光源显色性的大小用显色指数来评价。显色指数是指在具有合理允许的色适应状态下，被测光源照明物体的心理物理色与参比光源照明同一色样的心理物理色符合程度的度量。

白炽灯的显色指数定义为100，视为理想的基准光源。此系统以8种彩度中等的标准色样来检验，比较在测试光源下与在同色温的基准光源下此8色的偏离程度，以测量该光源的显色指数，取平均偏差值$Ra20 \sim Ra100$来表示。以100为最高，平均色差越大，Ra值越低。低于20的光源通常不适于一般用途。不同光源的显色指数、等级、显色性及一般应用见表1-2-1。

表1-2-1　不同光源的显色指数、等级、显色性及一般应用

序号	显色指数（Ra）	等级	显色性	一般应用
1	90~100	1A	优良	需要色彩精确对比的场所
2	80~89	1B	较好	需要色彩正确判断的场所
3	60~79	2	普通	需要中等显色性的场所
4	40~59	3	一般	对显色性的要求较低、色差较小的场所
5	20~39	4	较差	对显色性无具体要求的场所

白炽灯的理论显色指数为100，但实际生活中的白炽灯种类繁多，应用也不同，所以其 Ra 值不是完全一致的。只能说是接近100，是显色性最好的灯具。

由于日光有不同的色相，人造光源有不同的色温和显色指数，所以同一颜色在不同的光源下观察的结果是不同的。一般说利用北窗的昼光是比较稳定的，在日出后3 h至日落前3 h期间，色温变化不大，光谱成分齐全，是观察颜色、分析颜色和调色的最佳时机。

(5) 几种典型的人造光源的特点（图1-2-11）。

①A 光源：色温为2 856 K，白炽灯光线，光色为黄-橙色。

②F 光源：以荧光灯为代表的光源。F2 光源：色温为4 200 K，代表冷白荧光灯，光色偏蓝色；F7 光源：色温为6 500 K，代表宽频荧光灯；F11 光源：色温为4 200 K，代表窄频白荧光灯。

③D65 标准光源：即模拟正午日光，其色温为6 500 K。

④TL84 光源：荧光灯光线，色温为4 150 K。

图1-2-11　典型的人造光源（见彩图10）

上述典型的人造光源，制造成各种标准光灯具，再根据调色工作的需要选用装备，即可制成比色用的比色灯箱，如图1-2-12所示。控制灯箱的各光源开关，即可选择不同的光源进行比色，如图1-2-13所示，虽然颜色不同的两块试板，但在不同的光源下对比，颜色差别是不一样的。

图 1-2-12　比色灯箱

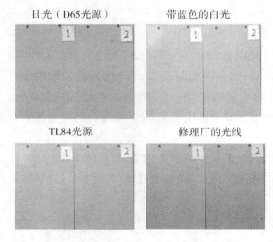

图 1-2-13　不同光源下的对比（见彩图 11）

2. 物体（被观察物）

物体受到光的照射时，会发生选择性的反射、吸收、透射等光谱特性，如图 1-2-14 所示。这种光谱特性便是物体产生不同颜色的主要原因。

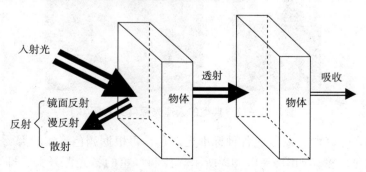

图 1-2-14　物体的光谱特性

物体的颜色是由物体的反射光或透过光线的波长而决定的。例如当太阳光（白光）照到物体上时，物体表面就反射一部分光线而吸收其他部分，如果反射出来的是红色光线，而吸收了黄、橙、绿、青等色的光线，此时我们就感觉那个物体是红色的。又如反射出来的是绿色光线，就感觉那个物体是绿色的（图1-2-15）。因为物体反射出来的光线常不是单一波长的光线，所以物体的颜色就非常多了。物体表面对各种可见光的反射率如达到85%～90%时产生的颜色感觉为白色（图1-2-16），若反射率低于4%，则产生的颜色感觉为黑色（图1-2-17）。

图1-2-15　红色和绿色及其相应的物体反射情况（见彩图12）

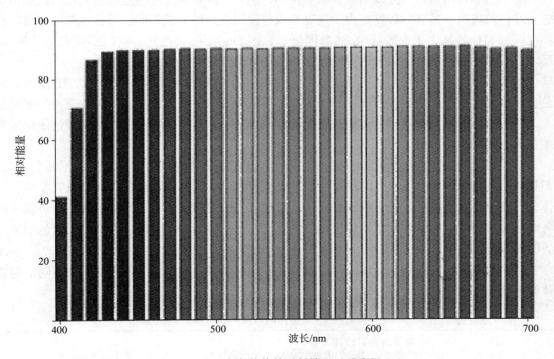

图1-2-16　白色物体的反射情况（见彩图13）

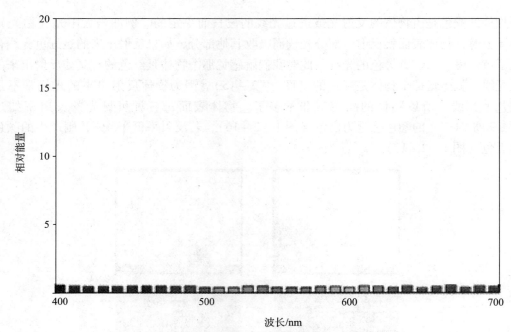

图 1-2-17 黑色物体的反射情况（见彩图 14）

透明物体就有些不同了，因透明物体受白光照射时，反射比较少，主要为吸收和透过光线，它们的颜色是由透过光线的波长来决定的。例如，红玻璃主要透过红色光，我们就感觉它是红色的玻璃。另外一种物体由于透过光线与反射光线的波长不同，该物体就可呈现两种颜色。例如金的薄片（金箔），在光源同侧看，因为它反射黄色光，我们感觉它是黄色的；反之，如在它的对侧看，因它透过绿色光，我们则感觉它是绿色的。

如果一个物体表面把照射在它上面的白光中的所有组分全部反射出来时，则物体呈白色。而白光中的所有组分都以同样的程度被物体所吸收时，物体则呈灰色，被吸收的光量越大，灰色越深，全部吸收时物体便呈黑色。白→浅灰→中灰→深灰→黑一系列颜色便构成了颜色的一类，即非彩色。

如果白光照射在物体上时被有选择地吸收，即吸收了某些波长的光而反射了其余的光，则物体便会呈现那部分反射光的颜色。如红光被吸收时，物体呈蓝紫色；绿光被吸收时，物体呈红紫色；黄光被吸收时，物体呈蓝色。反之，当蓝光被吸收时，物体呈黄色。组成光的各组分被选择吸收的结果，使物体呈现出红、橙、黄、绿各种颜色，这便构成了颜色的另一类，即彩色。

不同的光谱特性使物体呈现不同的颜色，物体对光线吸收、反射和透射程度不同，与物体颜色的对应关系见表 1-2-2。

表 1-2-2 物体的光谱特性与颜色

物体的光谱特性			物体呈现的颜色
吸收	反射	透射	
无	无	全部	无色透明
无	部分	部分	白色半透明

续表

物体的光谱特性			物体呈现的颜色
吸收	反射	透射	
无	全部	无	不透明白色
部分	无	部分	有色透明
部分	部分	无	有色不透明
部分	部分	部分	有色半透明

白色和黑色，严格地说，都不是颜色。在太阳光下的白色物体，它们是等比例地、几乎全部地反射太阳光线，所以呈白色；如果物体全部吸收太阳光线，那么该物体就呈黑色。实际上，完全反射或完全吸收太阳光线的物体是没有的，因此物体是没有"纯白"或"纯黑"的。介乎黑白两者之间的，就是我们所谓的灰色。事实上，纯灰色的物体也是没有的，因为物体常常不是等比例地吸收或反射光谱上各种波长的色光的缘故。

3. 视觉器官（眼睛和大脑）

人眼非但能辨识物体的形状、大小，且能辨别各种颜色。这种辨别颜色的能力，叫作颜色视觉，通称色觉。颜色视觉是人生理与心理特性的反映，人形成色觉的结果常带有一定的主观性（受记忆、经验、对比的影响），往往不完全服从物理学规律。如图1-2-18所示，实际上一样长的两根竖线，但是感觉好像右边的一条要比左边的长。如图1-2-19所示，一样大小的黑色方块，处在不同的位置，感觉好像大小不一样。如图1-2-20所示，同样颜色的红色方块，处在不同的背景下，观察的颜色好像不一样。

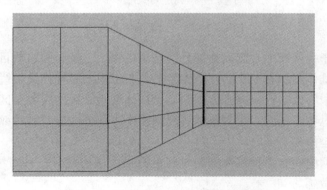

图1-2-18 实际一样长的两条竖线

图1-2-19 实际一样大小的黑色方块

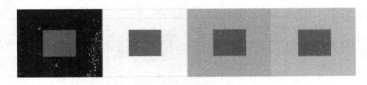

图 1-2-20　实际一样的红色方块（见彩图 15）

人类眼球的结构，如图 1-2-21 所示。视网膜有两种视细胞，即杆体细胞和锥体细胞。前者对昏暗的光线可做出反应，即所谓暗视觉，能感觉光线的明暗度；后者在明亮光线下感受光线和色彩，即明视觉。这些感光细胞主要集中于视网膜的中央凹陷处，使这一部分对光线最敏感，并用于分辨颜色。

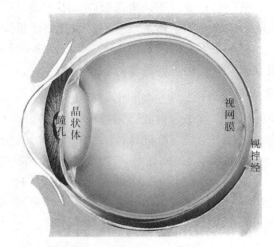

图 1-2-21　人类眼球的结构

杆体细胞分布于视网膜中心窝以外部分，有 1 亿多个，越至周边数目越多，真正中心凹陷处无杆体细胞。锥体细胞有 600 多万个，主要分布于视网膜视物最敏锐的黄斑部，越至中心数目越多，真正中心凹陷处只有锥体细胞而无杆体细胞。视网膜各个区域因视细胞分布不同，对颜色感受性也各不相同。正常色觉者视网膜中央部分能分辨各种颜色，其外围部分辨色力就逐渐减弱以至消失。

实验证明，视网膜中有一种锥体细胞对红色有最大敏感性，一种对绿色有最大敏感性，还有一种对蓝色最敏感。

1）视觉的适应

当眼睛突然变换观看不同的色光、明暗的环境时会有一段适应的时间，就是视觉的适应。视觉的适应有明适应、暗适应和色适应。当人们在漆黑的夜晚突然打开明亮的灯光，眼前突然一亮的瞬间会什么也看不见，稍过片刻，眼睛就会适应，可以清晰地观看了，这个过程就是明适应。相反在深夜人们从明亮的房间走出，步入没有灯光的室外，开始也是什么都看不见，也是要经过一段适应的时间，才能逐渐辨别出周围的环境。这个从明到暗的视觉适应过程就是暗适应。暗适应的时间为 5~10 min，明适应的时间大约为 0.2 s。同样，当人们从开着带有不同色彩倾向的灯光的书房进入卧室，开始会不习惯两个房间的色光差异，通过一段适应的时间，就会适应习惯，这种适应就是色适应。

2）视觉的恒常性

（1）大小的恒常性。当人们去郊游走在林间的小路上，小路的尽头可以看见起伏的远山，在视网膜的成像中近处的树木要大于远处的山，但是人们不会认为远处的山小于近处的树，这就是视觉的大小恒常。

（2）明度的恒常性。当人们把一个灰色的车放在强烈的阳光下，把一个白色的车放在极暗的阴影里，虽然阳光里的灰车反射的阳光要比阴影里的白车多很多，比白车亮很多，阴影的白车实际明度已经成了灰车，但人们还是认为原来的白车比灰车亮，眼睛的这种恒常视觉现象就是明度恒常性。

（3）色相的恒常性。人们首先要知道物体在正常环境下的色相，然后在环境改变、光线改变后，眼睛还会认定该物体是在正常光线下的颜色。如果人们不知道该物体在正常光线下的色相，而且照射物体的光源里没有可反射物体原有色相的色光，那么，色相的恒常性就不能继续维持。如一个黄色的汽车，在阳光下的阴影里，眼睛都会认定汽车是黄色的；如果在紫光实验室里第一次看见成为黑灰色这个汽车，眼睛就不会再认为它是黄色了。

3）视觉阈限

视觉阈限指两种刺激必须有一定的量的差别。达不到阈限就视为相同，只有超过阈限才能区分出不同。眼睛无法分辨出差别过小、面积过小、速度过快、距离过远的物体。任何现象在没有达到视觉阈限之前都视为相同而无法分辨。眼睛的这种生理功能为色彩在现实中的设计应用提供了理论依据。

三、颜色视觉的理论

关于色觉的理论有多种学说，其中最通用的有两种，即三色学说与四色学说。

（1）三色学说是根据红、绿、蓝三种原色适当混合可以产生各种颜色，从而推想视网膜上有感觉三色的要素，就是感红光的红色要素、感绿光的绿色要素和感蓝光的蓝色要素，各种要素接受一定颜色的刺激而形成色觉。视网膜上的感色要素，不仅接受某一颜色刺激，而且多少也能接受其他种颜色的刺激，即红色光主要刺激红色要素，但多少也能刺激绿色要素和蓝色要素；绿色光主要刺激绿色要素，但也能或多或少刺激红色要素和蓝色要素；同样蓝色光主要刺激蓝色要素，但也刺激红色和绿色要素。如此不难了解三种要素中缺乏一种要素时的色觉情况：如缺少红色要素者不能感受红色光线，但此红色光线也能刺激绿色和蓝色要素，因而此人会将红色误认为是其他色，例如会误认为绿色；但此人所感觉的绿色也并非正常人所感觉的绿色，因为绿色光线除刺激绿色要素外，也刺激红色和蓝色要素，而此人缺乏红色要素，故其所感觉的绿色，就和正常人所感觉的绿色不同了。这就不难理解红色盲者何以难以正确辨认绿色，绿色盲者也难以正确地辨别红色了。所以通常把红色盲与绿色盲混称为"红绿色盲"。当然红色盲者或绿色盲者对于蓝色也多少难以正确辨认。此三色说最初是臆说，但经近年来各学者的研究，渐渐形成了有解剖、组织、生理学等根据的理论了。

（2）四色学说假定视网膜中有三对视素物质，即红-绿视素物质、黄-蓝视素物质和黑-白视素物质。这三对视素物质受光刺激后发生分解与合成作用，就形成颜色感觉与非彩色的黑白感觉。例如红-绿视素物质，对红光起分解作用，产生红色感觉；对绿光起合成作用,产生绿色感觉。黄-蓝视素物质,对黄光起分解作用,产生黄色感觉;对蓝光起合成作用,产生蓝色感觉。同样,光线刺激黑-白视素,起分解作用,产生白色感觉;起合成作用则产生黑色感觉。色盲者由于缺乏一对视素物质,如缺红-绿视素就形成红绿色盲,缺乏黄-蓝视素就形成黄蓝色盲(紫色盲)。

以上两种学说,长期以来虽说是并存的,但以三色说占优势,因为它对三原色混合解释得比较完善,所以得到多数学者的支持。

四、色盲与色弱

色盲是 Huddart(1777)首先发现的,中国在《列子》与《左仓子》上也有视颜色困难的记载。最精细地记述色盲者则是化学家道尔顿(Dolton)(1798),他发觉他看光谱的颜色和常人不同:常人所见的红色部分,他只看到是淡黑色的影子;常人所见的橙、黄、绿部分,他所感觉的是从暗黑的黄色渐渐转移为淡淡的明黄色;他能辨绿和青之间颜色的移行情况,但对青和紫之间的移行情况不能认识;他看紫色只觉得比青色浓暗一些而已。Dolton 是红色盲患者,其家属中也有几个色盲者。因为色盲是 Dolton 首先详论的,故色盲曾名为 Dolton 病。

一个具有正常色彩知觉能力的人,在感受可见光谱时将其看成是一系列连续的颜色,其顺序为:暗红、亮红、橙色、黄、亮绿、绿、蓝和暗紫。光谱的最明亮部分位于 540~570 nm(黄-绿)之间,从该部分的两侧向外明度逐渐降低,直至光谱的两端。肉眼所感觉到的明度变化与其发光功能吻合,该功能在 555 nm 时一般可达到峰值。由于正常的观察者在知觉过程中可感受三色,因而它能够分辨明与暗、黄与绿、红与蓝以及黄绿和蓝绿、绿蓝和红蓝等。然而,肉眼的分辨能力也会出现缺陷,从而出现了红-绿色盲、黄-蓝色盲和全色盲,其原因是肉眼的圆锥形晶体带有缺陷,由此导致的后果是视力低下及昼盲。色盲是先天性遗传疾病,患病率为:男性 4%~5%,女性 0.16%。随着年龄的增长,眼睛的倦怠与病痛会影响人的色感。有色觉缺陷的人不能正确分辨颜色,所以不适宜从事调色工作。由于女性色盲的患病率低,从事调色、测色的工作人员多为女性,而且女性对颜色的辨认比男性敏感,同时又具有细心和耐心的特征,对从事这项工作很有优势。

1. 色觉异常的类型

色盲可分先天性色盲与后天性色盲。

先天性色盲与后天性色盲两者的不同在于前者是一种遗传性眼病,即在人出生后就具有这种眼病。而后者是原来正常色觉的人,因为患某些眼底疾病(如急、慢性视神经炎,视神经萎缩或黄斑病变,青光眼等眼病)所引起的,所以患者除了有色觉障碍外,还伴有视力障碍及有中心暗点,而且这种色觉异常也常常是一时性的,就是在疾病过程中呈现的暂时性色盲,一旦疾病痊愈,视力恢复,中心暗点消失,则色觉障碍也随之消失。当然,如果疾病未能完全治愈,病变区(特别是眼底中心部)有器质性损害,则色觉障碍也就不能恢复正常而成为永久性色盲了。色觉异常分类,见表 1-2-3。

表 1-2-3 色觉异常分类

色觉异常	先天性	完全色盲（全色盲、一色视）	
		部分色盲（二色视）	红色盲（第一色盲）
			绿色盲（第二色盲）
			紫色盲（第三色盲、青黄色盲）
		部分色弱（异常三色视）	红色弱（第一色弱）
			绿色弱（第二色弱）
			紫色弱（第三色弱、青黄色弱）
	后天性	完全色盲	
		部分色盲	红绿色盲
			紫色盲（青黄色盲）

1）先天性完全色盲

先天性完全色盲者不能辨别颜色，看物体只有黑、白和灰色的感觉，似正常人看黑白照片、黑白电视或黑白电影那样。本病又分为杆体一色视与锥体一色视两型。

（1）杆体一色视。这种人很少见，据说10万~20万人中才有一例。其父母常为近亲结婚，他们除不能分辨颜色外，还伴有畏光及眼球震颤，视力常在4.0以下。本病据说视网膜无锥体细胞或锥体细胞很稀少且畸变。色盲图检仅能见示教图或部分示教图。

（2）锥体一色视。锥体一色视的人也是极少见的，患者也全无辨色力，色盲图只能读出示教图，但与前者不同的是他们的视力较好，也无畏光及眼球震颤。

2）二色视

二色视也称不全色盲或部分色盲。患者除不能辨识某些颜色外与正常人一样，视力良好。其中又可分为红色盲、绿色盲与紫色盲。正常人、红色盲、绿色盲与紫色盲所见光谱，如图1-2-22所示。

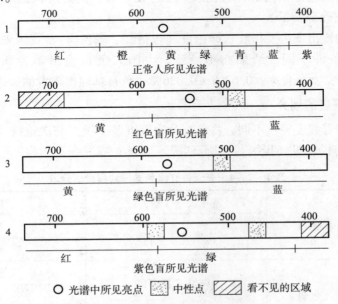

图 1-2-22 不同人所见光谱（单位：nm）

（1）红色盲。又称第一色盲或甲型色盲。红色盲者不能见光谱中的红色光线，在他们看来，光谱中的红色端缺了一段，光谱就缩短了一段，只能见由黄至蓝色段，而且光谱的亮度也和正常人所见不同：正常人所见最亮的是在黄色部分（波长约 589 nm），红色盲所见光谱中最亮的部分是在黄绿部分，又在光谱中见有一个非彩色的部位（"中性点"），位置约在波长 490 nm 处。红色盲者看颜色的主要错误是对淡红色与深绿色，青蓝色与绛色、紫色不能分辨，而最容易混淆的是红与深绿、蓝与紫。

（2）绿色盲。又称第二色盲或乙型色盲。患者看光谱并不像红色盲者缩短一段，但光谱中最亮部位在橙色部分，中心点约在波长 500 nm 处。全部光谱呈淡黄色、灰色和蓝色。绿色盲者不能分辨淡绿与深红、紫与青。绛色与青色虽不混淆，但对绛色与灰色会造成混乱。

（3）紫色盲。又称第三色盲或丙型色盲，亦称青黄色盲。紫色盲者看光谱在紫色端有些缩短。光谱上最亮部分在黄色部分，且光谱上有两个中性点：一个在黄色部位（波长约 580 nm），另一个在蓝色部位（波长约 470 nm）。患者看光谱，似乎只有红与青两种色调。对于黄绿与蓝绿色、绛色与橙红色都不能分辨。紫色盲在二色视中极为罕见，多数为病理性的。

3）异常三色视

异常三色视分为红色弱（第一色弱）、绿色弱（第二色弱）与紫色弱（第三色弱或青黄色弱）。异常三色视者与正常三色视者之间没有严格的界限，只在辨色能力的程度上存在差别，是色觉障碍中程度最轻型的。他们的视网膜上可能具有三种感色要素，但三种要素的比例与正常人有差别。

色盲者往往不自知有色觉障碍，在颜色不太复杂时，也往往能说出是红是绿等。这种辨色力是从生活体验中得来的。例如红砖的颜色，在红色盲者看来是土黄色的，但因人们都称它为红色，所以他认为他所看到的土黄色就是"红色"；同样，绿色的草坪，在他看到的是黄色的，但因大家称它为绿色，他也就认为这种黄色就是"绿色"，并且认为他所见到的颜色与别人所见到的颜色是相同的，但在遇到颜色复杂时，例如辨认色觉检查图的色点（图形）时，就无法正确辨别了。

先天性色盲的检出率主要指红、绿色盲（包括红、绿色弱）。我国先天性色觉异常检出率因报告者检查条件不同，结果亦不一致。中国人色盲检出率为 3.14%；男色盲率：4.714%±0.074%；女色盲率：0.67%±0.036%；色盲基因携带者的概率：8.98%。

2. 色觉异常程度的划分

色觉异常存在着程度轻重不同，将色盲分为重级（Ⅰ级）与次重级（Ⅱ级），将色弱分为轻级（Ⅲ级）与极轻级（Ⅳ级），共分四级，见表 1-2-4。

表 1-2-4　先天性红绿色觉异常程度划分表

先天性红绿色觉异常	色盲	重级（Ⅰ级）	红绿色盲
		次重级（Ⅱ级）	红色盲
			绿色盲
	色弱	轻级（Ⅲ级）	红色弱
			绿色弱
		极轻级（Ⅳ级）	极轻型红绿色弱

3. 色盲与遗传

先天性色盲是连锁隐性遗传病（隔代遗传即男性色盲通过女儿传给外甥），遗传基因带在X染色体上。人类有23对染色体，其中一对为性染色体。女性性染色体为XX，男性性染色体为XY。色盲位点在X染色体短臂上，而Y染色体较短小，没有相应的等位基因。因此男性性染色体XY只要在X染色体上有色盲基因就表现为色盲；女性要在两条X染色体都有色盲基因，才表现为色盲，如果只有一条X染色体有色盲基因，她就不表现为色盲，而是基因携带者，可以遗传给她的后代。故她被称为是媒介者或隐性色盲者。

4. 色盲与职业

有不少职业在工作中需要正确辨认颜色。例如在化学试验、化工生产中必须正确辨别试剂、溶剂的颜色及反应；在纺织、印染业中，必须进行颜色选择；在冶金、铸造业中，需根据颜色来判断金属熔化物的温度等。色盲者辨色有误，当然就不宜从事这些职业。又如飞机、舰船、火车、汽车驾驶人员和交通管理人员，必须正确辨别各种颜色信号，若作出了错误的判断，那就可能发生严重事故，使国家财产、人民生命遭受意外损害。此外，彩色印刷、医疗、绘画、工艺美术、照明技术、彩色显示、彩色摄影等各个行业都对辨色能力要求很高。随着科学技术和生产力的发展，人们将愈来愈广泛地应用颜色科学。因此在选录人员和征兵、招收新生时，色觉检查是必需的。色盲者可以胜任的职业，如文学、史地、财经等部门，仍是很多的。此外，基础科学中的数学，农业中的农业经济，医学中不需要很高辨色力的工作也可以胜任。

技能学习与考核

检查色觉异常使用《色盲检查图》（人民卫生出版社、俞自萍绘著），使用方法如下：

（1）在明亮弥散光下（日光不可直接照到图上），展开检查图。

（2）被检者双眼以距离图面60~80 cm为标准，但也可参照具体情况酌情予以增加或缩短，不能超过50~100 cm范围，并不得使用有色眼镜。

（3）一般先用"示教图"教以正确读法。如被检者已知读法，就可任选一组让其读出图上数字或图形，愈快读出愈好，一般3 s就可得答案，最长不得超过10 s。

一般体检可采用简单数字组，成人文盲可采用简单几何图形组，儿童采用动物图形较好。特殊检查（即较精细的检查，如特种兵体检）可采用较复杂数字组，必要时可采用多组检查。

（4）检查图共分五组：1、2、3、4组为先天性色觉检查之用，可任选一组进行检查；检查后天性色觉障碍，可采用第5组。第1组为简单数字，共13幅；第2组为几何图形，共9幅；第3组为图画，共15幅；第4组为多位数字，共14幅；第5组为后天性色觉障碍检查图，共14幅。

（5）遇到可疑时，不妨停顿一下，再予以仔细检查。色觉正常而反应迟钝的人，有时可能会答错，不能以一图或一字之差就判定为色盲或色弱。必要时可以采用全部图来检查，或者采用其他色盲检查图来辅助检查。

（6）色盲检查实例。

①如图1-2-23所示，正常人会读出74，红绿色盲者会读成21。

② 如图 1-2-24 所示，正常人会读出 2，有颜色缺陷的大多数读不出或读错。

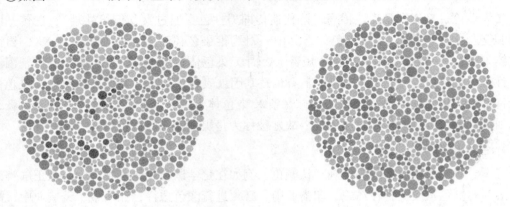

图 1-2-23　色盲检查图例（一）（见彩图 16）　　　图 1-2-24　色盲检查图例（二）（见彩图 17）

③ 如图 1-2-25 所示，正常的人会读出"26"，如果是红色盲和红色弱会读出"6"，如果是中红色弱，会觉得"6"比"2"清楚；如果是绿色盲和绿色弱会读出"2"，如果是中绿色弱，会觉得"2"会比"6"清楚。

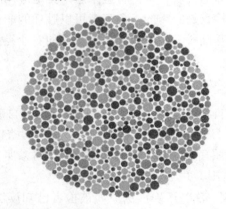

图 1-2-25　色盲检查图例（三）（见彩图 18）

任务 1-3　色母与工具的准备

（1）能够正确解释色母。
（2）能够正确描述汽车用涂料的组成及各组成成分的作用。
（3）能够正确描述汽车用涂料的种类及各种类涂料的功能。
（4）能够正确描述调色时应准备的工具、仪器与设备。
（5）能够正确进行调色用色母、工具、仪器及设备的准备。
（6）能够注意培养良好的安全卫生习惯、环保及团队协作意识。
（7）能够检查、记录和评价工作效果。

任务分析

在正式调漆前，应将调色所必需的色母准备好，达到种类齐全、数量足够、质量可靠（正厂产品）、装备完整和达到可以使用的状态。

油漆制造商供应的涂料一般均装于铁制的罐内（也有部分涂料装于塑料瓶内），其规格有2 L、1 L、0.5 L等，如图1-3-1所示。为了使其达到可以使用的状态，必须经过开封、安装搅拌头、装架及搅拌等一系列操作。

调漆时所用到的调漆杯、比例尺、电子秤、烤箱等，必须准备好，达到可以随时取用的状态后，才能进行正式的调色操作。

本任务主要学习如何进行调色时所需要的色母、工具、仪器及设备的准备。

图1-3-1 色母罐

相关知识

一、色母

色母是涂料生产厂家提供调色的基本原料，是带有某一颜色的涂料。厂家会将各种色母编好号码作为该色母的代号，形成一个系列，各个系列之间的色母不能通用。比如德国鹦鹉牌汽车修补漆22系列代表素色面漆色母；55系列代表金属面漆色母；90系列为水性漆色母。

二、涂料的组成

如图1-3-2所示，涂料由成膜物质、颜料、溶剂和添加剂组成。

1. 成膜物质

成膜物质主要指的是树脂。树脂是涂料中不可缺少的部分，涂膜的性质也主要由它所决定，故又称为基料。树脂在常温下可以固态和液态方式存在，如图1-3-3所示。汽车涂料所用树脂一般为有黏性的透明液体，在被施涂到一个物体上干燥以后便形成一层薄膜。它结合湿润颜料，赋予涂膜附着力、硬度和耐久性等特性，同时也影响饰面的质量（纹理、光泽度）。

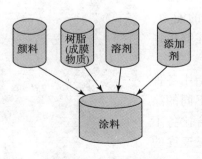

图1-3-2 涂料的组成

图1-3-3 树脂

树脂按来源不同可分为天然树脂和合成树脂；按结构和成膜方式不同可分为非转化型

(热塑性树脂)和转化型(热固性树脂)。天然树脂一般从动物和植物中提炼出来,如虫胶、松脂等;合成树脂主要由炼油工业提炼出来,其类型和特点见表1-3-1。

表1-3-1 合成树脂的类型和特点

合成树脂	类型	特点
	热塑性树脂	可还原树脂,在高温时软化及容易被溶剂溶解
	热固性树脂	不可还原树脂,高温时产生化学反应,冷却后树脂不会再受热软化,硬度好、耐溶剂性强
	自交联树脂	不可还原树脂,加入固化剂后产生化学反应而固化,效果同热固性树脂

2. 颜料

颜料是涂料中的不挥发物质之一,呈微细粉末状、有颜色,如图1-3-4所示。它赋予面漆色彩和耐久性,起美观装饰作用,同时使涂料具有较高的遮盖力,提高强度和附着力,改善流动性和涂装性能,改变光泽等性能。颜料分着色颜料(包括有机颜料、无机颜料及金属颜料)、体质颜料(主要用于改进涂料性能并降低成本,大多为天然白色或无色物)、防锈颜料(如氧化铁红、铝粉、红丹、铬黄、磷酸锌等)及特种颜料。按化学成分可分成无机和有机颜料,无机颜料遮盖好、比重大、色调稍不鲜明;有机颜料遮盖低、比重小、色调鲜明。

图1-3-4 颜料

3. 溶剂

溶剂是涂料中的"挥发"成分,它的主要功能是能够充分溶解涂料中的树脂,使涂料呈液态,便于在表面进行正常涂布。大多数溶剂是从原油中提炼出来的"挥发性"配料,具有良好的溶解能力。优质的溶剂能改善涂料的涂布性能和漆膜特性,并能增强其光泽,同时也有助于更精确地配色。

溶剂按用途不同可分为真溶剂、助溶剂和稀释剂;按蒸发速度不同可分为低沸点溶剂、中沸点溶剂、高沸点溶剂。真溶剂能够溶解树脂,主要应用于涂料生产;助溶剂本身不能溶解树脂,但能够提高真溶剂溶解树脂的能力,主要应用于涂料生产;稀释剂不能溶解树脂,但能够稀释树脂,主要应用于涂装生产。

涂料中使用各种各样的树脂,各种不同的树脂用各种不同的溶剂来溶解和稀释。不同的稀释剂应用于不同的涂料。有几种不同的稀释剂,其所含的溶剂及其混合比各不相同,使用时可以按环境的温度,选用最适合蒸发速度的稀释剂。例如,快、中、慢及特慢稀释剂等。

修补涂装所使用的稀释剂通常装于铁制的罐内,如图1-3-5所示。

图1-3-5 稀释剂

4. 添加剂

由于近年来涂料生产工艺发生了巨大变化,添加剂的使用也越来越普遍。虽然添加剂在涂料中的比例不超过5%,但它们对涂料储存过程、对涂料施工成膜过程、对漆膜性能、对颜色调整方面起着各种重要的作用。

常用的涂料添加剂有:柔软剂、固化剂、分散剂、防沉降剂、防分离剂、流平剂、增塑剂等。

(1) 柔软剂。能够使漆膜柔软性增加,主要应用于塑料专用涂料的生产及塑料件涂装施工。

(2) 固化剂。也称催干剂、硬化剂、干燥剂,是一种具有催化作用的化合物。固化剂加入到双组分涂料中,能与合成树脂发生交联反应形成涂膜。固化剂主要应用于不能自然干燥和烘烤成膜的涂料中,例如环氧漆、聚氨酯漆、聚酯漆等。

(3) 分散剂。能够促进颜料的分散,使颜料与树脂混合均匀,主要应用于涂料生产。

(4) 防沉降剂。能够防止涂料在存储中出现沉淀。

(5) 防分离剂。能够防止涂料中的某些成分分离。

(6) 流平剂。又称为抗鱼眼添加剂,能够提高漆膜的流动性和浸润性,防止涂装时漆膜出现缩孔(俗称鱼眼)现象。

(7) 增塑剂。能够增加涂料的黏性及塑性,主要应用于塑料专用涂料的生产及塑料件涂装施工。

有些添加剂起的是综合作用,能减少起皱、加速干燥、防止发白、提高对化学物质的耐受能力等。

汽车修补涂装过程中使用的添加剂大多使用小型的罐制容器盛装,如图1-3-6所示。

图1-3-6 添加剂

三、涂料的分类和命名

1. 涂料的分类

根据国家标准GB 2705—2003,涂料产品的分类有两种分类方法。

(1) 主要是以涂料产品的用途为主线,并辅以主要成膜物的分类方法。将涂料产品划分为三个主要类别,即建筑涂料、工业涂料和通用涂料及辅助材料,见表1-3-2。

表1-3-2 涂料的分类方法一

	主要产品类型		主要成膜物类型
建筑涂料	墙面涂料	合成树脂乳液内墙涂料 合成树脂乳液外墙涂料 溶剂型外墙涂料 其他墙面涂料	丙烯酸酯类及其改性共聚乳液;醋酸乙烯及其改性共聚乳液;聚氨酯、氟碳等树脂;无机黏合剂等
	防水涂料	溶剂型树脂防水涂料 聚合物乳液防水涂料 其他防水涂料	EVA,丙烯酸酯类乳液;聚氨酯、沥青、PVC泥或油膏、聚丁二烯等树脂

续表

主要产品类型		主要成膜物类型
建筑涂料	地坪涂料	水泥基等非木质地面用涂料	聚氨酯、环氧等树脂
	功能性建筑涂料	防火涂料 防霉（藻）涂料 保温隔热涂料 其他功能性建筑涂料	聚氨酯、丙烯酸酯类、醇酸、硝基、氨基、酚醛、虫胶等树脂
工业涂料	汽车涂料（含摩托车涂料）	汽车底漆（电泳漆） 汽车中涂底漆 汽车罩光漆 汽车修补漆 其他汽车专用漆	丙烯酯类、环氧、丙烯酸酯类、乙烯类、氟碳等树脂
	木器涂料	溶剂型木器涂料 水性木器涂料 光固化木器涂料 其他木器涂料	聚氨酯、丙烯酸酯类、醇酸、硝基、氨基、酚醛、虫胶等树脂
	铁路、公路涂料	铁路车辆涂料 道路标志涂料 其他铁路、公路设施涂料	丙烯酸酯类、聚氨酯、环氧、醇酸、乙烯类等树脂
	轻工涂料	自行车涂料 家用电器涂料 仪器、仪表涂料 塑料涂料 纸张涂料 其他轻工专用涂料	聚氨酯、聚酯、醇酸、丙烯酸酯类、环氧、酚醛、氨基、乙烯类等树脂
	船舶涂料	船壳及上层建筑物漆 船底防锈漆 船底防污漆 水线漆 甲板漆 其他船舶漆	聚氨酯、醇酸、丙烯酸酯类、环氧、乙烯类、酚醛、氯化橡胶、沥青等树脂
	防腐涂料	桥梁涂料 集装箱涂料 专用埋地管道及设施涂料 耐高温涂料 其他防腐涂料	聚氨酯、丙烯酸酯类、环氧、醇酸、酚醛、氯化橡胶、乙烯类、沥青、有机硅、氟碳等树脂
	其他专用涂料	卷材涂料 绝缘涂料 机床、农机、工程机械等涂料 航空、航天涂料 军用器械涂料 电子元器件涂料 以上未涵盖的其他专用涂料	聚酯、聚氨酯、环氧、丙烯酸酯类、醇酸、乙烯类、氨基、有机硅、酚醛、硝基等树脂

续表

主要产品类型		主要成膜物类型
通用涂料及辅助材料	调和漆 清漆 磁漆 底漆 腻子 稀释剂 防潮剂 催干剂 脱漆剂 固化剂 其他通用涂料及辅助材料	以上未涵盖的无明确应用	油脂；天然树脂、酚醛、沥青、醇酸等树脂

注：主要成膜物类型中树脂类型包括水性、溶剂型、无溶剂型、固体粉末

（2）除建筑涂料外，主要以涂料产品的主要成膜物为主线，并适当辅以产品主要用途的分类方法。将涂料产品划分为两个主要类别，即建筑涂料、其他涂料及辅助材料，见表1-3-3和表1-3-4。

表1-3-3 涂料的分类方法二

	主要产品类型		主要成膜物类型
建筑涂料	墙面涂料	合成树脂乳液内墙涂料 合成树脂乳液外墙涂料 溶剂型外墙涂料 其他墙面涂料	丙烯酸酯类及其改性共聚乳液，醋酸乙烯及其改性共聚乳液；聚氨酯、氟碳等树脂；无机黏合剂等
	防水涂料	溶剂型树脂防水涂料 聚合物乳液防水涂料 其他防水涂料	EVA、丙烯酸酯类乳液；聚氨酯、沥青、PVC泥或油膏、聚丁二烯等树脂
	地坪涂料	水泥基等非木质地面用涂料	聚氨酯、环氧等树脂
	功能性建筑涂料	防火涂料 防霉（藻）涂料 保温隔热涂料 其他功能性建筑涂料	聚氨酯、丙烯酸酯类、醇酸、硝基、氨基、酚醛、虫胶等树脂
其他涂料	油脂漆类	天然植物油、动物油（脂）、合成油	清油、厚漆、调和漆、防锈漆、其他油脂漆
	天然树脂漆类	松香、虫胶、乳酪素、动物胶及其衍生物等	清漆、调和漆、磁漆、底漆、绝缘漆、生漆、其他天然树脂漆
	酚醛树脂漆类*	酚醛树脂、改性酚醛树脂等	清漆、调和漆、磁漆、底漆、绝缘漆、船舶漆、防锈漆、耐热漆、黑板漆、防腐漆、其他酚醛树脂漆

续表

	主要产品类型		主要成膜物类型
其他涂料	沥青漆类	天然沥青、（煤）焦油沥青、石油沥青等	清漆、磁漆、底漆、绝缘漆、防污漆、船舶漆、防锈漆、耐酸漆、防腐漆、锅炉漆、其他沥青漆
	醇酸树脂漆类	甘油醇酸树脂、季戊四醇醇酸树脂、其他醇类的醇酸树脂、改性醇树脂等	清漆、调和漆、磁漆、底漆、绝缘漆、船舶漆、防锈漆、汽车漆、木器漆、其他醇酸树脂漆
	氨基树脂漆类	三聚氰胺甲醛树脂、脲（甲）醛树脂及其改性树脂等	清漆、磁漆、绝缘漆、美术漆、闪光漆、汽车漆、其他氨基树脂漆
	硝基漆类	硝基纤维素（酯）等	清漆、磁漆、铅笔漆、木器漆、汽车修补漆、其他硝基漆
	过氯乙烯树脂漆类	过氯乙烯树脂等	清漆、磁漆、机床漆、防腐漆、可剥漆、胶漆、其他过氯乙烯漆
	烯类树脂漆类	聚二乙烯炔树脂、聚多烯树脂、氯乙烯醋酸乙烯共聚物、聚乙烯醇缩醛树脂、聚苯乙烯树脂、含氟树脂、氯化聚丙烯树脂、石油树脂等	聚乙烯醇缩醛树脂漆、氯化聚烯烃树脂漆、其他烯类树脂漆
	丙烯酸酯类树脂漆类	热塑性丙烯酸酯类树脂、热固性烯酸酯类树脂等	清漆、透明漆、磁漆、汽车漆、工程机械漆、摩托车漆、家电漆、塑料漆、标志漆、电泳漆、乳胶漆、木器漆、汽车修补漆、粉末涂料、船舶漆、绝缘漆、其他丙烯酸酯类树脂漆
	聚酯树脂漆类	饱和聚酯树脂、不饱和聚酯树脂等	粉末涂料、卷材涂料、木器漆、防锈漆、绝缘漆、其他聚酯树脂漆
	环氧树脂漆类	环氧树脂、环氧酯、改性环氧树脂等	底漆、电泳漆、光固化漆、船舶漆、绝缘漆、划线漆、罐头漆、粉末涂料、其他环氧树脂漆
	聚氨酯树脂漆类	聚氨（其甲酸）酯树脂等	清漆、磁漆、木器漆、汽车漆、防腐漆、飞机蒙皮漆、车皮漆、船舶漆、绝缘漆、其他聚氨酯树脂漆
	元素有机漆类	有机硅、氟碳树脂等	耐热漆、绝缘漆、电阻漆、防腐漆、其他元素有机漆
	橡胶漆类	氯化橡胶、环化橡胶、氯丁橡胶、氯化氯丁橡胶、丁苯橡胶、氯磺化聚乙烯橡胶等	清漆、磁漆、底漆、船舶漆、防腐漆、防火漆、划线漆、可剥漆、其他橡胶漆

续表

主要产品类型			主要成膜物类型
其他涂料	其他成膜物类涂料	无机高分子材料、聚酰亚胺树脂、二甲苯树脂等以上未包括的主要成膜材料	

注：主要成膜物类型中树脂类型包括水性、溶剂型、无溶剂型、固体粉末等。
＊：包括直接来自天然资源的物质及其经过加工处理后的物质。

表1-3-4 辅助材料

主要产品类型	
稀释剂 防潮剂 催干剂	脱漆剂 固化剂 其他辅助材料

2. 涂料的命名

1）命名原则

涂料全名一般是由颜色或颜料名称加上成膜物质名称，再加上基本名称（特性或专业用途）而组成。对于不含颜料的清漆，其全名一般是由成膜物质名称加上基本名称而组成。

2）涂料的命名规则

（1）颜色名称通常由红、黄、蓝、白、黑、绿、紫、棕、灰等颜色，有时再加上深、中、浅（淡）等词构成。若颜料对漆膜性能起显著作用，则可用颜料的名称代替颜色的名称，例如铁红、锌黄、红丹等。

（2）成膜物质名称可做适当简化，例如聚氨基甲酸酯简化成聚氨酯；环氧树脂简化成环氧；硝酸纤维素（酯）简化为硝基等。漆基中含有多种成膜物质时，选取起主要作用的一种成膜物质命名。必要时也可选取两种或三种成膜物质命名，主要成膜物质名称在前，次要成膜物质名称在后，例如红环氧硝基磁漆。

（3）基本名称表示涂料的基本品种、特性和专业用途，例如清漆、磁漆、底漆、锤纹漆、罐头漆、甲板漆、汽车修补漆等，涂料基本名称见表1-3-5。

表1-3-5 涂料基本名称及代号

代号	基本名称	代号	基本名称	代号	基本名称
00	清油	07	腻子	16	锤纹漆
01	清漆	09	大漆	17	皱纹漆
02	厚漆	11	电泳漆	18	裂纹漆
03	调和漆	12	乳胶漆	19	晶纹漆
04	磁漆	13	其他水溶性漆	20	铅笔漆
05	粉末涂料	14	透明漆	22	木器漆
06	底漆	15	斑纹漆	23	罐头漆

续表

代号	基本名称	代号	基本名称	代号	基本名称
30	（浸渍）绝缘漆	43	船壳漆	64	可剥漆
31	（覆盖）绝缘漆	44	船底漆	66	感光涂料
32	（绝缘）磁漆	50	耐酸漆	67	隔热漆
33	（黏合）绝缘漆	51	耐碱漆	80	地板漆
34	漆包线漆	52	防腐漆	81	鱼网漆
35	硅钢片漆	53	防锈漆	82	锅炉漆
36	电容器漆	54	耐油漆	83	烟囱漆
37	电阻漆、电位器漆	55	耐水漆	84	黑板漆
38	半导体裁漆	60	耐火漆	85	调色漆
40	防污漆、防蛆漆	61	耐热漆	86	标志漆、马路划线漆
41	水线漆	62	示温漆	98	胶液
42	甲板漆、甲板防滑漆	63	涂布漆	99	其他

（4）在成膜物质名称和基本名称之间，必要时可插入适当词语来标明专业用途和特性等，例如白硝基球台磁漆、绿硝基外用磁漆、红过氯乙烯静电磁漆等。

（5）需烘烤干燥的漆，名称中（成膜物质名称和基本名称之间）应有"烘干"字样，例如银灰氨基烘干磁漆、铁红环氧聚酯酚醛烘干绝缘漆。如名称中无"烘干"词，则表明该漆是自然干燥，或自然干燥、烘烤干燥均可。

（6）凡双（多）组分的涂料，在名称后应增加"（双组分）"或"（三组分）"等字样，例如聚氨酯木器漆（双组分）。

注：除稀释剂外，混合后产生化学反应或不产生化学反应的独立包装的产品，都可认为是涂料组分之一。

四、汽车用涂料的品种

1. 按汽车上的使用部位分类

（1）汽车车身用涂料。汽车车身用涂料是汽车用涂料的主要代表，所以从狭义上讲，所谓的汽车用涂料主要指车身用涂料。车身涂层一般是由底层涂层、中间涂层和表面涂层三层或由底层涂层和表面涂层两层构成，它们基本上要兼备汽车用漆的要求。

（2）货箱用涂料。其质量要求较前者低，一般为底、面两层涂层。

（3）车轮、车架等部件用的耐腐蚀涂料。它的主要技术指标是要求耐腐蚀性能（耐盐雾性、耐水性等）好；要求漆膜坚韧耐磨，具有耐机油性。

（4）发动机部件用涂料。因发动机体不能高温烘烤，故要求涂料具备低温快干性能，要求漆膜的耐汽油、耐机油和耐热性较好。

（5）底盘用涂料。因车桥、传动轴等底盘件不能高温烘烤，故要求具备低温快干性能。因在车下使用环境恶劣苛刻，经常与泥水接触，故要求其耐腐蚀性优良，具备较好的耐机油性。

（6）车内装饰件用涂料。指轿车和大客车车内装饰件用涂料，其主要性能是要求极高的装饰性。

（7）特殊要求用涂料。蓄电池固定架用耐酸涂料，汽油箱内表面用耐汽油涂料，汽车消声器、排气管和气缸垫片用耐热涂料，车身底板下用耐磨防声涂料，车身焊缝用密封涂料等。

2. 按在涂装工艺及涂层中所起的作用分类

（1）涂前表面处理用材料，主要包括清洗剂和磷化处理剂。

（2）汽车用底漆。底涂层是防腐系统中最重要的组成部分，它能阻止水分和氧侵入金属表面同时提高漆膜与板件表面的附着力。原厂备件的正反面一般带有黑色的电泳涂层。所使用的底涂层类型视使用领域而定。

（3）汽车用中间涂料。中间涂料包括腻子（原子灰）和中涂底漆。腻子主要用于填平凹陷，提高漆膜与底材（底漆）之间的附着力。中涂底漆用于填平底层缺陷，增加漆膜抗石击能力，提高漆膜间的附着力，为面漆涂装获得平滑的表面，同时可以防止面漆有机溶剂溶解旧漆膜而产生咬底。对于可调色中涂底漆，还可使面漆容易遮盖底涂层颜色。

（4）汽车用面漆。面漆是整个涂层的最外层，使漆膜具有良好的耐候性、外观、硬度、抗石击性、耐化学性、耐污性和防腐性等性能。

（5）辅助材料：溶剂、粘尘涂料、抛光材料、防噪声浆等。

3. 按涂料的组成中是否含有颜料分类

（1）清漆。涂料的组成中，没有颜料或体质颜料的透明体，称为清漆。

（2）色漆。涂料的组成中，加有颜料和/或体质颜料的有色漆，称为色漆。

（3）腻子。加有大量体质颜料的稠厚浆状体，称为腻子，学名为原子灰。

4. 按溶剂构成情况分类

（1）无溶剂涂料。涂料的组成中，没有挥发性稀释剂的，称为无溶剂涂料。其中呈粉末状的称为粉末涂料。

（2）溶剂涂料。涂料的组成中，以一般有机溶剂为稀释剂的，称为溶剂涂料。

（3）水性涂料。涂料的组成中，以水作为稀释剂的，称为水性涂料。

五、调色工具

1. 色母特性表

由于素色漆不存在随角异色的问题，所以对素色漆色母特性我们只要能判定出它的色相、明度和饱和度就可以了。为了调色方便，油漆经销商都会提供配套的色母特性表（也叫色母挂图），图1-3-7所示为德国鹦鹉汽车修补漆22系列色母特性表，从表中能很容易地找到各个色母的特性。其中M326、M43、M40、M68、M52、M30分别为红、橙、黄、绿、青、紫六种基本色母，它们的色相最纯、饱和度最好。色母挂图的中心明度最低，这样就能很容易地判定出其他任何一个色母的特性，比如色母A146为偏绿黄。

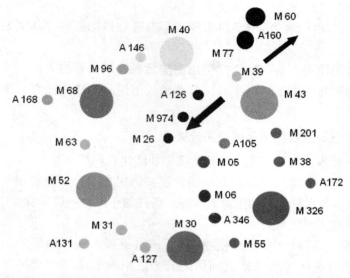

图1-3-7 鹦鹉漆22系列色母特性表（色母挂图）（见彩图19）

各涂料生产商提供的色母特性图表形式不一样，但基本原理是一样的。图1-3-8所示为PPG公司提供的色母特性图。

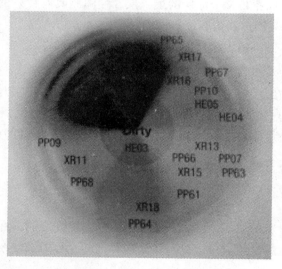

图1-3-8 PPG的色母特性图（见彩图20）

2. 标准色卡

色卡根据车辆的产地分成几册，有国产车色卡、欧美车色卡、日本车色卡等，图1-3-9所示为立邦油漆公司提供的汽车色卡册（也称色卡扇）。每一册又根据车辆制造商或颜色组别分类，例如国产车色卡里根据厂名分为上海大众车色卡、一汽丰田车色卡、北京现代车色卡等，根据车型去查找需要的颜色。色卡的正面是标准油漆小样和颜色代号，背面为对应的油漆配方（或颜色代号）。

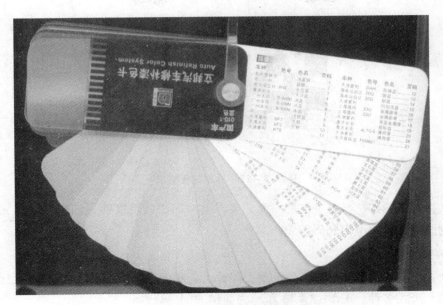

图 1-3-9　色卡扇（见彩图 21）

3. 电子秤

如图 1-3-10 所示，电子秤为精确的称量工具，其精确度为 0.1 g，调色时利用电子秤称量颜色配方中各色母的质量。

4. 试板

为了进行颜色对比，需要喷涂试板。汽车维修业常用扑克牌做试板，因为是纸质材料，与实际车身板件相差较大，而且面积太小，故易产生调色误差。标准的试板也有不同的形式，材料均为钢板，表面已喷涂了底漆，并且有黑色条纹（有的为黑白相间的方格），如图 1-3-11 和图 1-3-12 所示。

图 1-3-10　电子秤

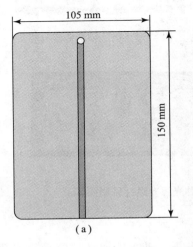

图 1-3-11　标准试板样一
(a) 正面；(b) 背面

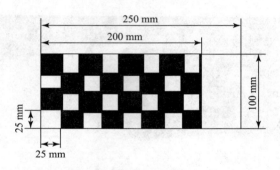

图 1-3-12 标准试板样二

喷涂试板时,最好选择有条纹的一面,要求喷涂面漆的厚度使黑白底色达到完全遮盖,即从正、侧面观察时看不出底漆的黑白颜色。

5. 配色灯

车间的光线有时不能满足比色的需要,因此,调漆间有必要配备配色灯。配色灯是以标准光源制作,形式多种。图 1-3-13 所示为简单的配色灯外形图。

精确的比色,需要将试板与标准板(车身板)在不同的标准光源下对比,所以还应配备标准比色灯箱,如图 1-3-14 所示。常用的配色灯箱有三种光源即白炽灯光源、相当于午间太阳光的光源和 D65 光源,如图 1-3-15 所示。

图 1-3-13 配色灯

图 1-3-14 标准比色灯箱

图 1-3-15 标准比色灯箱的三种光源效果(见彩图 22)

6. 电脑调色工具

如图 1-3-16 所示,电脑调色工具由颜色光盘、光盘读取器、终端、专用电子秤等组成。

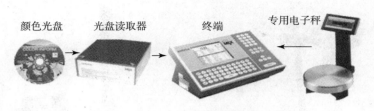

图1-3-16 电脑调色工具

（1）颜色光盘软件由涂料生产商提供，软件内包含所有本品牌涂料的颜色说明、调色配方以及国际代码/厂商代码/生产代码等颜色信息，并且会定期更新，适应车身颜色变化的需求。

（2）光盘读取器读取颜色软件内的数据，连接终端。

（3）终端连接光盘读取器，显示操作界面，选择产品系列和油漆数量，指导调色。

（4）专用电子秤与终端相连，通过终端确定分量，也可以单独称量。

7. 涂料调制工具

调黏度所用的工具有黏度计和调漆比例尺。

1）黏度计

我国根据 GB 1723—1979《涂料黏度测定法》规定，常用测试涂料黏度的黏度计有：涂-1、涂-4、落球黏度计。计量单位为"s"。在实际生产中，涂-4 黏度计使用较为广泛，它能用于测定黏度在 10~15 s 的各种油漆产品。

常用的国产涂-4 黏度计有金属和塑料两种，其形状如图 1-3-17 所示，下部为圆锥形，底部有不锈钢制成的可以更换的漏嘴，圆筒上沿有环形凹槽，用于盛装溢出的多余试样涂料，黏度计容量为 100 mL。

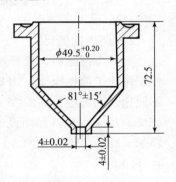

图1-3-17 涂-4 黏度计

在国际上通用的有两种涂料黏度计，即福特杯和扎恩杯。福特杯适用于大批量涂料黏度的测试，而扎恩杯适用于修补或小批量涂料黏度的测试。

汽车涂料使用的福特杯是一个底部呈圆锥形的圆柱形容器。圆锥的顶部开有测量孔。视孔径的不同又分两种规格，即福特3号杯和4号杯。在实际生产中常用的是福特4号杯，简称涂-4 黏度计，也称4号黏度杯，它分为台式和手提式两种，如图 1-3-18 所示。它们主要用于测试各种涂料的施工黏度，以使涂料达到便于喷涂、刷涂或浸涂的施工黏度。台式涂-4 黏度计为固筒型，主要使用于涂料检测室或化验室测试涂料黏度用。手提式涂-4 黏度计具有体形小、重量轻、携带方便等特点，适用于涂装施工前现场测试涂料黏度用。涂-4 黏度计的杯容量为 100 mL，有铜制、不锈钢制、铝合金制、塑料制等多种，杯的底部有一标准的小流量圆孔。使用台式黏度计时，需要配合一个容量为 250 mL 的玻璃烧杯（其他容器也可）和一根玻璃棒或刮漆小刀。使用手提式黏度计时，可直接将黏度杯浸入漆液中进行测试。测试时，还必须配备秒表（体育秒表）等。图 1-3-19 所示为福特4号杯黏度计示意图。

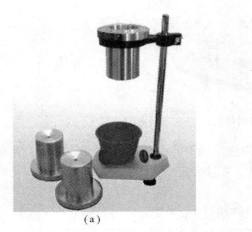 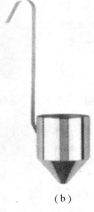 

图 1-3-18　台式黏度计与手提式黏度计　　　　图 1-3-19　福特 4 号杯黏度计
(a) 台式黏度计；(b) 手提式黏度计

2）调漆比例尺

为了方便涂料、稀释剂等的称重调配，世界各油漆生产厂商供给一批油漆调配比例尺，便于调漆工简化操作。如 BASF 公司提供的调漆比例尺选用铝质底材，每边用不同颜色蚀上不同比例的刻度，图 1-3-20 所示为系列比例尺的一种，其中一面是为调配比例为 2∶1∶(5%~10%) 的产品而设计的 [即主剂（底漆、中涂底漆、调好色的色浆等）∶固化剂∶稀释剂 = 2∶1∶(5%~10%)]，另一面则是为 4∶1∶1 的产品设计的（即主剂∶固化剂∶稀释剂 = 4∶1∶1）。

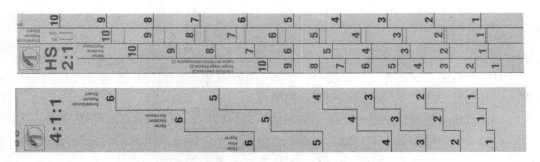

图 1-3-20　BASF 公司提供的调漆比例尺

8. 其他调色工具

调色时，为了喷涂试板，还需要调漆杯（罐）、搅拌棒、烘箱等。

（1）调漆杯（罐）　最好使用铁质或塑料的，且高度方向为上下等粗，如图 1-3-21 所示。但如果杯的外表面带有容积刻度，一般制成上口大底部小的形状，如图 1-3-22 所示。

图1-3-21 调漆杯（罐）

图1-3-22 带有容量刻度的调漆杯

（2）搅拌棒最好使用专用的，实际调漆中经常使用比例尺来代替搅拌棒，如图1-3-23所示。

图1-3-23 搅拌棒与比例尺

（3）烘箱是一种强制烘干试验样板的烘干设备，如图1-3-24所示。

图 1-3-24 烘箱

一、涂料的开封与装架

油漆制造商供应的涂料一般均装于铁制的罐内（也有部分涂料装于塑料瓶内），其规格有 2 L、1 L、0.5 L 等。涂料选配完成后，应将选好的涂料准备好，以方便进行下一道工序。

1. 不使用涂料搅拌机时的涂料准备

（1）如果涂料罐为永久性密封的包装，开罐时需用钢錾子与手锤配合，如图 1-3-25 所示。顺罐盖的边沿，依次将顶盖打开或大半打开，使搅漆棒能够顺利进行搅拌工作。各种防锈漆、中涂底漆等都含有较多的体质颜料，在涂料储存过程中颜料易产生沉淀而影响施工质量，故在使用前必须充分搅拌。搅拌时，用专用的搅拌棒或调漆比例尺等深入到涂料罐的底部，用正/逆时针方向旋转的方式将涂料充分搅拌均匀。

一些涂装设备制造商根据开启的需要，特别制作了用于开罐的专门工具，图 1-3-26 所示为德国萨塔公司生产的 SATA Dosenboy 开罐器，它可以切除圆形或方形罐的密封盖，切口平整，高度可调，适于开启各种规格的封闭式涂料罐。使用时请详细阅读产品使用说明书。

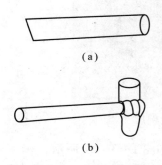

图 1-3-25 涂料罐开盖工具
(a) 钢錾子；(b) 平头锤

图 1-3-26 SATA Dosenboy 开罐器

（2）有些涂料桶顶部只设计有小的用于倒出涂料的小口，如图 1-3-27 所示。为防止倾倒涂料时射流不稳，出现一股一股的漆流而造成浪费（即在倒涂料时射流不稳而溢到地面上），有必要在涂料桶的顶部开一个通气孔。开孔时，先将包装桶的密封小盖打开，然后用平头锤配合钢铳子（图1-3-28）在与密封小盖的对称边沿部位打一小孔，作为倒涂料时的回气孔。

图1-3-27　顶部设有倒出小口的涂料桶

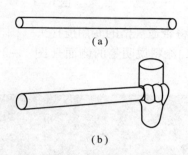

图1-3-28　涂料罐开启通气孔的工具
(a) 钢铳子；(b) 平头锤

2. 使用涂料搅拌机时的涂料准备

涂料搅拌机是专门为搅拌涂料而设计的机器，如图1-3-29所示。使用时，只需启动搅拌电动机，即可完成机架上安装的所有涂料罐的搅拌，搅拌应迅速、均匀、省力。

图1-3-29　涂料搅拌机

如果使用涂料搅拌机进行涂料的搅拌，应按下述程序准备涂料。

（1）用专用工具或一字螺丝刀，沿涂料罐盖周边（此种涂料罐均为整体式顶盖，如图1-3-30所示）撬起顶盖并拆下。

图1-3-30 用专用工具打开涂料罐盖

（2）将合适规格的专用搅拌头（图1-3-31）压装于涂料罐顶部，注意涂料倒出口的方向应面向涂料说明签的侧面（图1-3-32），以防止涂料流滴于说明签上，影响阅读说明书。

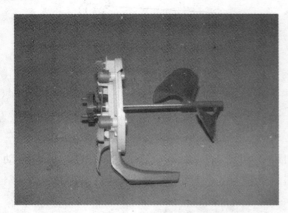 

图1-3-31 搅拌头　　　　　　　　　图1-3-32 装搅拌头后的涂料罐

（3）将搅拌头上面的锁紧扳手（图1-3-33）向中心方向拧到底，即可将搅拌头固定于色母罐上。

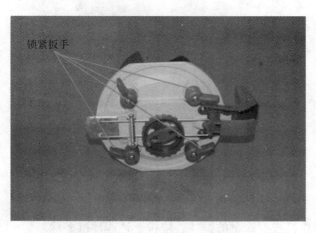

图1-3-33 搅拌头上的锁紧扳手

将带有搅拌头的涂料罐安装于涂料搅拌机架上。搅拌机架一般设计成4~6个格挡，各格挡的高度是按照涂料罐的高度尺寸设计的,安装涂料罐时,应根据所安装的涂料罐规格,选择合适的格挡安装,并确认机架上的搅拌蝶形头与涂料罐搅拌头上的卡口销之间位置正确,使蝶形头能够顺利带动搅拌头旋转。

注意:色母在涂料搅拌机架上的摆放要有一定规律,素色漆的色母与金属漆的色母要分开摆放,如鹦鹉牌汽车修补油漆色母中,22系列为素色色母,在涂料搅拌机架上要摆放到一起;55系列为金属漆色母,它们要摆放在一起;90系列为水性漆色母,它们要摆放在一起。同一系列的色母要根据色母代号顺序摆放,以便于取用。

(4)启动搅拌机,进行涂料的搅拌,同时观察是否有没有被带动搅拌的涂料罐,如果有,应调整位置。

注意:
①在首次启用设备之前,请认真阅读安全操作规程,不要让未成年人接近设备。
②所有维护工作必须首先停机并关闭电源,严禁未拔掉插头或运转时进行维护。
③所用的涂料罐应与设备相配套,所有的涂料罐不应有变形。
④把涂料罐安装在设备上面之前,应确保涂料罐上的搅拌头已盖紧。
⑤更换任何涂料时必须先手动彻底搅拌,然后再放置于搅拌机上搅拌。
⑥检查是否有障碍物影响设备的正常运转,以保证安全。
⑦不要用可燃性液体来清洁设备。
⑧设备不能用来处理其设计范围之外的任何产品。
⑨涂料搅拌机应每天早晨工作前,启动搅拌机工作 15 min,下午工作前再搅拌 10 min。

二、调色工具准备

1) 基本准备
(1)穿好工作服(耐溶剂形),准备好胶手套及防毒面罩。
(2)确信调漆比例尺、搅拌棒已经准备好。
(3)调漆杯处于干净状态。
(4)色母已被充分搅拌。

2) 喷板准备
(1)如果喷板有涂层或有锈蚀等,需用 P600 砂纸打磨。
(2)对喷板进行除尘与除油操作。

3) 电子秤准备
(1)水平放置电子秤,避免高温、振动,将电子秤的电源插头插入到相应的插座内。
(2)打开电子秤总电源开关,按下电子秤电源键,暖机 5 min,如图 1 - 3 - 34 所示。
(3)按下归零键,如图 1 - 3 - 34 所示。

三、技能考核

(1)教师为每组学生准备好多种类型的色母罐、开罐工具、喷涂试板、电子秤及混漆机。
(2)小组学生在充分阅读相关说明书的基础上,进行色母及相关工具、仪器的准备操作,同时完成表 1 - 3 - 6 所示的工作单。
(3)教师观察学生学习过程,最后审阅学生完成的工作单,给出评价。

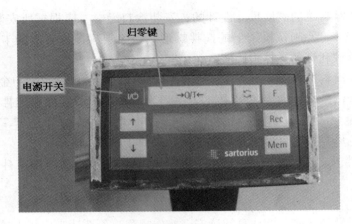

图1-3-34 电子秤通电预热

表1-3-6 技能学习工作单

实训项目：__色母与工具的准备__

班级学号		姓　名	

1. 请找到下列工具（材料）在车间的放置位置：
(1) 调漆比例尺：_____。
(2) 搅拌棒：_____。
(3) 调漆杯：_____。
(4) 试板：_____。
2. 色母准备。
(1) 你所准备的色母规格及代号是：_____。
(2) 进行色母开封，安装好搅拌头后放置在混漆机的架格上。检查操作的正确性（必要时需要指导老师检查）。检查的结果是：_____
_____。
(3) 启动搅拌机搅拌。你选择的搅拌时间是____min，设置这一时间的理由是_____
_____。
3. 试板准备。
检查你获得的试板表面，将发现的缺陷记录在下面：
_____
针对上述缺陷，你的处理方法是：_____。
4. 电子秤准备。
(1) 阅读电子秤使用说明书，将相关的使用注意事项记录在下面：
_____
_____。

(2) 完成电子秤的预热与归零。

5. 个人技能掌握程度：非常熟练□　比较熟练□　一般熟练□　不熟练□

教师评语：

　　　　　　　成绩_____（10分制）　教师签字_____　_____年____月____日

项目二
调色基本技能训练

任务 2-1 色彩混合与色彩的推移

学习目标

（1）能够正确描述色彩的三要素及其相互关系。
（2）能够正确描述色彩的变化规律。
（3）能够正确描述国际上常用的表色体系的特点。
（4）能够正确描述孟塞尔色立体的构建方法及作用。
（5）能够正确解读孟塞尔色标和奥斯特瓦德色标。
（6）能够正确描述水粉颜料的特性。
（7）能够正确解释色彩推移及色彩推移训练的目的。
（8）能够较好地进行 108 种颜色绘制、12 色色相环绘制及色彩推移示图绘制。
（9）能够注意培养良好的安全卫生习惯、环保及团队协作意识。
（10）能够检查、记录和评价工作效果。

任务分析

不同的颜色相互混合可以得到另外颜色，这就是颜色混合。色彩的推移是指对色彩的三要素的某一要素进行渐变的表现。要想出色地完成调色工作，必须具备较好的颜色混合与色彩推移技能。

本任务主要介绍如何进行颜色混合与色彩的推移。

相关知识

一、色彩的三要素

色彩的三要素就是色彩的基本属性。色彩的明度（Value）、纯度（Chroma）以及色相（Hue）称为色彩的三要素。

1. 色彩的色相

色相就是色彩的相貌，是色彩呈现出的不同样子，可以用不同色名来理解。

色相（也叫色调或名称，通常用 H 表示）是颜色之间的区别，是一定波长单色光的颜色相貌，它取决于光源的光谱组成以及物体表面对各种波长可见光的反射比例，是表示物体的颜色在"质"的方面的特性。

色相是色彩的第一种属性,这一特性使人们可将物体描述为红色、橙色、黄色、绿色、蓝色和紫色等。色彩系统中最基本的色调是红色、黄色和蓝色,它们也称为"三原色",几乎所有的颜色都可以用它们调配出来。而橙色、绿色、紫色又是红、黄、蓝三原色按1:1的比例两两调配出来的,称为"三间色",这六种颜色又统称为颜色的六种基本色调。把这些色调排列成一个圆环,沿着圆环的周边每向前一步,色调都会产生变化,如图2-1-1所示。

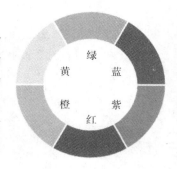

图2-1-1 六种基本色色环(见彩图23)

若从色光的角度来看,色调又随波长变化而变化,紫红、红、橘红等都是表明红色类中间各个特定色相,这三种红之间的差别就属于色相差别。同样的色相可能较深或较浅。

对于光色,色相是由波长决定的,不同的色相有着不同的波长。在光谱色中,从波长长端到波长短端的顺序为红、橙、黄、绿、蓝、紫。人的视觉对不同波长的知觉度是有差异的,对于380~420 nm、530~580 nm、640~720 nm波长阶段的色彩,视知觉迟钝,其余可视光波内的色彩视知觉敏锐,红色和绿色的视知觉度最高。因此,一些重要的信号,警示多用红绿色。正常的视觉可以分辨出100个左右的色相。因为存在色知觉迟钝的波长区域,所以实际的可见光连续光谱在人眼观看时是断续的(或者说是有递进级差的),如图2-1-2所示。

图2-1-2 色彩的色相(见彩图24)

色彩的三原色可以配成数不胜数的其他各种颜色。每两种原色混合就可得到一种复色,如黄+蓝=绿,红+黄=橙,蓝+红=紫。两种原色混合时,有多些的和少些的,混合成的复色就带有多原色色相。如黄和蓝混合,当黄色较多时成为黄绿,蓝色较多时成为蓝绿;同理,黄和红混合,会得到黄橙、红橙;红和蓝混合,会得到蓝紫、红紫。而红、黄、蓝加在一起可成为黑色。

以下为混合颜色的结果的例子。

红　红+橙=橙/红　　　　　橙　橙+黄=黄/橙
　　红+黄=橙　　　　　　　　 橙+绿=棕
　　红+绿=棕　　　　　　　　 橙+蓝=棕
　　红+蓝=紫　　　　　　　　 橙+紫=棕
　　红+紫=浅棕　　　　　　　 橙+红=红/橙
　　红+白=樱桃红　　　　　　 橙+白=樱桃红
　　红+黑=棕　　　　　　　　 橙+黑=棕
黄　黄+绿=绿/黄　　　　　绿　绿+蓝=蓝绿
　　黄+蓝=绿　　　　　　　　 绿+紫=棕

	黄＋紫＝绿			绿＋红＝棕
	黄＋红＝橙			绿＋橙＝棕
	黄＋橙＝橙/黄			绿＋黄＝黄/绿
	黄＋白＝浅黄			绿＋白＝浅绿
	黄＋黑＝绿			绿＋黑＝深绿
蓝	蓝＋紫＝紫/蓝		紫	紫＋红＝浅棕
	蓝＋红＝红紫色			紫＋橙＝棕
	蓝＋橙＝棕			紫＋黄＝绿
	蓝＋黄＝绿			紫＋绿＝棕
	蓝＋绿＝蓝绿			紫＋蓝＝蓝/紫
	蓝＋白＝浅蓝			紫＋白＝浅紫
	蓝＋黑＝深蓝			紫＋黑＝深紫

2. 色彩的明度

明度是人们看到颜色所引起视觉上明暗（深浅）程度的感觉（通常用 L 表示），也叫亮度、深浅度、光度或黑白度，是说明从有色物体表面反射能量的数量，是表示物体的颜色在"量"方面的特性。

明度随光辐射强度的变化而变化，是由光波波长的振幅大小差异决定的，振幅大明度就高，相反，振幅低明度就低。明度是色彩的第二个最容易分辨出的属性。明度是一种计量单位，它表明某种色彩呈现出的深浅或明暗程度。同一色调可以有不同的明度，例如红色就有深红、浅红之分。不同色调也有不同的明度，如在太阳光谱中，紫色明度最低，红色和绿色明度中等，黄色明度最高，人们感到黄色最亮就是这个道理。明度可标在刻度尺上，从黑至白依次排列，如图 2-1-3 所示（不同的表色体系，明度尺的级别数是不同的）。愈近白色，明度愈高；愈近黑色，明度愈低。因此无论哪个颜色加上白色，都会提高混合色的明度；而加入灰色，则要根据灰色深浅而定。

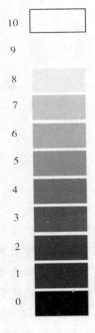

图 2-1-3　明度尺

黑色颜料和白色颜料按分量比例递减，就可以制作出无色彩系的明度等差序列。将有色系的某一色彩按分量比例等差加入从黑色到白色，就可以制作出该色彩的明度等差序列，如图 2-1-4 所示。在有彩色系列里不同的色彩明度本身也是不同的，以歌德对六色光谱红、橙、黄、绿、蓝、紫的明度比率划分为例，歌德把明度等级确定为九级，六色光谱中不同色相的明度比率为：红6、橙8、黄9、绿6、蓝4、紫3。

图 2-1-4　色彩的明度序列（见彩图 25）

3. 色彩的纯度

纯度是表示颜色偏离具有相同明度的灰色的程度，是颜色在心理上的纯度感觉（通常以 C 表示）。纯度还有彩度、鲜艳度或饱和度之称。纯度是色彩的第三个性质，也是一种不易觉察并经常受到曲解的性质。除非我们比较同一色调和明度的两种颜色，我们才会意识到它的表现形式。做这种比较时，我们通常会使用"鲜艳"或"黯淡"、"鲜亮"或"混浊"这样一些词语来进行描述。如图 2-1-5 所示，在图表中央，颜色看上去很黯淡，沿着图的中央每向外一步，纯度的值就会相应增加，而颜色看上去也更加鲜亮。当某一颜色浓淡达到饱和，而又无白色、灰色或黑色掺入其中时，即称正色。若有黑色、灰色掺入，即为过饱和色；若有白色掺入，即为未饱和色。

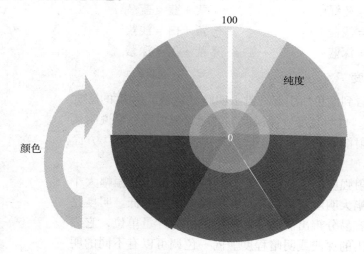

图 2-1-5　纯度变化（见彩图 26）

物体反射出的光线的单色性越强，物体颜色的纯度值越高。每个色调都有不同的纯度变化，标准色的纯度最高（其中红色最高，绿色低一些，其他居中），黑、白、灰的纯度最低，被定为零，称为消色或无彩色。除此之外其他颜色被称为有彩色。有彩色有色调、明度和纯度变化；无彩色只有明度变化，没有色调和纯度。无彩色从白到黑的黑白层次为明度等级，从 0~10 共 11 个等级。

同一色彩加黑、加白在改变该色彩明度的同时，纯度也相应地改变，因此，同一色相的纯度与明度相关，加的黑或加的白越多，纯度就越低。

二、色彩的变化

颜色有数百万个，但颜色群有着它们最基本的颜色，即原色。万千个颜色都是以原色按一定规律混合而调配成的成色。成色之间相互交错混合，产生了色的无穷变化。颜色按照其三属性的基本特征，按有彩色与无彩色的规律进行多种变化，形成无数色的组合。

人对颜色的视觉感是光刺激人的眼睛后，人的视觉生理本能反应的结果，因此，人能看得到各种颜色。光的波长不同，其强度也不一样，同一种光源却能产生不同的颜色。所以辨别颜色仅靠人的眼睛是比较困难的，人们必须找出基本颜色，由此进行混合成色，才能使配色有规律可循。颜色的三个原色是红、黄、蓝。所以称红、黄、蓝色为原色，是因为这三个颜色是用其他任何色也不能调出来的,而以这三个基本色混合调配可以调出其他无数的颜色。

(1) 三原色。红、黄、蓝是三原色。用色彩的产生和颜色的色调、明度和饱和度来解释三原色,以及两个原色相调并继续再用其中的两个色相相调,如此下去,其颜色的名称含义十分复杂,只能概念性地了解它们的配色与成色的规律,以供配色之用。

(2) 间色。以1:1比例的两种原色相调配而形成的一种颜色称为间色。间色也只有三个,即红色+蓝色为紫色;黄色+蓝色为绿色;红色+黄色为橙色。

(3) 复色。两种间色混调或三原色按不同比例混调而形成的颜色为复色。

(4) 补色。两个原色形成一个间色,另一个原色即为补色,如图2-1-6所示;两个间色混合调为复色,与其相对应的另一个间色也称为补色。总之,在色环中,相互对应的颜色叫补色,如图2-1-7所示。

图2-1-6 三原色的补色(见彩图27)

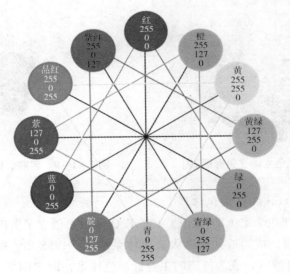

图2-1-7 色彩的互补色(见彩图28)

如果混合两个补色,将得到一个灰暗的颜色,这两个颜色相互减弱对方。所以在实际调色工作中,尽量不要使用补色。

在从事颜色系统的工作时需要用到红色、黄色、蓝色、绿色、黑色和白色,这6个颜色叫基本色。

(5) 消色。在原色、复色中加入一定量的白色,可调出粉红、浅红、浅蓝、浅天蓝、淡蓝、浅黄、牙黄、奶黄等深浅不一的多种颜色。加入黑色可调出棕色、灰色、褐色、墨绿等不同的颜色。由于白色和黑色起到了消色的作用,因此将白色和黑色称为消色。

三、色彩的表色体系

表色体系是人们为了让色彩原理在日常生活、设计与生产实践中更方便的应用,而对色彩的三要素进行的系统化表述。

人类对于色彩的描述在我国的战国时期和欧洲的古希腊时代就有了，但对于色彩体系的表述在欧洲文艺复兴时期才逐步完善起来。1704 年，英国物理学家牛顿（S. Newton, 1642—1727）撰写《光学》阐述了色彩的问题。在以后的 200 多年里，有许多科学家相继发表文章，提出了对色彩体系的看法，都成了近代色彩视觉理论的基础。

1. 国际主要表色体系

1）孟塞尔（Munsell）表色体系

1905 年，美国的色彩学家孟塞尔（H. A. Munsell）创立了色立体（图 2 – 1 – 8），并于 1915 年出版了《孟塞尔色彩图谱》，提出色彩的三属性，其理论影响很大。美国的国家标准局和美国的光学协会，分别于 1929 年和 1943 年修订了《孟塞尔色彩图谱》，1973 年出版了《Munsell Book of Colour》（《孟塞尔色彩图册》）（图 2 – 1 – 9），其中有 1 105 块颜色样品，成为美国统一使用的色彩手册。这就是人们经常提到的孟塞尔色彩体系。

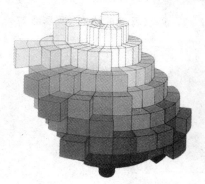

图 2 – 1 – 8　孟塞尔色立体（见彩图 29）

图 2 – 1 – 9　孟塞尔色彩图册（见彩图 30）

2）奥斯特瓦德（Ostwalt）表色体系

1922 年，德国物理化学家奥斯特瓦德（W. F. Ostwalt）创立了奥氏表色体系，1931 年出版了《色彩科学》一书，成为近代的两大表色体系之一。1955 年，德国的光学协会对奥氏表色体系做了重新修订测试，成为德国的工业标准色体系，即 "DIN"。

3）日本 PCCS 表色体系

日本的色彩研究所在 1951 年制定出一套新的色彩标准，1964 年，日本的色彩研究所 PCCS 对孟塞尔色彩体系进行了修订，并于 1978 年出版了《色彩世界 5000》。这个色彩系统将孟塞尔色彩体系变得更为完善和科学，增加了 8 个色调，将明度的等级差由原来的 1 改为 0.5，色彩的彩度值从原来的 2 改为 1，这样一来，颜色的样品就达到了 5 000 张。

目前，在欧洲大多数国家使用 "DIN" 表色体系，在美国和一些美洲国家使用孟塞尔表色体系，而在亚洲地区，不少国家使用日本的色标样本。

2. 色立体

色立体就是借助三维空间把色彩的三要素明度、纯度、色相分别用垂直、水平和不同位置的球面来表示。色立体是不同表色体系的重要组成部分。

如果理想化地把色立体想象为一个标准的球体，那么球体的垂直轴由下至上就是从黑到白的变化，水平最大圆周面就是纯色色相环的位置，由色相环向中心轴色彩纯度逐渐降低，向上方明度逐渐提高，向下方明度逐渐降低，球的中心轴由下到上为无色系的黑色过渡到白色，球心是灰色，如图2－1－10所示。

1）色立体的用途

色立体形象地显现了色彩自身的逻辑关系，并能把如此全面丰富的色彩集合在一起进行细微的比较，色立体形象地表明了色相、明度、纯度间的相互关系，有助于色彩的分类、研究、应用，有助于对色彩规律的科学认识和理解。建立一个标准统一的色彩体系，使复杂的色彩关系形成立体的概念，实际地显现了色彩自身的逻辑关系，并能把如此全面丰富的色彩集合在一起进行

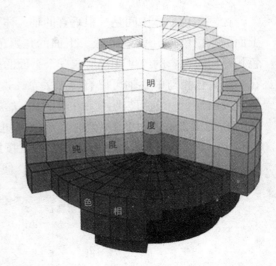

图2－1－10　色立体示意图（见彩图31）

细微的比较，启发色彩设计者对色彩自由的联想，以使更具有创造性的色彩搭配在色彩实践中应用。根据色立体可以对生活中的环境与商业设计的色彩进行任意的调配，便于设计者创作出理想的色彩效果。色立体建立了标准化的色谱，给色彩的使用和管理带来了很大的方便，尤其对颜料制造和着色物品的工业化生产标准的确立、产品色彩设计、环境艺术设计、空间色彩设计更为重要。

2）不同表色体系的色立体

（1）孟塞尔色立体。孟塞尔色立体是以红（R）、黄（Y）、绿（G）、蓝（B）、紫（P）为基本色，在相邻的基本色间又增加了YR（黄红）、YG（黄绿）、BG（蓝绿）、BP（蓝紫）、RP（红紫）5种间色，形成10种核心色相，然后，把每一种色相分为10个等差度，并标注从1到10的序号，构成了100种色相。1974年出版的《孟塞尔色谱》采用的是40色色相环，如图2－1－11所示。

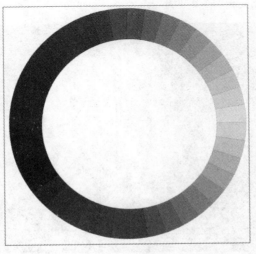

图2－1－11　孟塞尔40色色相环（见彩图32）

孟塞尔色立体中间是一根垂直的轴，体现了明度上的等级差。孟塞尔的明度等级为 11 级，上面的是白色，明度为 10 级，下面的是黑色，明度为 0 级，中间分为 9 个等级差。而每一种色相是通过色彩的纯度变化形成一个平面的三角形，三角形与色相对应的那条边就与中心轴贴在一起。色相与中心轴可以有一个关系，这就是色相的纯度等级序列，越靠近中心轴，色彩的纯度就越低。色相与明度轴的顶端相联系，明度不断提高，而纯度不断降低；色相与明度轴的底端相联系，明度不断降低，而纯度也不断降低。而中心轴的色彩纯度为 0。当某一色相与中心轴的 11 个明度等级配色，并且按照不同的比例来配色，就形成每一色相的纯度渐变三角形。100 个三角形与中心轴相连，便造就成一个立体状的结构，如图 2－1－12 所示。

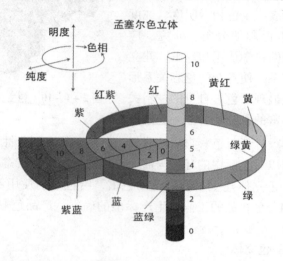

图 2－1－12　孟塞尔色立体构成示意图（见彩图 33）

由于每一色相的明度是不同的，所以对中心轴来说，各种不同的色相处在不同的明度水平高度上；由于各种色相的纯度等级数不同，与中心轴的水平距离也不同。红色的纯度为 14，是纯度等级中的最高值，而蓝绿的纯度值仅为 6，所以，这个色立体看起来并不是一个很有规则的立体状，如图 2－1－13 所示。

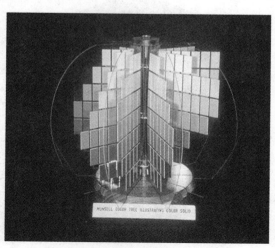

图 2－1－13　孟塞尔色立体（见彩图 34）

在使用孟塞尔表色体系的国家中，颜色的标注方法是"HV/C"，"H"是"HUE"的缩写，是色相；"V"是"VALUE"的缩写，是明度；"C"是"CHROMA"的缩写，是纯度。例如，5RP4/12，指的是色相为纯红紫色，它的明度等级是4，它的纯度等级是12。从明度等级上看，纯红紫色明度是不高的，而从红紫色来说，纯度12是最高的纯度等级。

（2）奥斯特瓦德色立体。奥斯特瓦德色立体，是以赫林的心理四原色黄（Yellow）、蓝（Ultramarine blue）、红（Red）、绿（Seagreen）为基础，将四色分别放在圆周的四个等分点上，成为两组补色对。然后再在两色中间依次增加橙（Orange）、蓝绿（Turquoise）、紫（Purple）、黄绿（Leafgreen）四色相，总共8色相，然后每一色相再分为三色相，成为24色相的色相环。色相以逆时针方式排列，按顺时针方向由黄到绿以1到24的编号标定色相，如图2-1-14所示。

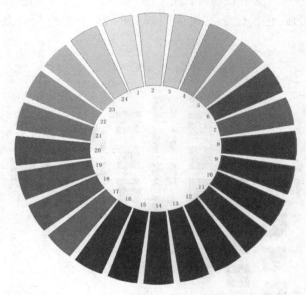

图2-1-14 奥斯特瓦德色相环（见彩图35）

色相顺序顺时针为黄、橙、红、紫、蓝、蓝绿、绿、黄绿。取色相环上相对的两色在回旋板上回旋成为灰色，所以相对的两色为互补色。并把24色相的同色相三角形按色环的顺序排列成为一个复圆锥体，就是奥斯特瓦德色立体，其外观规则、整齐，如图2-1-15所示。

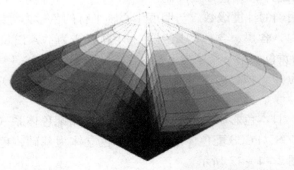

图2-1-15 奥斯特瓦德色立体示意图（见彩图36）

奥斯特瓦德色立体明暗系列中心轴分为 8 级，以字母 a、c、e、g、i、l、n、p 表示，a 为白，p 为黑。不同的字母表示不同的含白含黑量，见表 2-1-1。奥斯特瓦德认为在实际的色彩中不存在纯白和纯黑，奥氏色立体中的白 a 含有 11% 的黑，奥氏色立体中的黑 p 含有 3.5% 的白。

表 2-1-1 奥斯特瓦德色立体中心轴明暗系列等级的黑白含量　　　　　　　　　　%

标号	a	c	e	g	i	l	n	p
含白量	89	56	35	22	14	8.9	5.6	3.5
含黑量	11	44	65	78	86	91.1	94.4	96.5

奥氏色立体以无色系明度中心轴为三角形的一条边，其对应的顶点为纯色，上边 8 等份为明色，下边 8 等份为暗色，位于三角中间部分的 28 个菱形为含灰色，如图 2-1-16 所示。

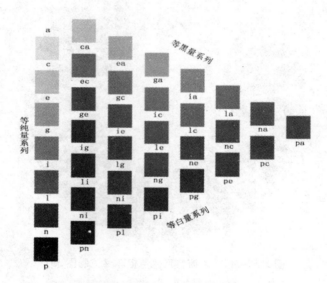

图 2-1-16　奥斯特瓦德色立体立剖面（见彩图 37）

奥氏表色体系的色彩记号表述方法为"色相号/含白量/含黑量"。例如，8ga 表示：8 号色（红色），g 含白量为 22，a 含黑量为 11，色标是浅红色；16ga 表示：16 号色（蓝色），g 含白量为 22，a 含黑量为 11，色标是浅蓝色。

奥氏色立体没有明确的纯度级数，与明度中心轴平行的色彩为等纯系列，每一色标的纯度高低体现在它的含白、含黑、含色的比例上，计算公式为：含白量 + 含黑量 + 含色量 = 100。如色标 1ia，1 为黄色，第一个字母 i 表示含白量（根据表 2-1-1 得出）为 14，第二个字母 a 表示含黑量为 11，该色纯度量（含色量）= 100 -（14 + 11）= 75，此色为纯度较高的浅黄色。

（3）日本色立体。日本色彩研究所于 1964 年正式发布配色体系（Practical Color Coordinate System），简称 PCCS，PCCS 配色体系以孟塞尔色立体为基础，色立体的形状与孟塞尔色立体极为相似，如图 2-1-17 所示。

PCCS 配色体系以红、橙、黄、绿、蓝、紫为基准，以等间隔色差比例分成 12 色，在

图 2－1－17　日本色立体（见彩图 38）

12 色基础上再以等间隔色差为依据分为 24 色，形成日本 PCCS24 色相环。包括红、红味橙、红橙、橙、橙味黄、黄、黄味绿、黄绿、绿味黄、绿、绿青、青味绿、青、青味紫、青紫、紫味青、紫（20P）、紫（21P）、红味紫、紫味红、红紫等 24 个色相。该色相环强调等差色相，如图 2－1－18 所示。

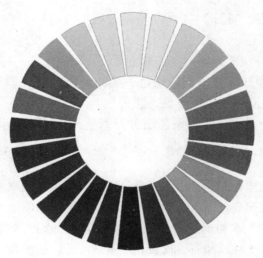

图 2－1－18　日本 PCCS 色相环（见彩图 39）

在明度上分为 9 个色阶，上端为白、下端为黑，中间为 7 个色差相等的渐变灰色。色彩的纯度也是从无色彩的中心轴向外纯度逐渐提高，最大纯度阶为 9 阶，纯度用 S 表示，1～3S 为低纯度区，4～6S 为中纯度区，7～9S 为高纯度区。PCCS 的表色法以"色相－明度－纯度"为顺序。

日本色立体加入了色调的概念，将明度等级和纯度等级分别组合在一起，形成不同的调子，如浅调、浅灰调、亮调、暗调、暗灰调等。在同一色调中，视觉效果相同，色相不同，这就为实际设计配色提供了极大的方便。日本 PCCS 的表色法对配色与色彩的设计具有明显的实用价值。

四、色彩的混合

不同的色彩通过混合会形成新的色彩。色彩的混合有三种方式，即有色光混合、色料混合和视觉混合。有色光混合也称为加色混合，色料混合又称为减色混合，视觉混合也称为空间混合。空间混合也是色料混合，但不是色料间直接调和，而是通过色点、色线或色块的并置，通过一定的观看距离在视觉中产生的混合。

1. 加色调配法

加色调配法就是色光混合，混合的结果是色彩的纯度不变，而明度增加，将色光的三原色中的每两种色光混合透射到白色平面屏幕上，红光和绿光叠射出黄色，红光和蓝光叠射出品红色，蓝光和绿光叠射出青色，黄色、品红、青色是光色三间色。红光、绿光、蓝光三种色光完全混合，叠射出的是白色。

2. 减色调配法

减色调配即颜色混合，混合的结果是纯度降低，颜色混合得越多，色彩的纯度就越低。色料三原色：蓝（青色 Cyan）、红（品红 Magenta）、黄（Yellow）中两个原色相互混合，调配出色料三间色：橙色、绿色、紫色，色料的三原色完全混合调配出黑色，如图 2-1-19 所示。用水粉颜料调色就是减色调配法调色。

图 2-1-19　减色法示意

（见彩图 40）

调色是熟悉色彩颜料性能，理解和掌握色彩常识的直接有效方法，不同的色彩颜料有不同的调色工具和调色方法，常见的色彩颜料有水粉色（广告色、宣传色）、水彩色、油画色、丙烯色等。油画色需用调色油进行调色，水粉色、水彩色、丙烯色都是用水调色。

1）水粉颜料的特性

水粉颜料是一种覆盖能力较强、用水调色、比较容易学习和掌握的色彩学习颜料。水粉颜料在湿的时候，饱和度很高，而干后饱和度大幅降低。水粉明度的提高是通过稀释、加白色或调入浅颜色来实现的。水粉颜料干后颜色普遍变浅。水粉颜料中的大部分颜色比较稳定，覆盖力强，如土黄、土红、赭石、橘黄、中黄、淡黄、橄榄绿、粉绿、群青、钴蓝、湖蓝等。不稳定的水粉颜料有深红、玫瑰红、青莲、紫罗兰等，这些水粉颜料容易出现翻色，不易覆盖。也有极少的水粉色透明，覆盖力较差，透明的水粉颜色有柠檬黄、玫瑰红、青莲等，要通过水粉颜料的调配实践学习色彩学常识就必须充分掌握每个水粉颜料的个性，通过不断的调色实践，掌握基本的调色能力。

2）水粉颜料的调色方法

（1）水粉颜料调色用水。在调色实践中，水分的控制直接影响色彩的表现效果。水主要起稀释、媒介的作用，通常用水量以能流畅地用笔、盖住底色为宜。

（2）水粉颜料调色用笔。水粉笔、毛笔、油画笔等各种类型的笔都可以用来调和水粉颜料，建议选用羊毫和狼毫相间的白云笔作为色彩平涂工具，用白云笔涂绘的画面笔迹隐蔽，画面平整。在细节刻画上，选用中国工笔画的衣纹笔或叶筋笔。

（3）水粉颜料调色衔接。水粉颜料干得较快、干湿变化明显，掌握好衔接技巧，对于色彩关系的表现非常重要。水粉颜料的衔接主要有湿接、干接两种方法。湿接就是在颜料未干时衔接另一个颜色，颜色之间能够相互渗透，过渡自然。干接是在颜料干后衔接另一个颜色，色彩界限分明、干净利落。

五、色彩的推移

色彩的基本属性也就是色彩的三要素色相、明度、纯度，其理论上非常简单，容易理解，但是，要想把色彩的三要素运用到调色实践中，在色彩设计中轻松自如地驾驭色彩的基本属性，还得需要大量的调色实践，完成一定数量的有针对性的调色任务。色彩的推移训练就是行之有效的学习方法。

色彩的推移是指对色彩的三要素的某一要素进行渐变的表现，通过对该属性的渐变推移绘制，深化对该属性的理解认识，转化成色彩表现能力。

1. 色相的推移

色相的推移就是对色彩的色相进行渐变的推移表现绘制。色相的渐变推移的依据就是色相环。虽然不同表色体系有不同的色相环，但是在色相环上相邻的色彩都是按一定等级关系渐变组合的。在完成色相推移任务时，要把握好色相推移渐变的等级关系。在一幅推移画面内不同色相之间的推移级差尽量一致。

色相渐变的调色方法就是逐渐调入邻近色，绘制出多层次色相图，如图2－1－20所示。

图 2－1－20　色彩的色相推移（见彩图 41）

2. 明度的推移

明度的推移就是对色彩的明度进行渐变的推移表现绘制。

目前各国运用的明度等阶表主要有三种：11 等度（孟塞尔色彩体系）、8 等度（奥斯特瓦德色彩体系）、9等度（日本色彩体系）。以孟塞尔色彩体系为例，白色的明度为10，黑色的明度为0，各种明度的等阶差为1。

改变色彩明度的方法，参照色彩表色体系的明度等阶关系，把无色彩的白色与无色彩的黑色不等量地调和，就能产生不同的灰色。把不等量的灰色按一定的规则安排，就是色彩的明度等阶表。

把色彩的各种色相与白色、黑色不等量地调和，就能产生不同颜色的明度等阶，如图2-1-21所示。

图2-1-21　色彩的明度推移（见彩图42）

3. 纯度的推移

纯度的推移就是对色彩的纯度进行渐变的推移表现绘制。

改变色彩纯度的方法就是在色彩中加入其他颜色，包括黑色、白色、灰色、间色、复色等，如图2-1-22所示。

图2-1-22　色彩的纯度推移（见彩图43）

一、用水粉调出 108 种色彩

1. 调色前的准备

（1）准备工具材料。画板、水粉纸、纸胶带、洗笔筒、水、毛巾、铅笔、小刀、橡皮、直尺、三角板、水粉颜料、调色盒、白云笔、叶筋笔（衣纹笔）、直线笔。

（2）将水粉纸裱在画板上。将水粉纸平整地裱在画板上，先将水粉纸背面用湿毛巾均匀擦湿，然后将纸正面朝上平铺在画板上，最后用纸胶带把画纸四边全部贴到画板上，平放晾干。

2. 调色操作

（1）用铅笔、直尺和三角尺在裱好的四开纸上工整画出 $9 \times 12 = 108$（个）格子。

（2）用 108 种不同的色彩涂满 108 个格子的画面，如图 2－1－23 所示。

图 2－1－23　调出 108 种不同的颜色（见彩图 44）

（3）装裱调色作品。将调绘完成的水粉作品四周裁齐，裱在白板纸上。白板纸上边留出两厘米，其余三边各留出一厘米的宽度。在白板纸上边一厘米以上的位置填写工作单文字内容。

3. 要求

（1）调配色彩尽量用色彩三原色之间和白色、黑色的不同比例组合调出。

（2）108 种色彩不能重复。

（3）调色水分控制得当，画面干净整洁。

（4）色彩整体布局美观。

二、制作 12 色色相环

12 色色相环的制作是从实用的角度出发，以色彩三原色为依据，由三原色相互调配出三间色，再由三原色和三间色混合完成 12 色色相环颜色的调配。

1. 制作过程

（1）准备工具材料。画板、水粉纸、纸胶带、洗笔筒、水、毛巾、铅笔、小刀、橡皮、圆规、三角板、水粉颜料、调色盒、白云笔、叶筋笔（衣纹笔）、直线笔。

（2）将水粉纸裱在画板上。

（3）用铅笔、圆规和三角尺在裱好的 18 cm×18 cm 的水粉纸上工整地画出 12 色色相环铅笔稿，色相环直径为 14 cm。

（4）确定三原色的位置，完成色相环上三原色的描绘。

（5）确定三间色的位置，用三原色准确调出三间色，完成色相环上三间色的绘制。

（6）用三原色和相邻的间色调配，完成 12 色色相环剩余色彩的绘制。

（7）将绘制完成的 12 色色相环，裁剪成 16 cm×16 cm 见方进行装裱。

2. 要求

（1）以 12 色色相环为依据，色相环色彩选择与调配准确。先选择正确的色彩颜料三原色，然后调出三间色，再通过原色和间色的调和，调出六复色，最后完成 12 色色相环的制作。

（2）调色水分控制得当。

（3）画面干净整洁。

三、色彩推移

1. 色相推移

1）制作步骤

（1）准备工具材料。画板、水粉纸、纸胶带、洗笔筒、水、毛巾、铅笔、小刀、橡皮、圆规、三角板、水粉颜料、调色盒、白云笔、叶筋笔（衣纹笔）、直线笔。

（2）将水粉纸裱在画板上。

（3）构思设计色相推移的纹样，用铅笔、圆规和三角尺在裱好的水粉纸上工整地画出色相推移铅笔稿。

（4）用白云笔、叶筋笔、水粉颜料等工具材料完成色相推移的描绘。

（5）将绘制完成的色相推移作品，裁剪成 16 cm×16 cm 见方进行装裱。

2）要求

（1）起稿要考虑色相推移的特点，色阶面积不宜太小，不应有太多的色点。

（2）色相的推移要以色相环的色彩过渡为依据，调配出渐变的色彩过渡。

（3）调色水分控制得当。

（4）画面干净整洁。

2. 明度推移

1）制作步骤

（1）准备工具材料。画板、水粉纸、纸胶带、洗笔筒、水、毛巾、铅笔、小刀、橡皮、圆规、三角板、水粉颜料、调色盒、白云笔、叶筋笔（衣纹笔）、直线笔。

（2）将水粉纸裱在画板上。

（3）构思设计明度推移的纹样，用铅笔、圆规和三角尺在裱好的水粉纸上工整地画出明度推移铅笔稿。

（4）用白云笔、叶筋笔、水粉颜料等工具材料完成明度推移的描绘。

（5）将绘制完成的明度推移作品，裁剪成 16 cm×16 cm 见方进行装裱。

2）要求

（1）起稿要考虑明度推移的特点，色阶面积不宜太小，不应有太多的色点。

（2）以所选色彩加黑或加白为主要调色方法，完成明度渐变推移。

（3）调色水分控制得当。

（4）画面干净整洁。

3. 纯度推移

1）制作步骤

（1）准备工具材料。画板、水粉纸、纸胶带、洗笔筒、水、毛巾、铅笔、小刀、橡皮、圆规、三角板、水粉颜料、调色盒、白云笔、叶筋笔（衣纹笔）、直线笔。

（2）将水粉纸裱在画板上。

（3）构思设计纯度推移的纹样，用铅笔、圆规和三角尺在裱好的水粉纸上工整地画出纯度推移铅笔稿。

（4）用白云笔、叶筋笔、水粉颜料等工具材料完成纯度推移的描绘。

（5）将绘制完成的纯度推移作品，裁剪成 16 cm×16 cm 见方进行装裱。

2）要求

（1）起稿要考虑纯度推移的特点，色阶面积不宜太小，不应有太多的色点。

（2）画面要通过不同色相的色彩纯度推移，完成从高纯度向低纯度，或从低纯度向高纯度的渐变推移。

（3）通过在选定的色彩中调入黑、白、灰及混合其他色相的色彩来改变色彩的纯度。

（4）调色水分控制得当，画面干净整洁。

四、技能考核

（1）每名学生均按要求配备好画图用的笔、纸、画板、铅笔等用具。

（2）学生在充分阅读理解上述制作过程及要求的基础上，完成108种色样、12色色相环、色相推移、明度推移和纯度推移作品制作。

（3）教师根据其提交的作品，按表 2-1-2 给出的评分点进行评分，并汇总各作品成绩。

表 2-1-2　老师考核评分表

实训项目：　色彩混合与色彩的推移

班级学号		姓　名	
1. 用水粉制作 108 种颜色。 （1）调色水分控制（5分），实得分：＿＿＿分。 （2）画面干净整洁度（5分），实得分：＿＿＿分。 （3）108 种色彩重复度（5分），实得分：＿＿＿分。			

续表

(4) 色彩整体布局美观度（5分），实得分：____分。
2. 12色色相环制作。
(1) 调色水分控制（5分），实得分：____分。
(2) 画面干净整洁度（5分），实得分：____分。
(3) 色相环色彩选择的准确性（5分），实得分：____分。
(4) 色彩调配的准确性（5分），实得分：____分。
3. 色彩推移。
1) 色相推移。
(1) 调色水分控制（5分），实得分：____分。
(2) 画面干净整洁度（5分），实得分：____分。
(3) 色阶面积大小（5分），实得分：____分。
(4) 色相过渡的准确性（5分），实得分：____分。
2) 明度推移。
(1) 调色水分控制（5分），实得分：____分。
(2) 画面干净整洁度（5分），实得分：____分。
(3) 色阶面积大小（5分），实得分：____分。
(4) 明度过渡的准确性（5分），实得分：____分。
3) 纯度推移。
(1) 调色水分控制（5分），实得分：____分。
(2) 画面干净整洁度（5分），实得分：____分。
(3) 色阶面积大小（5分），实得分：____分。
(4) 纯度过渡的准确性（5分），实得分：____分。
4. 你认为个人技能掌握程度：非常熟练□ 比较熟练□ 一般熟练□ 不熟练□

总成绩____（分）　　教师签字_____　　_____年____月____日

任务2–2　色彩的调配

（1）能够正确描述色彩的冷暖、远近、轻重、动静感觉。
（2）能够正确描述色彩对比的种类及色彩对比的规律。
（3）能够正确描述色彩调和的种类及色彩调和的规律。
（4）能够通过色彩感觉、对比与调和的基本训练与创作实践，掌握色彩对比的基本规律与创作应用方法。
（5）能够注意培养良好的安全卫生习惯、环保及团队协作意识。
（6）能够检查、记录和评价工作效果。

任务分析

色彩的感觉是指客观世界的色彩通过视觉生理感知而在心理形成的主观心理反应。色彩的感觉是物理作用、生理作用与心理作用共同发生作用的结果，其中人的听觉、嗅觉、触觉、味觉也会连同视觉发挥作用，产生联觉思维活动，共同影响人的色彩感觉。

将两个或两个以上的不同色彩放在一起时，由于不同色彩的比较而产生差异的视觉效果，就是色彩的对比。

色彩的调和是指两个或两个以上的色彩配合得适当，能够相互协调，达到和谐。色彩组合是否调和，是人能否产生视觉愉悦的关键。

色彩的调和首先是一个审美的概念，就是让色彩的组合和谐、美观，给观者以视觉与心理的审美享受。从另一个角度讲，色彩的调和是一种配色方法。一种能够让色彩达到和谐美观效果的方法。

掌握色彩对比的规律，对于色彩设计、色彩搭配、色彩创意应用是至关重要的。而色彩的对比与调和密切相关，对比的最终评价是人的感觉，所以，本任务重点学习如何进行色彩的调和与对比。

相关知识

一、色彩的感觉

1. 色彩的冷暖

色彩的冷暖是把温度的感觉和色彩的感觉联系在一起，当人们在燃烧的篝火旁和看到升起的红日时都会产生温暖的感觉，因此，红色给人类共同的温度感觉是暖；当人们面对蔚蓝的大海和站在晴空下的阴影中就会产生清新凉爽的感觉，因此，蓝色给人类的共同感觉是冷。

从物理学的角度讲，波长长、动态大的色彩为暖色，如红色、橙色。波长短、动态小的色彩为冷色，如蓝色、蓝绿色。

从色彩本身的生理作用看，红色、橙色能使人心跳加快、血压升高、让人产生热的感觉。蓝色、蓝绿色能使人心跳减慢、血压降低，让人产生冷的感觉。

色彩的冷暖可以直接应用于人类生活、工作空间，如工厂车间、学校教室、办公场所、客厅卧室、汽车内饰以及各类商业设计（如产品设计、服装设计、包装设计、广告设计等）。经科学实验证明，在一个蓝绿色的空间里工作和在一个红橙的空间里工作，人们主观的冷暖感觉相差 3 ℃左右。这就有了较强的实用价值，我们可在夏天把工作生活的环境布置成冷色调，在冬日布置成暖色调。

色彩的冷暖不能简单孤立地评判和应用，冷暖是相对比较而言的，是通过色彩的组合相互对比衬托呈现出冷暖的关系。如同一景色用不同的色彩制作，即产生不同的冷暖感觉，如图 2-2-1 所示。

如图 2-2-2 所示，在色相环上橙红色区域为暖色区域，蓝色及相邻区域为冷色区域。

橙色为暖极色，就是感觉最暖的色彩，蓝色为冷极色，为感觉最冷的色彩。离暖极色越近的色彩，感觉越暖，如红色、黄色；离冷极色越近的色彩感觉越冷，如蓝绿色、蓝紫色。

图 2-2-1 同一环境不同色调的冷暖感觉（见彩图 45）

(a) 暖色调；(b) 冷色调

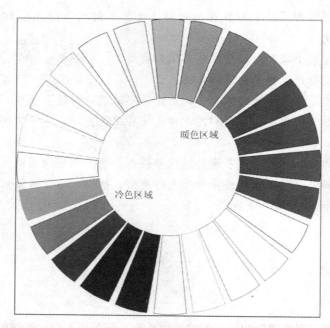

图 2-2-2 色环中的色彩冷暖区域（见彩图 46）

暖色的特点：暖色具有热烈、扩展、前进、亲和、积极的特性。暖色与阳光、不透明、刺激、稠密、近距离、沉重、干燥、感情、热烈的感觉相关联。

冷色的特点：冷色具有镇静、收缩、后退、冷漠、消极的特性。冷色与阴影、透明、镇静、稀薄、远距离、轻盈、潮湿、理智、冷静的感觉相关联。

2. 色彩的远近

色彩的远近感也称为色彩的空间感。

1) 色彩远近感的产生原因

（1）色彩的冷暖。眼睛在同一距离观察不同波长的色彩时，波长长的暖色如红、橙等色，在视网膜上形成内侧映像；波长短的冷色如蓝、紫等色，则在视网膜上形成外侧映像。因此暖色好像在前进，冷色好像在后退。

（2）色彩的明度。明度高、色彩明快的色彩具有前进感，明度低的色相、不明确的色彩具有后退感。

（3）色彩的纯度。高纯度的色彩具有前进感，低纯度的色彩具有后退感。

（4）色彩存在的背景。色彩与背景对比强烈，则具有前进感；色彩与所处的环境暧昧、对比模糊，则具有后退感。

2) 色彩空间感的表现方法

（1）通过改变色彩的冷暖表现色彩的远近。让色彩前进就用暖色，让色彩产生空间后退感就用冷色。

（2）通过改变色彩的明度表现色彩的空间。提高色彩的明度就会增加该色彩的前进感，降低色彩的明度就会让该色彩比之前更具有后退感。

（3）通过色彩的纯度表现色彩的空间感。用高纯度的色彩表现前进感，用降低色彩纯度的方法使色彩具有后退感。

（4）通过色彩存在的背景的调整表现色彩的空间。通过加强主体色与背景色的对比关系，可以强化主体色的前进感；相反，减弱主体色与背景色的对比关系，就可以让主体色的视觉空间后退。

3. 色彩的轻重

色彩的轻重感也就是色彩的重量感。色彩的轻重感主要取决于色彩的明度，明度高感觉轻，明度低感觉重。无色系中，白色感觉最轻，黑色感觉最重。色相环上黄色感觉最轻，紫色感觉最重。

明度相同时，纯度高感觉轻，纯度低感觉重；暖色感觉重，冷色感觉轻。

色彩的轻重感也和色彩存在的背景有关，同一个色彩主体，把它放在明度低于该色彩主体的背景前，就会产生轻的感觉；相反，如果把它放在明度高于该色彩主体的背景前，该色彩主体就会产生重感。

色彩的轻重感通常有以下几种表现方法：

（1）改变色彩的明度。提高色彩的明度可以使色彩感觉变轻，降低色彩的明度就会使色彩感觉变重。提高色彩明度的有效方法就是在原有色彩中调入白色或高明度的色彩，降低色彩明度的方法就是在原有色彩中调入黑色，或其他低明度的色彩。

（2）利用色彩本身的轻重感。如黄色感觉轻，紫色感觉重。明度高感觉轻，明度低感觉重。无色系中，白色感觉最轻，黑色感觉最重。色相环上黄色感觉最轻，紫色感觉最重。

（3）改变色彩的纯度。在明度相同的基础上，可以通过提高纯度使色彩感觉变轻，降低纯度使色彩感觉变重。

（4）改变色彩冷暖。让色彩变暖可以使色彩感觉更重，让色彩变冷可以使色彩感觉更轻。

（5）改变主体色彩存在的背景。如果想让色彩主体感觉轻，就让背景色彩的明度低于主体色彩的明度；相反，如果想让色彩主体感觉重，就让背景色彩的明度高于主体色彩的明度。

4. 色彩的动静

色彩的动静也就是色彩运动与静止的感觉。

纯度高的色彩运动感强，纯度低的色彩感觉安静。

暖色运动感强，冷色让人安静。

高明度的色彩运动感强，低明度的色彩具有静止感。

色彩的动静同样和色彩环境有关，色彩对比强烈运动感强；色彩统一调和运动感弱，色彩感觉宁静。

色彩的动静感通常有以下几种表现方法：

（1）改变色彩的纯度。提高色彩的纯度可以增强色彩的运动感，减低色彩纯度可以使色彩变得安静。

（2）改变色彩的冷暖。如果要色彩具有运动感，选用橙红系列的暖色，相反表现色彩的安静感就选用蓝绿系列的冷色。

（3）改变色彩的明度。把色彩的明度提高，运动感就会增强，降低色彩的明度，色彩就会表现出静止感。

(4) 改变色彩的环境。加强色彩间各要素的对比关系，可以表现出强烈运动感；减弱色彩的对比，让色彩间统一调和，就可以表现宁静的感觉。

5. 色彩的季节感

春、夏、秋、冬四季的更迭是自然规律，人类生存在地球上不断地感受和体验着季节的变换，在体验之中对不同的季节会形成不同的色彩感觉和印象。

春天万物复苏，充满希望；夏天万物生长，生机无限；秋天万物成熟，收获果实；冬天万物休寂，归于沉寂，等待下一个自然的轮回。人们可以把自己对四季的感悟，转化为色彩的世界。

春、夏、秋、冬四季的色彩通常用以下表现方法。

1) 以季节本身的自然色彩来表现

春天，万物复苏，嫩绿色是春天大自然的色彩，除了发芽的种子外还有桃花等浅色花朵的开放，所以浅绿色、浅粉色是春天的色彩。

夏天，万物生长，深绿色是夏天大自然的色彩，除了浓重的绿色外还有骄阳、牡丹等色彩浓艳的鲜花，所以浓重的绿色、饱和的红色是夏天的色彩。

秋天，万物成熟，金黄色是秋天大自然的色彩。秋天绿色逐渐消退，果实成熟，金黄色、红色、褐色是秋天的色彩。

冬天，万物休寂，雪花的白色、土地的本色是冬天大自然的色彩。

2) 以季节蕴含的意义而选择相应的色彩来表现

春天象征温暖与生命的希望，一切刚刚开始，与人类生命的童年相对应，充满童真、稚趣，高明度的浅纯色是春天的色彩。

夏天象征火热生命的成长，与人类生命的青年相对应，充满生机活力，浓重的饱和色是夏天的色彩。

秋天象征丰收与生命的收获，与人类生命的中年相对应，是丰收的季节，收获生命奋斗成果的季节，亮丽的暖色是秋天的色彩。

冬天象征寒冷与生命的暮年，与人类生命的老年相对应，沉寂没有生机。高明度冷色、浓重的黑色是冬天的色彩。

6. 性别的色彩

男女有别，不仅是生理上的区别，由生理结构所导致生命分工等一系列男女差异也影响着男女之间对色彩的不同感觉与喜好。在教室环顾男女同学的着装就不难发现男生与女生之间的色彩喜好的不同。男女之间的色彩喜好也会随着年龄的增长而发生变化。把握不同性别色彩喜好的共性、掌握不同性别色彩感觉表现的方法，是色彩应用设计的基础之一。

通常女性喜欢暖色、亮色。在女性的色彩表现上多用高明度、高纯度、色相差别大的色彩组合。

男性喜欢冷色、暗色。在男性的色彩表现上，多用低明度、低纯度、色相差别小的色彩组合表现。

7. 年龄的色彩

不同年龄对色彩的爱好是不同的，对不同年龄的色彩表现也应该是有区别的。在色彩的商业应用中，可以通过对不同年龄的人进行色彩喜好的调研，了解不同年龄人之间的色彩喜好差异,以此为依据,来设计相应的色彩应用。

儿童是人生的春季,对未来充满希望,儿童的色彩应该明亮鲜嫩。以孟塞尔色立体为例,应该位于色立体的上半部分的外层。

青年是人生的夏季,充满生机与活力,青年的色彩应该鲜艳夺目。以孟塞尔色立体为例,应该位于色立体的中部的外层。

中年是人生的秋季,随着人生阅历的增加,生命变得厚实,中年的色彩应该厚重、成熟。以孟塞尔色立体为例,应该位于色立体的中下部的外层。

老年是人生的冬季,是自然轮回结束的季节。老年的色彩应该沉稳中带有寂寥。以孟塞尔色立体为例,应该位于色立体的垂直中心轴的附近,从上部到下部的低纯度的色彩。

8. 环境的色彩

现在生活的世界到处都是人工的环境,从生活起居、工作学习到休闲娱乐,人们无法真正逃离钢筋水泥铸就的现实世界而回归大自然的怀抱。人们能做的就是让生活的环境更自然舒适,更符合人的生理与心理需求,色彩就是其中的重要组成部分。

这里所说的环境的色彩不是指环境本身的色彩,而是指对不同环境所产生的色彩感觉。

人在不同的环境中会产生不同的感觉,如学术报告厅和迪斯科舞厅,在色彩的感觉上就有明显的区别,学术报告厅色彩感觉安静淡雅,以高明度、低纯度冷色系为主;迪斯科舞厅色彩感觉热烈、前进、运动,应以高纯度、暖色系、强对比的色彩表现为主。

在用色彩表现各种环境之前,要充分了解环境,对环境有尽量准确的把握。在此基础上,把自己对环境的感觉,用色彩准确传递出来。

9. 音乐的色彩

发现七色光谱的牛顿就曾提出音乐的音节(1、2、3、4、5、6、7)是和光谱的色阶(赤、橙、黄、绿、青、蓝、紫)相对应的。声波和光波的传输从物理学的角度来讲有许多共性。视觉艺术中的形式美法则直接借用了音乐的专业术语,即节奏与韵律,这本身就说明听觉艺术与视觉艺术之间的内在关联。

抽象艺术大师康定斯基曾经这样把音乐与色彩联系在一起,他认为强烈的黄色就像尖锐的小号发出的音色,浅蓝色的感觉就像长笛的乐音,而深蓝色就像低音提琴的奏响。印象主义音乐大师德彪西也是一位把视觉和听觉联系在一起进行艺术创作的先行者,他直接用音乐来表现对色彩的印象。

听出味道,看出音乐,嗅出色彩,这是创造性思维训练的有效手段,通过视觉来表现听觉,把不同风格的音乐,用彩色的音符描绘成不同的色彩世界,让流动的音符在色彩中凝固。

音乐的表现方式与色彩的传达有许多相似之处。音乐与色彩都有调子,不同的调子都能传递不同的情绪与感觉。音乐的色彩感觉是通过音乐元素的视觉化传达来实现的。

不同风格的音乐由不同的音节排列方式构成,与音乐相对应的,也应该有一个视觉上的色阶排列组合。音乐通过音节、音高、节奏的变换形成旋律。色彩通过色相、明度、纯度的变化组成视觉的审美意境。

用色彩来描绘音乐,是心灵间的交流,让动人的乐章在色彩表现中定格。

10. 文化的色彩

"文化"是一个含义极广的概念，我国著名学者牟宗三认为文化是"生命人格之精神表现的形式。""人类学之父"的英国学者泰勒给文化下的定义是：文化是一个复杂的总体，包括知识、信仰、艺术、道德、法律、风俗，以及人类在社会里所得的一切能力与习惯。到19世纪末，文化开始意指"一种物质上、知识上和精神上的整体生活方式"。例如所谓的东方文化、西方文化、印度文化、阿拉伯文化、玛雅文化等。

不同民族的文化通过不同的形式呈现出来。这些不同的文化表现形式，构成文化意义的符号，体现出不同文化的内在差异。

色彩就是不同文化的表现形式之一，把握好文化与色彩的整体对应关系，可以把色彩文化准确、有效地应用于生活实践，提升生存品质。

在进行文化的色彩表现时，首先要了解和学习要表现的文化，在学习的过程中通过分析、整理，概括出该文化的整体特征，根据该文化的整体特征找到自己对该文化的整体感觉，然后，把对该文化的整体感觉转化为色彩感觉表现出来。

二、色彩的对比

对比就是比较两者之间的不同，如大小、长短、黑白、冷暖等。人类的视觉是通过对比作出判断的，当我们把网球和乒乓球放在一起比较时，网球是大球，如果把网球和足球放在一起比较时网球就成了小球。色彩同样可以通过对比来加强或减弱视觉冲击效果。

将两个或两个以上的不同色彩放在一起时，由不同色彩的比较而产生差异的视觉效果，就是色彩的对比。

色彩对比的种类有：色相对比、明度对比、纯度对比、冷暖对比、补色对比、同时对比、继时对比、面积对比。在人们观察色彩组合效果时，以上八种色彩对比都会在不同的程度上发挥独特的作用，它们都是色彩设计的基本手段，是色彩学应用能力的重点。

1. 色相对比

以色相的差异为主的色彩对比称为色相对比。色相的差异大小由色相环上色彩的距离决定，色相的差异大小和色相环上色彩的距离远近成正比，如图2-2-3所示。

图2-2-3 色相环距离不同色彩的对比组合（见彩图47）

色相对比的种类（以红色为例）有以下几种：

（1）同类色对比。色相环上30°以内的色彩对比就是同类色对比，如图2-2-4所示。

同类色对比有以下特点：色彩性质上统一，色彩差异微弱，视觉和谐统一，但色彩对比极小，色相单调，如图2-2-5所示。

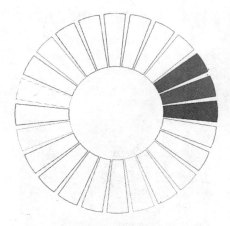
图 2-2-4 色相环上的同类色（见彩图 48）

图 2-2-5 同类色对比（见彩图 49）

（2）邻近色对比。色相环在 30°~90°区间以内的色彩对比就是邻近色对比，也可以叫作中度色差对比，如图 2-2-6 所示。

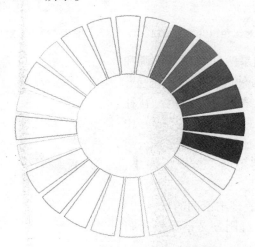

图 2-2-6 色相环上的邻近色

邻近色对比有以下特点：色彩性质上相近，较同类色对比色彩有稍大的差异，整体视觉感较和谐，但比同类色对比有生气，如图 2-2-7 所示。

图 2-2-7 邻近色对比（见彩图 50）

（3）对比色对比。在色相环90°~170°区间内的色彩对比就是对比色对比，如图2-2-8所示。

对比色对比有以下特点：色彩性质上不同，色彩差异较大，视觉感上对比强烈，充满活力，但是应用不当会出现不和谐因素，如图2-2-9所示。

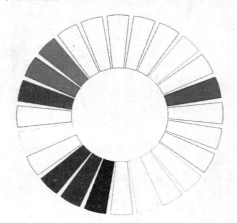

图2-2-8　色相环上的对比色（见彩图51）

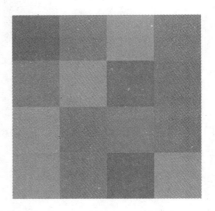

图2-2-9　对比色对比（见彩图52）

（4）互补色对比。如果两种颜料等量调和后产生黑灰色，就把这两种颜色称为互补色，色相环上180°相对应的色彩就是互补色。互补色之间的对比就是互补色对比，如图2-2-10所示。互补色对比如果在比例上安排得当，两种互补色的强度都会保持不变，会产生静止、固定的视觉效果。

不同的互补色对比会表现出不同的特性。

黄与紫：既是互补色对比，又是强烈的明度对比（图2-2-11）。

红与绿：既是互补色对比，但明度相同（图2-2-12）。

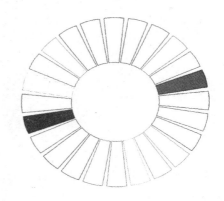

图2-2-10　色相环上的互补色（见彩图53）

图2-2-11　互补色黄与紫对比（见彩图54）

图2-2-12　互补色红与绿对比（见彩图55）

蓝与橙：既是互补色对比，又是极强的冷暖对比（图2-2-13）。

图2-2-13　互补色蓝与橙对比（见彩图56）

2. 明度对比

以色彩明度的差异为主的色彩对比称为明度对比。色彩的明度对比要比其他的色彩对比视觉效果强烈。没有色相、没有纯度，只要有明度就可以看到对比强烈的影像，色彩的层次与空间关系完全可以通过色彩的明度对比表现出来。如果把一幅彩色照片处理成黑白照片，丢掉色相和纯度，只保留它的明度对比，会发现照片的对比关系一样精彩，如图2-2-14所示。因此，色彩的明度属性具有相对的独立性，学习与掌握色彩的明度对比方法，具有不可替代的应用价值。

(a)

(b)

图2-2-14　明度对比（见彩图57）
(a) 彩色照片；(b) 黑白照片

1) 明度对比的种类

通常人们借用音乐的术语"调子"来总结归纳色彩的明度。把整体明度高的色彩对比称为高调，把整体明度低的色彩对比称为低调，把整体明度处于中间状态的色彩对比称为中调。在高调、中调、低调中，又根据每个对比内部不同色彩明度对比跨度的长短再分为长调、中调、短调，这样组合起来，明度对比一共就形成了9种。

以孟塞尔色彩体系为例，明度等级为0~10共11级，0为黑色，10为白色，0~3为低调（图2-2-15（a）），4~6为中调（图2-2-15（b）），7~10为高调（图2-2-15（c））。

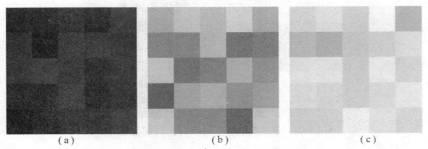

图2-2-15　明度对比的低、中、高调（见彩图58）
(a) 低调；(b) 中调；(c) 高调

明度差为1~3级的为短调（图2-2-16（a）），明度差为4~6级的为中调（图2-2-16（b）），明度差为6级以上的为长调（图2-2-16（c））。

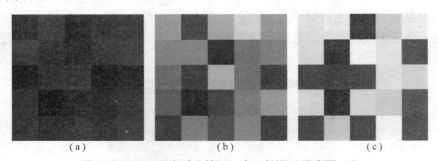

图2-2-16　明度对比的短、中、长调（见彩图59）
(a) 短调；(b) 中调；(c) 长调

组合起来明度对比共分为9种不同的调性，即高长调（图2-2-17（a））、高中调（图2-2-17（b））、高短调（图2-2-17（c））、中长调（图2-2-17（d））、中中调（图2-2-17（e））、中短调（图2-2-17（f））、低长调（图2-2-17（g））、低中调（图2-2-17（h））、低短调（图2-2-17（i））。

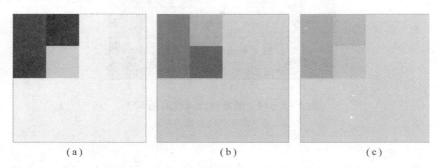

图2-2-17　9种不同明度的对比调性
(a) 高长调；(b) 高中调；(c) 高短调

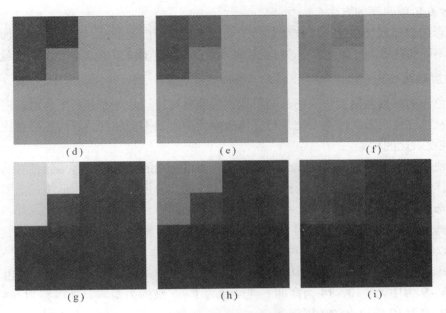

图2-2-17 九种不同明度的对比调性（续）

(d)中长调；(e)中中调；(f)中短调；(g)低长调；(h)低中调；(i)低短调

2）不同调性的明度对比的特点

不同调性的明度对比会形成不同的视觉特征，对不同明度对比调性组合方式与视觉特征的把握是色彩设计的基本能力。不同调性的明度对比的构成与视觉特征，见表2-2-1。

表2-2-1 不同调性的明度对比的构成与视觉特征

明度基调	对比关系	明度构成	明度差	视觉特征
高调	高长调	8+9（80%~90%） 1+2（10%~20%）	大	明亮、强烈
高调	高中调	8+9（80%~90%） 5+6（10%~20%）	中	清晰、鲜明
高调	高短调	8+9（80%~90%） 6+7（10%~20%）	小	淡雅、柔和
中调	中长调	5+6（80%~90%） 0+1（10%~20%）	大	明快、自然
中调	中中调	5+6（80%~90%） 2+3（10%~20%）	中	软弱、含蓄
中调	中短调	5+6（80%~90%） 3+4（10%~20%）	小	模糊、平淡
低调	低长调	1+2（80%~90%） 8+9（10%~20%）	大	强烈、明确
低调	低中调	1+2（80%~90%） 5+6（10%~20%）	中	混浊、低沉
低调	低短调	1+2（80%~90%） 2+3（10%~20%）	小	沉闷、灰暗

3）改变色彩明度的方法

在色彩中加黑或加白就可以改变色彩的明度。提高明度就加白，降低明度就加黑。明度不同的色彩进行调配也会改变色彩的明度，如紫色调入黄色，紫色的明度就会提高。

3. 纯度对比

由于色彩的纯度差别而形成的色彩对比称为纯度对比，是纯净色彩中含黑、白、灰多少的对比。从色立体上看，纯度对比是色立体表面到中心轴不同纯度位置的色彩对比。

1）纯度对比的种类

为了便于理解色彩的纯度对比，可以把色彩明度对比的分类方法运用到色彩的纯度对比上。把整体纯度高的色彩对比称为高调，把整体纯度低的色彩对比称为低调，把整体纯度处于中间状态的色彩对比称为中调。在高调、中调、低调中，又根据每个对比内部不同色彩纯度在色立体上的对比跨度的长短再分为强对比、中对比、弱对比，这样组合起来，色彩纯度对比也可以像明度对比一样形成9种对比形式。同样以孟塞尔色彩体系为例，纯度等级为0～14共15级，0为色立体中心轴的从黑到灰到白的无色系，1～14为不同纯度的色彩，0～5为低调，6～9为中调，10～14为高调。纯度差为1～5级的为弱调，纯度差为6～9级的为中调，纯度差为10级以上的为强调。

为了便于理解，可以直接把纯度对比分为0～10共11级，0～3为低调，4～6为中调，7～10为高调。纯度差为1～3级的为弱调，纯度差为4～6级的为中调，纯度差为6级以上的为长调。这样就和明度对比形成了一个对应关系。组合起来纯度对比也像明度对比一样共分为9种不同的调性。高强调、高中调、高弱调、中强调、中中调、中弱调、低强调、低中调、低弱调。当然这种分法是为了帮助人们更好地理解色彩的纯度对比。由于色彩的纯度对比不像明度对比那样相对独立性较强，因此，在学习和实践训练中，要尽量排除明度对比与色相对比的干扰。

2）不同色彩纯度对比的特点

（1）不同纯度对比的基调特点。纯度对比的基调分为高纯度基调、中纯度基调和低纯度基调，不同纯度基调的色彩组合所表现出的不同特点如下：

①高纯度基调。高纯度基调的色彩对比色相感强，色彩饱和、鲜艳、活跃，也易杂乱（图2-2-18（a））。

②中纯度基调。中纯度基调的色彩对比色彩含量适中，色彩柔和、典雅，又不失丰富（图2-2-18（b））。

③低纯度基调。低纯度基调的色彩对比含色量低，色彩凝重、模糊，若运用不当会产生沉闷、脏灰与无力的感觉（图2-2-18（c））。

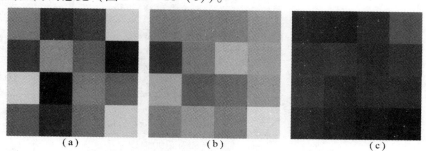

图2-2-18 纯度对比的基调（见彩图60）

(a) 高纯度基调；(b) 中纯度基调；(c) 低纯度基调

（2）不同强弱的纯度对比特点。纯度强弱对比分为强纯度对比、中纯度对比和弱纯度对比，特点如下：

①强纯度对比。纯度级差大，效果鲜明，高纯度色彩在低纯度色彩的对比下，会感觉纯度更高（图2-2-19（a））。

②中纯度对比。纯度级差适中，效果温和舒适。可以分别组成高中调、中中调、低中调，视觉效果是变化中有统一，统一中有变化（图2-2-19（b））。

③弱纯度对比。纯度级差小，效果模糊，柔弱，视觉效果统一。有一点需要明确，弱纯度对比，不一定是低纯度基调的对比，这里的"弱"指的是高纯度与低纯度之间的跨度大小，和高低纯度基调无关，高纯度基调同样有弱纯度对比（图2-2-19（c））。

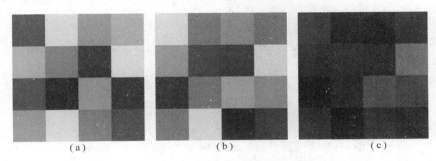

图2-2-19 纯度的强弱对比（见彩图61）
(a) 强纯度对比；(b) 中纯度对比；(c) 弱纯度对比

3）改变色彩纯度的方法

（1）改变色彩纯度最直接的方法就是在色彩中调入黑色、白色或灰色，色彩中调入的黑色、白色或灰色的分量越多，纯度就会变得越低。

（2）在高纯度的色彩中调入互补色也可以降低色彩的纯度。

（3）在高纯度的色彩中按不同的比例同时调入三原色同样可以降低色彩的纯度。

4. 冷暖对比

以色彩冷暖的差异为主的色彩对比称为冷暖对比。在色彩冷暖对比的实践应用上，要根据色彩所处环境，色彩之间的相互关系来判定色彩的冷暖。既要看主体色本身的冷暖，也要看周围色彩的冷暖，还要看不同色彩总的冷暖面积的比例。色彩的明度和纯度的变化也会影响色彩间的冷暖变化。

1）冷暖对比的种类

如果人为地在色相环上把色彩分为极暖色、暖色、中间色、冷色、极冷色，不同冷暖等级的色彩组合就会形成强弱不同的冷暖对比。冷暖的极色对比是超强对比；冷极色与暖色的对比、暖极色与冷色的对比属于冷暖的强对比；中间色与极暖色、暖色的对比，中间色与极冷色、冷色的对比，属于中等对比；暖色与极暖色、暖色与中间色、冷色与极冷色、冷色与中间色的对比，属于弱对比。

2）色彩冷暖对比的作用

色彩的冷暖对比在色彩的实践应用中具有丰富的表现力，不同的冷暖色调、不同的冷暖对比强度在不同的环境下会产生神奇的效果。炎热的夏日走进以冷色为主的环境空间会感觉清爽；相反，如果进入红色为主的室内空间，就会感觉温度升高，烦躁不适。色彩的冷暖变化还会影响画面及环境的空间关系。暖色具有扩张、前进的感觉，冷色具有收缩、后退的感觉。冷暖色对比是绘画、视觉传达设计、环境设计中表现空间的重要方法。

3）改变色彩冷暖的方法

除了色相本身的冷暖之外，还可以通过以下方法来改变色彩的冷暖。

（1）改变色彩的明度。一个暖色在提高了它的明度后，其暖色的程度就要降低（图2-2-20（a）和图2-2-20（b））。而一个冷色在减弱了它的明度后，其冷色就会向暖色转化（图2-2-21（a）和图2-2-21（b））。

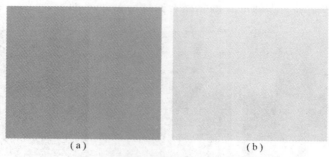

图2-2-20 暖色明度改变对冷暖的影响（见彩图62）
(a) 暖色；(b) 提高暖色的明度

图2-2-21 冷色明度改变对冷暖的影响（见彩图63）
(a) 冷色；(b) 降低冷色的明度

（2）改变色彩的纯度。高纯度的色彩比低纯度的相同色相要显得冷一些，色彩的纯度降低了，冷暖关系也会发生变化，如降低绿色的纯度，就会使该色感觉变暖，如图2-2-22所示。

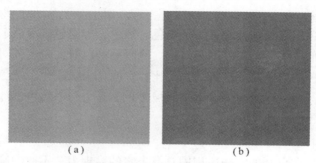

图2-2-22 色彩的纯度改变对冷暖的影响（见彩图64）
(a) 纯色；(b) 降低色彩的纯度

(3) 改变色彩的环境。在以冷色为主的色彩环境下，暖色也会显得"冷"（图 2 – 2 – 23（a））；相反，在以暖色为主的色彩环境下，冷色也会显得"暖"（图 2 – 2 – 23（b））；只有在冷暖均衡的环境条件下，才能真正表现出各色彩的冷暖感觉（图 2 – 2 – 23（c））。

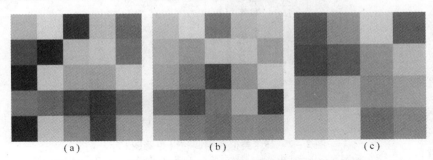

图 2 – 2 – 23　色彩环境改变对冷暖的影响（见彩图 65）
(a) 冷色为主的冷暖对比；(b) 暖色为主的冷暖对比；(c) 冷暖均衡对比

三、色彩的调和

色彩的调和首先是一个审美概念，就是让色彩的组合和谐、美观，给观者以视觉与心理的审美享受。从另一个角度讲，色彩的调和是一种配色方法，一种能够让色彩达到和谐美观效果的方法。

学习色彩调和的理论，就是要通过对色彩属性的进一步认识，掌握色彩设计的用色技巧和配色原则与方法。为日常生活环境、生存空间提供符合人的生理与精神需求的色彩设计方案，提升生存空间中色彩环境的品质。在日常生活中，充满了人工的产品、人造的环境，在这个非自然的人造世界中，色彩的设计对于美化生存空间，提升生活品质起着不可替代的积极作用。

1. 色相调和

色相调和就是以运用色相为主的色彩调和，让整体的色彩组合在色相上一致或类似。

1）色相调和的种类与作用

（1）同一色相调和。色相单纯、柔和，处理不好，易显单调，是最简单有效的色彩调和方法。

（2）类似色相调和。色相有一定的变化，比同一色相调和增加了丰富性，处理不好还容易产生单调感。

（3）对比色相调和。色相差异较大，色彩丰富，有一定调和难度。

同一色相调和、类似色相调和是在统一中求变化，对比色相调和是在变化中求统一。

2）色相调和的方法

（1）同一色相调和（图 2 – 2 – 24）。
①选择同一个色相，改变它的明度。
②选择同一个色相，改变它的纯度。

图 2 – 2 – 24　同一色相不同明度（见彩图 66）

③选择同一个色相,改变它的明度与纯度。
(2) 类似色相调和(图 2-2-25)。

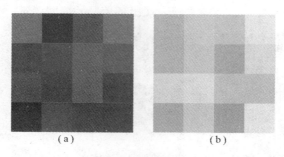

图 2-2-25　类似色相调和(见彩图 67)
(a) 类似色相相同明度、不同纯度;(b) 类似色相相同纯度、不同明度

①选择色相类似的色彩组合建立色彩的调和。
②选择色相类似的色彩组合改变不同色相的明度与纯度。
③选择色相类似的色彩组合并把不同色彩的明度调成一致或类似,只改变色彩的纯度。
④选择色相类似、纯度类似的色彩组合,只改变色彩的明度。
(3) 对比色调和。
色彩的调和与对比是一对孪生兄妹,无论是对比还是协调都是两种或两种以上的色彩组合关系,对比与协调是互生的,要想在对比强烈的色彩之间建立调和,在不改变色相的前提下,就要建立一种色彩的秩序,就是色彩构成的节奏、韵律和呼应关系。

2. 明度调和

以运用色彩的明度属性为主要调和方法的色彩调和称为明度调和,就是让整体的色彩组合在明度上一致或类似。

1) 明度调和的种类与作用
(1) 同一明度调和。明度保持一致,是最简单有效的色彩调和方法之一。
(2) 类似明度调和。明度上保持类似,在色相与纯度上进行变化而得到的调和,比同一明度调和增加了明度上的微差,更加丰富。

2) 明度调和的方法
(1) 同一明度调和(图 2-2-26)。
①选择同一个明度,改变它的色相、纯度。
②选择同一个明度、同一个色相,改变它的纯度。
③选择同一个明度、同一个纯度,改变它的色相。
(2) 类似明度调和(图 2-2-27)。
①选择类似的明度,改变它的色相、纯度。
②选择类似的明度、类似的色相,改变它的纯度。
③选择类似的明度、类似的纯度,改变它的色相。

图2-2-26 同一明度调和（见彩图68）

图2-2-27 类似明度调和（见彩图69）

3. 纯度调和

以运用色彩的纯度属性为主要调和方法的色彩调和称为纯度调和，就是让整体的色彩组合在纯度上一致或类似。

1）纯度调和的种类与作用

（1）同一纯度调和。纯度保持一致，画面色彩组合关系均衡。

（2）类似纯度调和。纯度上保持类似，在色相与明度上进行变化而得到的调和，画面更加生动。

2）纯度调和的方法

（1）同一纯度调和（图2-2-28）。

①选择同一个纯度的色彩组合，改变它的色相、明度。

②选择同一个纯度、同一个色相的色彩组合，改变它的明度。

③选择同一个纯度、同一个明度的色彩组合，改变它的色相。

（2）类似纯度调和（图2-2-29）。

图2-2-28 同一纯度调和（见彩图70）

图2-2-29 类似纯度调和（见彩图71）

①选择类似纯度的色彩组合，改变它的色相、明度。

②选择类似纯度、类似色相的色彩组合，改变它的明度。

③选择类似纯度、类似明度的色彩组合，改变它的色相。

4. 折中调和

在对比强烈的色彩之间通过加入其他色彩而得到的色彩调和就是折中调和。

1）折中调和的种类与作用

（1）相近色隔离调和。在两个对比色之间加入它们都包含的某一色彩，而达到色彩调和的作用。

（2）无色系隔离调和。在两个对比色之间加入无色系的黑、白、灰色，而达到色彩调和的作用。

2）折中调和的方法

（1）相近色隔离调和。在两个对比色之间加入它们都包含的某一色彩，如在紫色与绿色之间加入蓝色，在绿色与橙色之间加入黄色，在橙色与紫色之间加入红色，也就是要找出不同色彩之间有共同亲缘关系的色彩来隔离对比较强的色彩，而达到色彩调和的目的，如图2-2-30所示。

（2）无色系隔离调和。在任何色彩之间加入无色系的黑、白、灰色，都可以达到色彩调和的目的。如在红色和绿色之间加入白色、把红色与绿色放在灰色与黑色的背景上都会达到色彩调和的目的，如图2-2-31所示。

图2-2-30　相近色隔离调和（见彩图72）　　　图2-2-31　无色系隔离调和（见彩图73）

5. 面积调和

通过不同色彩的面积大小以及各自所占整体的比例的变化而得到的色彩调和，就是面积调和。

色彩的调配过程中除了色彩的三要素色相、明度、纯度外，色彩的面积也是非常重要的因素，不用改变色彩的三要素，只改变构成画面色彩的面积比例，也可改变整个画面的色彩关系。

面积调和的方法有以下几种：

（1）对比色调和。在对比强烈的色彩组合中，调整对比色的面积与整体比例的大小，使对比色的组合形成一种视觉平衡，而达到色彩调和的目的。

（2）歌德面积调和。一个高纯度色彩的视觉张力是由它的明度与面积决定的，歌德把红、橙、黄、绿、蓝、紫明度进行了简单的数字比例确定，具体比例如下：红6：橙8：

黄9：绿6：蓝4：紫3，黄色明度最高，紫色明度最低，转换成和谐的面积比例就是：红6：橙4：黄3：绿6：蓝8：紫9，如图2-2-32所示，这个面积调和比例成立的前提是各个色彩的纯度都是最高的。

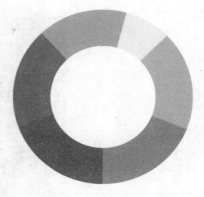

互补色的面积调和比例为：

红6：绿6＝1：1＝1/2：1/2（图2-2-33（a））；

黄3：紫9＝1：3＝1/4：3/4（图2-2-33（b））；

蓝8：橙4＝2：1＝1/3：2/3（图2-2-33（c））。

三原色的面积调和比例为：红6：黄3：蓝8，如图2-2-34所示。

图2-2-32　色彩的面积调和（见彩图74）

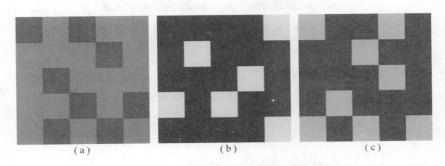

图2-2-33　互补色的面积调和（见彩图75）

（a）色彩的红与绿面积调和；（b）色彩的紫与黄面积调和；（c）互补色橙色、蓝色组合面积调和

图2-2-34　色彩的三原色面积调和（见彩图76）

三间色的面积调和比例为：橙4：绿6：紫9，如图2-2-35所示。

在色彩的面积调和的实际应用中，有时很难把不同的色彩面积归纳为简单的数字比例，只要达到了希望的色彩视觉效果即可。

图2-2-35 色彩的三间色面积调和（见彩图77）

技能学习与考核

一、色彩的感觉训练

1. 色彩的冷暖感觉

1）步骤

（1）准备工具材料。画板、水粉纸、纸胶带、洗笔筒、水、毛巾、铅笔、小刀、橡皮、圆规、三角板、水粉颜料、调色盒、白云笔、叶筋笔（衣纹笔）、直线笔。

（2）将水粉纸裱在画板上。

（3）构思设计冷暖色彩的纹样（参考图2-2-36），用铅笔、圆规和三角尺在裱好的水粉纸上工整地画出色彩暖色感、冷色感与冷暖对比色感的铅笔稿。

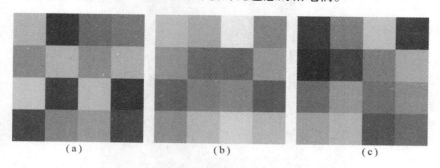

图2-2-36 色彩的冷暖感觉图例（见彩图78）
(a) 温暖色彩感觉；(b) 寒冷色彩感觉；(c) 冷暖色彩组合

（4）用白云笔、叶筋笔、水粉颜料等工具材料完成色彩温度感觉的描绘。

（5）将绘制完成的色彩温度感觉作品，裁剪成16 cm×16 cm见方进行装裱。

2）任务要求

（1）起稿前要考虑冷暖色调的特点，以准确表达色彩的冷暖感觉为目的。

(2) 色彩的组合要强化色彩的冷与暖的表现,传达出色彩的温度感觉。

(3) 调色水分控制得当,画面干净整洁。

(4) 数量:共3幅。温暖感觉色彩创作1幅,寒冷感觉色彩创作1幅,冷暖对比感觉色彩创作1幅。

2. 色彩的远近感觉

1) 步骤

(1) 准备工具材料。画板、水粉纸、纸胶带、洗笔筒、水、毛巾、铅笔、小刀、橡皮、圆规、三角板、水粉颜料、调色盒、白云笔、叶筋笔(衣纹笔)、直线笔。

(2) 将水粉纸裱在画板上。

(3) 构思设计色彩空间感表现的纹样(参考图2-2-37),用铅笔、圆规和三角尺在裱好的水粉纸上工整地画出色彩前进感、后退感与同一色彩主体在不同色彩背景前的不同进退感的铅笔稿。

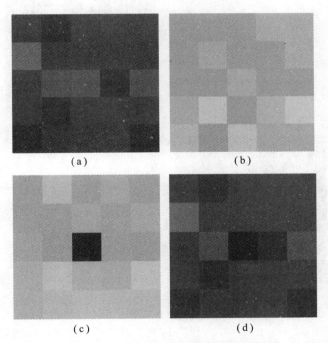

图2-2-37 前进与后退色彩感觉图例(见彩图79)
(a) 前进色彩感觉;(b) 后退色彩感觉;(c) 同一色彩主体不同背景前进感;
(d) 同一色彩主体不同背景后退感

(4) 用白云笔、叶筋笔、水粉颜料等工具材料完成色彩空间感觉的描绘。

(5) 将绘制完成的色彩空间感觉作品,裁剪成16 cm×16 cm见方进行装裱。

2) 任务要求

(1) 起稿前要考虑色彩空间表现的特点,以准确表达色彩的远近感觉为目的。

(2) 在主体色与背景色的图形设计与色彩运用上要全面考虑影响色彩空间感觉的多方面因素,强化色彩空间感觉。

(3) 调色水分控制得当,画面干净整洁。

（4）数量：共4幅。前进感色彩创作1幅，后退感色彩创作1幅，同一色彩主体不同背景前进感创作1幅，同一色彩主体不同背景后退感创作1幅。

3. 色彩的轻重感觉

1）步骤

（1）准备工具材料。画板、水粉纸、纸胶带、洗笔筒、水、毛巾、铅笔、小刀、橡皮、圆规、三角板、水粉颜料、调色盒、白云笔、叶筋笔（衣纹笔）、直线笔。

（2）将水粉纸裱在画板上。

（3）构思设计色彩轻重感表现的纹样（参见图2-2-38），用铅笔、圆规和三角尺在裱好的水粉纸上工整地画出色彩轻感、重感与同一色彩主体在不同色彩背景前的不同轻重感表现的铅笔稿。

图2-2-38 色彩轻重感觉图例（见彩图80）

(a) 色彩的轻感；(b) 色彩的重感；(c) 同一色彩主体在低明度背景前会产生轻的感觉；
(d) 同一色彩主体在高明度背景前会产生重的感觉

（4）用白云笔、叶筋笔、水粉颜料等工具材料完成色彩重量感觉的描绘。

（5）将绘制完成的色彩重量感觉作品，裁剪成16 cm×16 cm见方进行装裱。

2）任务要求

（1）起稿前要考虑色彩轻重感觉表现的特点，以准确表达色彩的重量感觉为目的。

（2）色彩的组合要强化色彩的轻与重的表现，在表现同一主体在不同色彩背景前的不同轻重感觉时，要采用同一铅笔底稿样式表现不同重量感。

（3）调色水分控制得当，画面干净整洁。

（4）数量：共4幅。色彩的轻感表现1幅，色彩的重感表现1幅，同一色彩主体在低明度背景前轻感表现1幅，在高明度背景前重感表现1幅。

4. 色彩的动静感觉

1）步骤

（1）准备工具材料。画板、水粉纸、纸胶带、洗笔筒、水、毛巾、铅笔、小刀、橡皮、圆规、三角板、水粉颜料、调色盒、白云笔、叶筋笔（衣纹笔）、直线笔。

（2）将水粉纸裱在画板上。

（3）构思设计色彩动感与静感表现的纹样（参见图2-2-39），用铅笔、圆规和三角尺在裱好的水粉纸上工整地画出色彩动感、静感表现的铅笔稿。

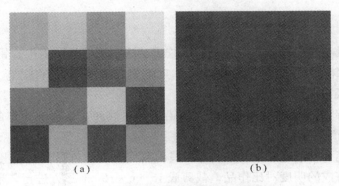

图2-2-39 色彩动静感觉图例（见彩图81）
(a) 色彩的动感；(b) 色彩的静感

（4）用白云笔、叶筋笔、水粉颜料等工具材料完成色彩动静感觉的描绘。

（5）将绘制完成的色彩动静感觉作品，裁剪成16 cm×16 cm见方进行装裱。

2）任务要求

（1）起稿前要考虑色彩动静感觉表现的特点，以准确表达色彩的动静感觉为目的。

（2）色彩的组合要强化色彩的动与静的表现，要采用同一铅笔底稿样式表现色彩的轻重感，避免不同形状对动静表现的干扰。

（3）调色水分控制得当，画面干净整洁。

（4）数量：共2幅。色彩的动感表现1幅，色彩的静感表现1幅。

二、色彩的对比训练

1. 色相对比

1）步骤

（1）准备工具材料。画板、水粉纸、纸胶带、洗笔筒、水、毛巾、铅笔、小刀、橡皮、圆规、三角板、水粉颜料、调色盒、白云笔、叶筋笔（衣纹笔）、直线笔。

（2）将水粉纸裱在画板上。

（3）构思设计色相对比的纹样，用铅笔、圆规和三角尺在裱好的水粉纸上工整地画出色相对比的铅笔稿。

（4）用白云笔、叶筋笔、水粉颜料等工具材料完成色相对比的描绘。

（5）将绘制完成的色相对比作品，裁剪成16 cm×16 cm见方进行装裱。

2）任务要求

（1）起稿前要考虑色相对比的特点，形的创意与轮廓的描绘要为表现色相对比关系服务。

（2）在完成具体的作品时，把握要领，突出强化某一色相对比的特点，用色上要选择纯度一致的色彩。

（3）调色水分控制得当，画面干净整洁。

（4）作业数量：共 4 幅。同类色对比 1 幅，邻近色对比 1 幅，对比色对比 1 幅，互补色对比 1 幅。

2. 明度对比

1）步骤

（1）准备工具材料。画板、水粉纸、纸胶带、洗笔筒、水、毛巾、铅笔、小刀、橡皮、圆规、三角板、水粉颜料、调色盒、白云笔、叶筋笔（衣纹笔）、直线笔。

（2）将水粉纸裱在画板上。

（3）构思设计色彩明度对比的纹样，用铅笔、圆规和三角尺在裱好的水粉纸上工整地画出明度对比的铅笔稿。

（4）用白云笔、叶筋笔、水粉颜料等工具材料完成不同色彩明度对比的描绘。

（5）将绘制完成的明度对比作品，裁剪成 16 cm×16 cm 见方进行装裱。

2）任务要求

（1）起稿前要考虑色彩明度对比的特点，主色与陪衬色的面积对比要悬殊，不要让陪衬色面积过大破坏整体调性表达。形的创意与轮廓的描绘要为表现色彩的明度对比服务。

（2）在完成具体的作品时要先理解该明度调子的组合规律，突出强化具体明度对比调性的特点。

（3）注意色相本身的明度差异，结合色相对比，从比较容易控制明度的同类色开始，接着再运用邻近色、对比色完成明度对比的任务实践。

（4）调色水分控制得当，画面干净整洁。

（5）数量：共 9 幅。高长调、高中调、高短调、中长调、中中调、中短调、低长调、低中调、低短调作品各 1 幅。

3. 纯度对比

1）步骤

（1）准备工具材料。画板、水粉纸、纸胶带、洗笔筒、水、毛巾、铅笔、小刀、橡皮、圆规、三角板、水粉颜料、调色盒、白云笔、叶筋笔（衣纹笔）、直线笔。

（2）将水粉纸裱在画板上。

（3）构思设计色彩纯度对比的纹样，用铅笔、圆规和三角尺在裱好的水粉纸上工整地画出色彩纯度对比的铅笔稿。

（4）用白云笔、叶筋笔、水粉颜料等工具材料完成不同色彩纯度对比的描绘。

（5）将绘制完成的色彩纯度对比作品，裁剪成 16 cm×16 cm 见方进行装裱。

2）任务要求

（1）起稿前要考虑色彩纯度对比的特点，控制好不同纯度色彩的面积对比的大小。形的创意与轮廓的描绘要为表现色彩的纯度对比服务。

（2）控制色彩明度与色相对纯度对比的干扰，强化色彩纯度本身的对比功能。

（3）调色水分控制得当，画面干净整洁。

（4）数量：共 5 幅。高强调、中强调、中中调、中弱调、低弱调作品各 1 幅。

4. 冷暖对比

1）步骤

（1）准备工具材料。画板、水粉纸、纸胶带、洗笔筒、水、毛巾、铅笔、小刀、橡皮、圆规、三角板、水粉颜料、调色盒、白云笔、叶筋笔（衣纹笔）、直线笔。

（2）将水粉纸裱在画板上。

（3）构思设计色彩冷暖对比的纹样，用铅笔、圆规和三角尺在裱好的水粉纸上工整地画出色彩冷暖对比的铅笔稿。

（4）用白云笔、叶筋笔、水粉颜料等工具材料完成不同色彩冷暖对比的描绘。

（5）将绘制完成的色彩冷暖对比作品，裁剪成 16 cm×16 cm 见方进行装裱。

2）任务要求

（1）起稿前要考虑色彩冷暖对比的特点，控制好不同纯度色彩的面积对的大小。形的创意与轮廓的描绘要为表现色彩的冷暖对比服务。

（2）控制色彩明度与色相对冷暖对比的干扰，强化色彩环境本身的对比功能。

（3）调色水分控制得当，画面干净整洁。

（4）数量：共 2 幅。以冷色为主的冷暖对比和以暖色为主的冷暖对比各 1 幅。

三、色彩的调和训练

1. 色相调和

1）步骤

（1）准备工具材料。画板、水粉纸、纸胶带、洗笔筒、水、毛巾、铅笔、小刀、橡皮、圆规、三角板、水粉颜料、调色盒、白云笔、叶筋笔（衣纹笔）、直线笔。

（2）将水粉纸裱在画板上。

（3）构思设计色相调和的纹样，用铅笔、圆规和三角尺在裱好的水粉纸上工整地画出色相调和的铅笔稿。

（4）用白云笔、叶筋笔、水粉颜料等工具材料完成色相调和的描绘。

（5）将绘制完成的色相调和作品，裁剪成 16 cm×16 cm 见方进行装裱。

2）任务要求

（1）起稿前要考虑色相调和的特点，图形单纯，以准确表达色相调和为目的。

（2）不同的色彩调和任务可以选用同一个任务模板，以便比较不同色彩调和方法之间的异同，更易于色彩调和方法的掌握。

（3）调色水分控制得当，画面干净整洁。

（4）数量：共 3 幅。同一色相不同明度调和 1 幅，类似色相相同明度、不同纯度调和 1 幅，类似色相相同纯度、不同明度调和 1 幅。

2. 明度调和

1）步骤

（1）准备工具材料。画板、水粉纸、纸胶带、洗笔筒、水、毛巾、铅笔、小刀、橡皮、圆规、三角板、水粉颜料、调色盒、白云笔、叶筋笔（衣纹笔）、直线笔。

（2）将水粉纸裱在画板上。

（3）构思设计色彩明度调和的纹样，用铅笔、圆规和三角尺在裱好的水粉纸上工整地画出色彩明度调和的铅笔稿。

（4）用白云笔、叶筋笔、水粉颜料等工具材料完成色彩明度调和的描绘。

（5）将绘制完成的色彩明度调和作品，裁剪成16 cm×16 cm见方进行装裱。

2）任务要求

（1）起稿前要考虑明度调和的特点，图形单纯，以准确表达明度调和为目的。

（2）不同的色彩调和任务可以选用同一个任务模板，以便比较不同色彩调和方法之间的异同，更易于色彩调和方法的掌握。

（3）调色水分控制得当，画面干净整洁。

（4）数量：共2幅。同一明度调和1幅，类似明度调和1幅。

3. 纯度调和

1）步骤

（1）准备工具材料。画板、水粉纸、纸胶带、洗笔筒、水、毛巾、铅笔、小刀、橡皮、圆规、三角板、水粉颜料、调色盒、白云笔、叶筋笔（衣纹笔）、直线笔。

（2）将水粉纸裱在画板上。

（3）构思设计色彩纯度调和的纹样，用铅笔、圆规和三角尺在裱好的水粉纸上工整地画出色彩纯度调和的铅笔稿。

（4）用白云笔、叶筋笔、水粉颜料等工具材料完成色彩纯度调和的描绘。

（5）将绘制完成的色彩纯度调和作品，裁剪成16 cm×16 cm见方进行装裱。

2）任务要求

（1）起稿前要考虑色彩纯度调和的特点，图形单纯，以准确表达色彩纯度调和为目的。

（2）不同的色彩调和任务可以选用同一个任务模板，以便比较不同色彩调和方法之间的异同，更易于色彩调和方法的掌握。

（3）调色水分控制得当，画面干净整洁。

（4）数量：共2幅。同一纯度调和1幅，类似纯度调和1幅。

4. 折中调和

1）步骤

（1）准备工具材料。画板、水粉纸、纸胶带、洗笔筒、水、毛巾、铅笔、小刀、橡皮、圆规、三角板、水粉颜料、调色盒、白云笔、叶筋笔（衣纹笔）、直线笔。

（2）将水粉纸裱在画板上。

（3）构思设计色彩折中调和的纹样，用铅笔、圆规和三角尺在裱好的水粉纸上工整地画出色彩折中调和的铅笔稿。

（4）用白云笔、叶筋笔、水粉颜料等工具材料，选择相近色隔离调和、无色系隔离调和的色彩组合，完成色彩折中调和的描绘。

（5）将绘制完成的色彩折中调和作品，裁剪成16 cm×16 cm见方进行装裱。

2）任务要求

（1）起稿前要考虑色彩折中调和的特点，折中色的位置设计得当，以准确表达色彩折中调和起到折中作用为目的。

（2）相近色隔离调和任务和无色系隔离调和任务可以选用同一个任务模板，以便比较不同色彩折中调和方法之间的异同，更易于色彩调和方法的掌握。

（3）调色水分控制得当，画面干净整洁。

（4）数量：共2幅。相近色隔离调和1幅，无色系隔离调和1幅。

5. 面积调和

1）步骤

（1）准备工具材料。画板、水粉纸、纸胶带、洗笔筒、水、毛巾、铅笔、小刀、橡皮、圆规、三角板、水粉颜料、调色盒、白云笔、叶筋笔（衣纹笔）、直线笔。

（2）将水粉纸裱在画板上。

（3）构思设计色彩面积调和的纹样，用铅笔、圆规和三角尺在裱好的水粉纸上工整地画出色彩面积调和的铅笔稿。

（4）用白云笔、叶筋笔、水粉颜料等工具材料完成色彩面积调和的描绘。

（5）将绘制完成的色彩面积调和作品，裁剪成16 cm×16 cm见方进行装裱。

2）任务要求

（1）起稿前要考虑色彩面积调和的特点，面积比例准确，以准确表达色彩面积调和作用为目的。

（2）设计面积比例和色彩布局时，要考虑色彩间的呼应关系。

（3）调色水分控制得当，画面干净整洁。

（4）数量：共2幅（参见图2-2-40）。红、橙、黄、绿、蓝、紫组合面积调和创作1幅，在三原色与三间色之中任选两色完成面积调和创作1幅。

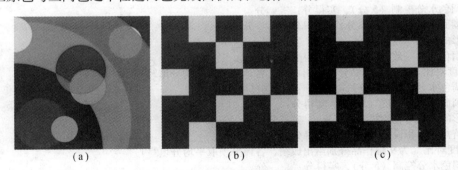

图 2-2-40　面积调和图例（见彩图82）

（a）红、橙、黄、绿、蓝、紫组合面积调和；（b）色彩的红与黄面积调和；（c）色彩的蓝与黄面积调和

四、技能考核

（1）每名学生均按要求配备好画图用的笔、纸、画板、铅笔等用具。

（2）学生在充分阅读理解上述制作过程及要求的基础上，完成色彩感觉、色彩对比及色彩调和作品制作。

（3）教师根据其提交的作品，按表 2-2-2 给出的评分点进行评分，并汇总各作品成绩。

表 2-2-2 老师考核评分表

实训项目：__色彩的调配__

班级学号		姓 名	
1. 色彩的感觉。 1）色彩的冷暖感觉（为 3 幅作品分别给出成绩，各评分项取平均分填写）。 （1）调色水分控制（5 分），实得分：____分。 （2）画面干净整洁度（5 分），实得分：____分。 （3）色彩的组合（5 分），实得分：____分。 （4）表达效果（5 分），实得分：____分。 2）色彩的远近感觉（为 4 幅作品分别给出成绩，各评分项取平均分填写）。 （1）调色水分控制（5 分），实得分：____分。 （2）画面干净整洁度（5 分），实得分：____分。 （3）色彩的运用（5 分），实得分：____分。 （4）主体色与背景色的图形设计（5 分），实得分：____分。 3）色彩的轻重感觉（为 4 幅作品分别给出成绩，各评分项取平均分填写）。 （1）调色水分控制（5 分），实得分：____分。 （2）画面干净整洁度（5 分），实得分：____分。 （3）色彩的组合（5 分），实得分：____分。 （4）表达效果（5 分），实得分：____分。 4）色彩的动静感觉（为 2 幅作品分别给出成绩，各评分项取平均分填写）。 （1）调色水分控制（5 分），实得分：____分。 （2）画面干净整洁度（5 分），实得分：____分。 （3）色彩的组合（5 分），实得分：____分。 （4）表达效果（5 分），实得分：____分。 2. 颜色对比。 1）色相对比（为 4 幅作品分别给出成绩，各评分项取平均分填写）。 （1）调色水分控制（5 分），实得分：____分。 （2）画面干净整洁度（5 分），实得分：____分。 （3）形的创意与轮廓描绘（5 分），实得分：____分。 （4）用色纯度一致性（5 分），实得分：____分。 2）明度对比（为 5 幅作品分别给出成绩，各评分项取平均分填写）。 （1）调色水分控制（5 分），实得分：____分。 （2）画面干净整洁度（5 分），实得分：____分。 （3）形的创意与轮廓描绘（5 分），实得分：____分。 （4）陪衬色面积设计（5 分），实得分：____分。 3）纯度对比（为 9 幅作品分别给出成绩，各评分项取平均分填写）。 （1）调色水分控制（5 分），实得分：____分。 （2）画面干净整洁度（5 分），实得分：____分。 （3）形的创意与轮廓描绘（5 分），实得分：____分。 （4）纯度对比明显程度（5 分），实得分：____分。 4）冷暖对比（为 2 幅作品分别给出成绩，各评分项取平均分填写）。 （1）调色水分控制（5 分），实得分：____分。 （2）画面干净整洁度（5 分），实得分：____分。 （3）形的创意与轮廓描绘（5 分），实得分：____分。 （4）色彩环境对比明显性（5 分），实得分：____分。 3. 颜色的调和。			

续表

1) 色相调和（为3幅作品分别给出成绩，各评分项取平均分填写）。
(1) 调色水分控制（5分），实得分：____分。
(2) 画面干净整洁度（5分），实得分：____分。
(3) 图形的创意（5分），实得分：____分。
(4) 整体和谐性（5分），实得分：____分。
2) 明度调和（为2幅作品分别给出成绩，各评分项取平均分填写）。
(1) 调色水分控制（5分），实得分：____分。
(2) 画面干净整洁度（5分），实得分：____分。
(3) 图形的创意（5分），实得分：____分。
(4) 整体和谐性（5分），实得分：____分。
3) 纯度调和（为2幅作品分别给出成绩，各评分项取平均分填写）。
(1) 调色水分控制（5分），实得分：____分。
(2) 画面干净整洁度（5分），实得分：____分。
(3) 图形的创意（5分），实得分：____分。
(4) 整体和谐性（5分），实得分：____分。
4) 折中调和（为2幅作品分别给出成绩，各评分项取平均分填写）。
(1) 调色水分控制（5分），实得分：____分。
(2) 画面干净整洁度（5分），实得分：____分。
(3) 折中位置的设计（5分），实得分：____分。
(4) 整体和谐性（5分），实得分：____分。
5) 面积调和（为2幅作品分别给出成绩，各评分项取平均分填写）。
(1) 调色水分控制（5分），实得分：____分。
(2) 画面干净整洁度（5分），实得分：____分。
(3) 面积比例与色彩布局（5分），实得分：____分。
(4) 整体和谐性（5分），实得分：____分。
4. 个人技能掌握程度：非常熟练□　比较熟练□　一般熟练□　不熟练□

总成绩____（分）　　教师签字_____　　　_____年____月____日

项目三 涂料的调色

任务 3-1 获取颜色配方

学习目标

(1) 能够正确描述涂料的成膜方式。
(2) 能够正确描述汽车涂层的结构种类。
(3) 能够正确解释颜色配方。
(4) 能够采用合理的方法获取颜色配方。
(5) 能够注意培养良好的安全卫生习惯、环保及团队协作意识。
(6) 能够检查、记录和评价工作效果。

在汽车修补涂装时,针对需要调色的具体车型,通常首先要获取该车车身的油漆颜色配方。汽车颜色配方非常类似于中药方,配方中包含了颜色名称、颜色代号及颜色的色母构成情况等,见表 3-1-1。

表 3-1-1 颜色配方样例

A55/加州橙				JAD/抹茶绿			
色母	净重	色母	净重	色母	净重	色母	净重
P192-5600	27.40	D744	10.10	P192-5600	19.50	D750	3.70
P420-938	5.50	D759	3.50	P420-904	2.30	D759	3.00
P420-942	10.00	D790	20.00	P420-905	3.00	D778	3.00
P420-982	23.00	D945	20.20	P420-938	2.30	D794	40.00
P420-983	4.00	D946	9.50	P425-954	0.50	D797	2.00
P425-984	7.00	D955	7.20	P425-984	7.00	D946	21.00
P425-998	3.50	D966	1.00	P425-992	11.00	D952	21.00
P426-PP09	14.00	D980	23.00	P426-PP65	5.20	D956	4.00
P426-PP10	5.60	D989	5.50	P429-937	49.20	D967	2.30

对于一款汽车,车身颜色配方可由汽车生产商提供。但在进行汽车漆面修复时,汽车维

修企业不一定选用汽车生产厂的品牌涂料。所以颜色配方通常由油漆生产企业提供。

本任务主要介绍如何获得汽车漆面的颜色配方和如何解读配方。

相关知识

一、涂料的成膜方式

涂料的干燥成膜是指涂料施工后，由液态或黏稠状漆膜转变成固态漆膜的化学和物理变化过程。为了达到预期的涂装目的，除了合理地选用涂料，正确地进行表面处理和施工外，充分而适宜的干燥过程也是重要的环节。涂料的成膜方式有溶剂挥发型成膜和反应型成膜。反应型又包括氧化聚合型、加热聚合型和双组分聚合型成膜等几种。

1. 溶剂挥发型（风干型）

当涂料中的溶剂蒸发时，这种涂料形成一个涂层。但是由于树脂分子没有结合在一起，所以涂层可以被稀释剂溶解。这种涂料的特性是干得快，容易使用。但是，它在耐溶剂性和自然老化性能方面不及反应型涂料。溶剂挥发型涂料主要有硝基涂料和热塑性丙烯酸涂料。

溶剂挥发型涂料的干燥机理如图3-1-1所示，靠溶剂挥发而干燥成膜，属于物理成膜方式。成膜前后，物质分子结构不发生变化，仅靠溶剂（或水）挥发、温度变化等物理作用使涂料干燥成膜。干燥迅速但是耐溶剂性差。

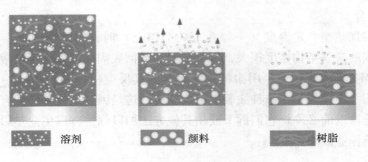

图3-1-1 溶剂挥发型成膜

2. 反应型

在此类涂料中，涂料中的溶剂和稀释剂蒸发，而树脂通过"聚化"的化学反应固化。如图3-1-2所示，刚刚喷涂以后，新涂料是一种液化层，其中的树脂、颜料、溶剂及稀释剂是混合在一起的。

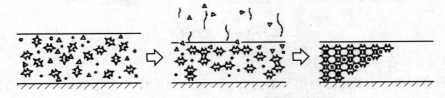

图3-1-2 反应型涂料成膜过程

在固化过程中，溶剂和稀释剂蒸发，树脂中分子由于化学反应而互相逐渐结合。在完全固化以后，涂层完全没有溶剂和稀释剂。分子的化学反应结束，形成一固态的高聚物层。

分子通过化学反应结合成三维交联结构。如果涂层具有较大、较密的交联结构，它便具有更好的涂层性能，例如较高的硬度和耐溶剂性。

反应型涂料的特点是，除非向涂料施加能引起化学反应的要素，否则涂料不会开始固化。能引起化学反应的要素包括热、光、氧、水、催化剂及固化剂等。在汽车修补涂装中使用的大多数反应型涂料中，固化是由热式催化剂引起的。具体的反应包括以下几种。

1）氧化聚合

当树脂中的分子吸收空气中氧气从而氧化时，它们便聚合为交联结构，这种涂料很少用于汽车，因为形成交联结构的时间太长，而且粗交联结构不能产生理想的涂层性能。邻苯二甲酸酯和合成树脂混合涂料是氧化聚合涂料的两个例子，其反应机理如图3-1-3所示。

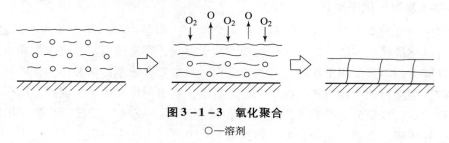

图3-1-3 氧化聚合
○—溶剂

2）加热聚合

当这种涂料加热至一定温度（一般在120℃以上）时，树脂里便发生化学反应，使涂料固化。所形成的交联结构密度很大，所以在该涂料彻底固化以后，不会溶解于稀释剂，如合成聚酯（OEM，即汽车制造厂用涂料）涂料等，其反应机理如图3-1-4所示。它广泛使用于汽车装配线上，但是在修补涂装中很少使用。这是因为，为了保护有关区域的塑料及电子零件，在重涂以前必须将它们拆下或用其他方法加以保护，以免受热影响，而大量的拆装作业势必影响作业效率。

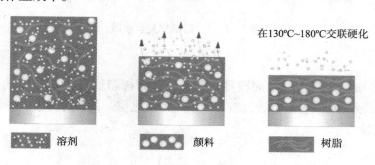

图3-1-4 加热聚合

3）双组分聚合

在这种涂料中，主要成分与固化剂混合，以便在树脂中产生化学反应，从而使涂料固化。虽然该反应可以在室温下发生，但是可以使用60℃~70℃的中温来加速干燥过程。汽车修补涂装大多使用这种涂料，其反应机理如图3-1-5所示。有些双组分聚合涂料的性能与加热聚合型相同，形成的漆膜不能再被溶剂溶解或受热熔化。

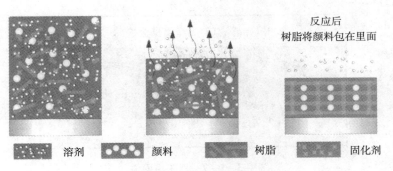

图 3-1-5 双组分聚合

二、涂层标准

汽车涂装属工业涂装的范畴。所谓工业涂装，即涂装工艺已形成工业生产的流程，流水作业生产，涂装过程的机械化和自动化程度较高，漆膜干燥一般采用烘干方式。汽车涂装是工业涂装的典型代表。

1. 车身涂层的类型

按面漆的施工工艺可分为单工序面漆、双工序面漆和三工序面漆。

1) 单工序面漆

单工序面漆也称素色漆（纯色漆），其涂层结构如图 3-1-6 所示。单工序是指面漆只施工一次即可获得颜色和光泽。形成的漆膜既有遮盖力（能遮盖住底漆颜色，呈现出需要的颜色），还有一定的光泽度，并且还有很好的抗机械损伤能力。白色的普通桑塔纳轿车和红色捷达轿车多为单工序面漆。

图 3-1-6 单工序面漆

2) 双工序面漆

双工序面漆通常指金属漆，其涂层结构如图 3-1-7 所示。双工序是指面漆需要分两次施工来获得：第一次要喷涂底色漆，底色漆为金属漆或珍珠漆，干燥以后只能提供遮盖力，展现出绚丽的金属光泽。第二次要喷涂清漆，清漆层能提供光泽度和抗机械损伤的能力。底色漆层和清漆层合起来构成面漆层，现代轿车绝大多数是双工序或多工序的面漆。

在进行漆膜修补时，维修技师通常使用腻子。修补后的双工序漆涂层结构如图 3-1-8 所示。

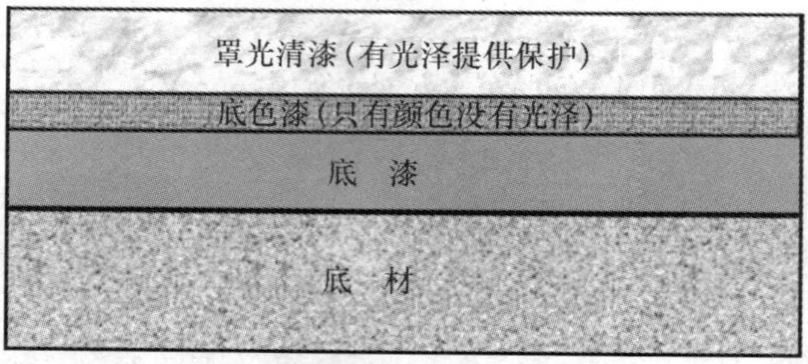

图 3-1-7 双工序面漆

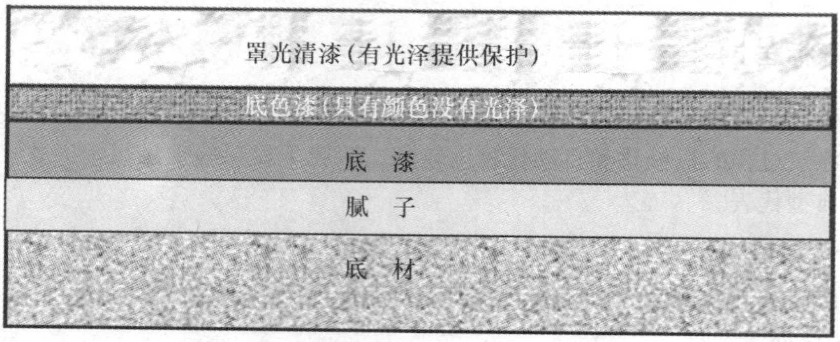

图 3-1-8 修补过的双工序漆膜结构

3）三工序面漆

三工序面漆就是面漆层要分三次施工才能获得，通常指珍珠漆，如图 3-1-9 所示。施工时第一次喷涂底色漆，这种底色漆为没有金属颗粒的素色。第二次喷涂珍珠层，喷涂的方法和喷涂的道数要求严格，否则会影响到涂层的颜色。第三次喷涂清漆层，喷涂方法与双工序一致。

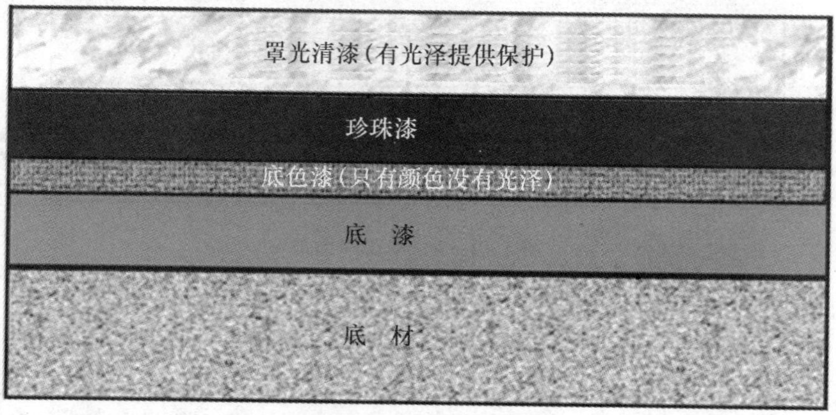

图 3-1-9 三工序漆膜结构

2. 车身涂层的等级

车身涂层根据汽车各零部件的使用条件、涂装要求、材质及结构的不同，又可将汽车涂层分为若干组和若干等级,见表3-1-2。

表3-1-2 汽车涂层的等级

分组	涂层名称	等级	涂层特性及主要指标	适用对象举例
1	装饰保护性涂层	高级或甲级	DOI 0.9~1.0,S.S1000h以上,δ100μm以上	中、高级轿车车身
		优质或乙级	DOI 0.6~0.8,S.S720h以上,δ(80~100)μm	轻卡车身、面包车和客车车身、大众化的轿车车身
		一般或丙级	DOI 0.3~0.5,S.S500h以上,δ55μm以上	载重汽车驾驶室,轿车车内装饰件、车身塑料件
2	保护装饰性涂层	优质,防蚀型	光泽,外观优良,S.S500h以上δ50μm以上	金属货箱
		一般,防腐型	光泽,外观良好,防腐防蚀性良好	铁木混合货箱
3	防蚀性涂层	特优或甲级	力学性能好,S.S1000h以上,δ30μm以上	轿车车架、车轮等车下部件
		优质或乙级	力学性能好,S.S500h以上,δ(20~30)μm	卡车车轮、车架等车下部件
		一般或丙级	力学性能好,S.S200h以上,δ20μm以上	内部件,散热器管子、弹簧等
4	保护性涂层	快干型	能快干或自干,S.S100h以上,δ(20~30)μm	发动机总成车桥、传动轴总成
		防腐型	耐水性、耐酸性好	木质件
5	特种涂层	耐酸涂层	耐酸性优良,δ40μm以上	蓄电池固定架等
		耐汽油涂层	耐汽油性优良,δ40μm以上	油箱、油槽内表面
		耐热涂层	耐热性(500℃)优良,δ20μm以上	消声器、排气管、气缸垫
		防声绝热涂层	对声音振动的阻尼性好,δ(2~3)μm	车身底部下表面、夹层内
		抗崩裂涂层	抗石击耐崩裂性优良	轿车车身的门槛以下

注:1. 表中DOI为鲜映性(以车身水平面涂层的DOI值为准),S.S为耐盐雾性,δ为涂层的总厚度。
2. 第1、2组涂层的耐候性也应是其主要指标,即在广州、海南岛地区晒2~3年或使用3~4年,耐候性应优良(如不起泡、不粉化、不生锈、不开裂、失光和变色不超过明显级等)。

汽车涂层标准是汽车产品设计和涂装工艺设计的依据,是涂层质量认可和现场质量检查的基准及指南。出于市场竞争之需要,各汽车公司都有自己独特的涂层标准,其质量指标往往高于国家的统一标准,性能的测试方法一般是采用国际标准和国家标准方法,但也有很多是采用自己开发的,或与材料供应厂商协商确定的测试方法。各汽车集团公司的涂层标准一般属技术机密。

三、颜色配方

涂料的调配可分为两类：重量制与容量制，两者特性对比见表3-1-3。车身涂料大部分都是采用重量制来调配的，但是包装都以容量（升）为单位。

表3-1-3　重量制与容量制调配涂料法特性对比

项目	重量制	容量制
容器选择	漆料倒入在天平秤上的容器内，无须特殊容器	涂料倒入容器直到预告设定的容积记号，也有用压缩空气警示系统代替记号的。两者均需使用平底且在可用高度内有均一横断面的容器
重量、容量到达所需值时的操作	操作员倒漆时，应注视天平指针（或数字）。需要小心，决定何时停止的技巧则靠经验。电子秤可使此操作变得较容易	操作员注视涂料水平面，在到达刻度时停止倾倒。刻度在小容器内部时，不易观察。加装液面表时可帮助操作，但操作人员的反应快慢仍会影响效果

车身涂料的颜色大都是通过几种色母按比例混合后获得的，所使用的色母和色母的比例，即为该种油漆的颜色配方。混合1 L涂料需要的配方叫标准配方，表3-1-4所示为BASF公司生产的百事利汽车修补漆的1个标准配方。

表3-1-4　颜色的标准配方

色号：LB5N		
车色：珠光靛蓝（偏浅红）		
车型：捷达/宝来		
色母	1L单量	1L累积
35-M00	267.6	267.6
35-M1510	331.1	598.7
35-M351	172.1	770.8
35-M1910	61.0	831.8
35-M1540	45.9	877.7
35-M1920	33.3	911.0
35-M1120	9.8	920.8
35-M1010	1.0	921.8

上述配方中：

色号（LB5N）：表示该配方的颜色代号。

车色（珠光靛蓝）：表示该配方所调配出的颜色名称。

车型（捷达/宝来）：表示该配方所适用的车型。

色母：其下所列的各项为整个配方所构成色母的代号。

1L单量：其下所列各数据为对应色母的实际容积数，所有的色母容积数相加应近似为1L。

1L 累积：其下所列各数据为对应色母的容积与之前（本行之上）所有各色母容积之和。

需要注意的是，在配方中涂料是按体积计算的，而色母的加入量是按质量计算的（用电子秤称量），由于涂料的体积比例与质量比例几乎是正比关系，所以实际操作中虽然按质量比调配，但最终获得的颜色是一致的。

涂料供应商提供的都是标准配方，实际工作中可以根据需要调的油漆量，按比例去调整。比如需要调 LB5N 油漆 0.2 L，需要将配方中所有色母的量除 5 得到 0.2 L 油漆的配方。

四、颜色的命名

1. 颜色的系统命名

1）消色（非彩色）类的系统命名规则

色相修饰语 + 消色基本色名 = 色名。

色相修饰语分为：带红的、带黄的、带绿的、带青的、带紫的等。

消色的基本色名分为下列 5 个等级：白色、明亮的灰色、灰色、暗灰色、黑色。

例如带青的 + 明亮的灰色 = 带青的明灰色。

2）彩色类的系统命名规则

色相修饰语 + 明度及饱和度修饰语 + 彩色基本色名 = 色名。彩色的基本色名为 10 种：红色、黄红色、黄色、黄绿色、绿色、青绿色、青色、青紫色、紫色、红紫色。例如：带红的 + 暗灰 + 紫 = 带红的暗灰紫。

在使用色相修饰语时有一定的适用范围，一般不能修饰相反色相和相同色相的基本色名。例如带绿的红色实际不存在，带绿的绿色也不合理。

2. 颜色的习惯命名

以花、草、树木、果实的颜色命名。例如玫瑰红、桃红、草绿、荷叶绿、橄榄绿、檀紫、竹叶绿、苹果绿、葱绿、橙黄等。

3. 以动物的特色命名

例如鹅掌黄、鼠背灰、鸽灰、孔雀蓝、蟹青等。

4. 以天、地、日、月、星辰、山水、金属、矿石的颜色命名

例如天蓝、土黄、月灰、水绿、金黄、银灰、石绿、翠绿、钴蓝、铅白、锌白、湖蓝、石青等。

5. 以染料或颜料色的名称命名

例如苯胺紫、甲基红等。

6. 以形容色调的深浅、明暗等形容词命名

例如朱红、蓝绿、紫灰、明绿、鲜红等。

7. 以古今中外词汇中常用的抽象名词或形容词命名

例如枯绿、满江红等。习惯称呼的颜色名称有酱紫、肉色等。

技能学习与考核

各汽车涂料生产商和汽车制造商提供的技术资料不同，获取具体车型的颜色配方方法也有所不同。

一、查阅汽车制造厂提供的技术资料获取配方

对于部分车型,可以通过原厂提供的涂装资料,来确定涂料的品种、涂层层次关系,确定相配套的修补所需涂料及涂装工艺等;但对于部分车型尤其是大部分进口车型,由于品种复杂,车身涂层资料往往很难获得。

二、从色卡上直接获取配方

1. 查找汽车涂层颜色代码

对于大部分车型,特别是进口车型,车身铭牌上都标有涂层的代码。涂层代码标明了该车车身及其某些部位的涂层的代码。根据这一代号通过胶片、色卡或电脑资料即可找到涂层信息。所以通常在进行调漆之前,都要在车中找到所需颜色的编号。

各汽车公司生产的不同型号汽车,其油漆代码标注位置也不相同。例如,查找宝马汽车油漆代码时,通常在发动机舱左(右)前纵梁附近或水箱支架上,如图3-1-10所示,从图上可以看到其油漆代码为303。

图3-1-10 宝马车的油漆代码标注位置

注意: 同一辆车上,可能会在不同的位置均能找到油漆代码,查阅时应仔细观察,最好查阅该车的维修手册以确认。通常在汽车铭牌上的油漆代码为主车身颜色代码,其他位置可能会表示车身的其他部位的颜色代码(如保险杠、内饰、仪表台等)。

2. 获取配方

1)有颜色代码时配方的获取

如果能够找到涂层颜色代码(例如查得代码为A4D),则按下述程序获取配方(以德国鹦鹉漆为例)。

(1)按所查得的油漆代码A4D,找到相应的色卡组(色卡扇)。

(2)将要修补区域附近并且颜色一致处用抛光蜡抛光,如图3-1-11所示。

图3-1-11 抛光

（3）从色卡组中找到 A4D 的色卡。

（4）将所选的色卡与车身颜色相对比，如果颜色很接近，则选定该张色卡；如果所选的色卡颜色与车身颜色差别较大，可在 A4D 色卡的差异色（相似色）中找到最接近的色卡。

（5）从色卡的背面读取配方，并根据实际需要调配的油漆量，重新计算配方。如需要调 0.1 升 A4D 油漆的配方，见表 3-1-5。

表 3-1-5 A4D 油漆配方

颜色代号：A4D/北极白（偏深黄）			
车型：马自达 6			
色母	1 L 累积/g	1 L 单量/g	0.1 L 单量/g
522 - M0	198.4	198.4	19.8
22 - M60	1 169.2	970.8	97.1
22 - A105	1 227.1	57.9	5.79
22 - A126	1 266.4	39.3	3.93
22 - A131	1 278.1	11.7	1.17

参考色卡时需要注意：

①所有色卡都是用自动喷涂机喷涂的，喷涂的效果与手工喷涂的效果肯定不同。但由于手工喷涂的灵活性，有时可以通过施工者改变喷涂的方式，就能得到色卡所显示的颜色。

②在比较色卡和车身颜色时要考虑到所有造成误差的因素，因为一个色卡与车身完全相符的情况发生的概率非常低。

③调配素色漆时，选择色度和明度比车身颜色高的色卡，在这个色卡的配方基础上调色，因为素色漆很容易从鲜艳、明亮向灰暗方向调整；调配金属（珍珠）漆时，找一个侧面稍暗的色卡或一个正面偏亮、侧视偏暗的色卡，在这个色卡的配方基础上调色，很容易通过加大控色剂或白色把颜色校正过来。

2）没有颜色代码时配方的获取

（1）选出有关的汽车制造商色卡盒（图 3-1-12）。

图 3-1-12 选出汽车制造商色卡盒

(2) 选出与车身颜色相似的颜色色卡组（图3-1-13）。

(3) 用颜色近似的色卡逐一与车身对照，选出最吻合的颜色（图3-1-14）。

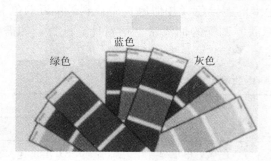

图3-1-13 选出合适的颜色组别

图3-1-14 对照车身选出最吻合的颜色

(4) 从色卡背面读取配方。

三、利用电脑获取配方

1. 基本操作步骤

(1) 查阅汽车车身上的颜色代码（或利用色卡获得代码）。

(2) 启动电脑中的调色软件。

(3) 根据显示屏幕界面提示输入颜色代码。

(4) 屏幕界面将显示颜色配方。

2. 操作方法

下面以施必快 CR-PLUS 系统为例，介绍利用电脑查阅配方的操作程序。

(1) 从汽车（或随车手册）中找出汽车的颜色代码（如 LY7W）。

(2) 鼠标左键双击桌面 Crplus 快捷方式，进入主页面（图3-1-15）。系统提供三种查询方法，即普通查询、特殊查询和测色仪查询，在界面上有相应的三个按钮。通常情况下选用普通查询。左键单击"Global Search"或按"F2"键进入颜色配方界面。

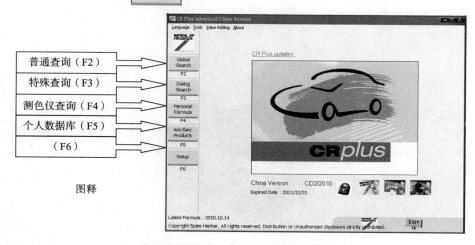

图3-1-15 Crplus 主页面窗口

（3）在颜色配方界面上（图3－1－16），按色号查询：在“颜色代号”处，输入色号“LY7W”，然后单击“继续”。

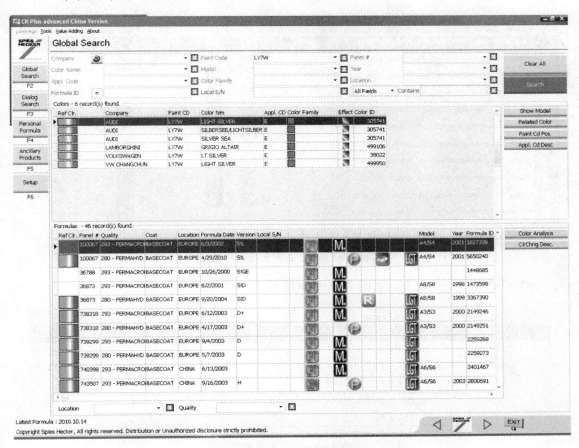

图3－1－16　颜色配方界面

（4）在出现的汽车生产商选择界面（图3－1－17）上选择汽车生产商，然后单击“继续”按钮。

Colors - 6 record(s) found.

Ref Clr.	Company	Paint CD	Color Nm	Appl. CD	Color Family	Effect	Color ID
	AUDI	LY7W	LIGHT SILVER	E			305741
	AUDI	LY7W	SILBERSEE/LICHTSILBER	E			305741
	AUDI	LY7W	SILVER SEA	E			305741
	LAMBORGHINI	LY7W	GRIGIO ALTAIR	E			499106
	VOLKSWAGEN	LY7W	LT SILVER	E			38022
	VW CHANGCHUN	LY7W	LIGHT SILVER	E			499950

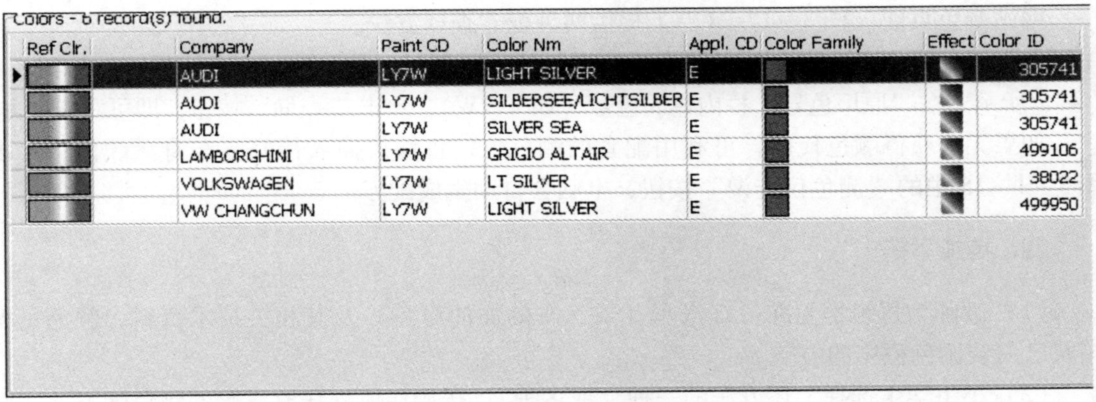

图3－1－17　汽车生产商选择界面

（5）在出现的差异色选择界面上（图 3－1－18）选择需要的差异色配方，然后单击“继续”按钮。

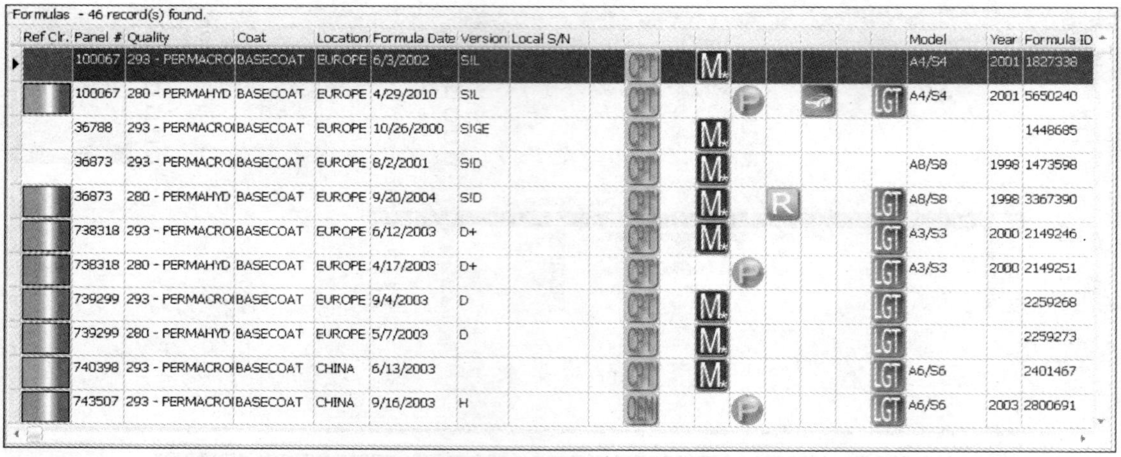

Formulas - 46 record(s) found.

Ref Clr.	Panel #	Quality	Coat	Location	Formula Date	Version	Local S/N							Model	Year	Formula ID
	100067	293 - PERMACROI	BASECOAT	EUROPE	6/3/2002	S!L		CPT	M					A4/S4	2001	1827338
	100067	280 - PERMAHYD	BASECOAT	EUROPE	4/29/2010	S!L		CPT		P			LGT	A4/S4	2001	5650240
	36788	293 - PERMACROI	BASECOAT	EUROPE	10/26/2000	SIGE		CPT	M							1448685
	36873	293 - PERMACROI	BASECOAT	EUROPE	8/2/2001	S!D		CPT	M					A8/S8	1998	1473598
	36873	280 - PERMAHYD	BASECOAT	EUROPE	9/20/2004	S!D		CPT	M		R		LGT	A8/S8	1998	3367390
	738318	293 - PERMACROI	BASECOAT	EUROPE	6/12/2003	D+		CPT	M				LGT	A3/S3	2000	2149246
	738318	280 - PERMAHYD	BASECOAT	EUROPE	4/17/2003	D+		CPT		P			LGT	A3/S3	2000	2149251
	739299	293 - PERMACROI	BASECOAT	EUROPE	9/4/2003	D		CPT	M				LGT			2259268
	739299	280 - PERMAHYD	BASECOAT	EUROPE	5/7/2003	D		CPT	M				LGT			2259273
	740398	293 - PERMACROI	BASECOAT	CHINA	6/13/2003			CPT	M				LGT	A6/S6		2401467
	743507	293 - PERMACROI	BASECOAT	CHINA	9/16/2003	H		OEM		P			LGT	A6/S6	2003	2800691

图 3－1－18　差异色选择界面

（6）获得所需要的配方，如图 3－1－19 所示。

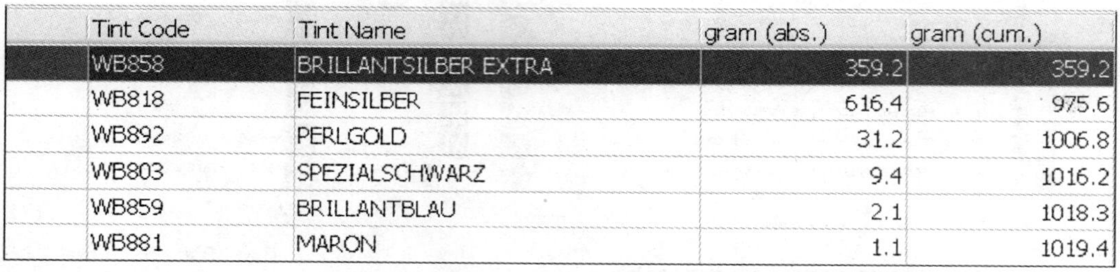

Tint Code	Tint Name	gram (abs.)	gram (cum.)
WB858	BRILLANTSILBER EXTRA	359.2	359.2
WB818	FEINSILBER	616.4	975.6
WB892	PERLGOLD	31.2	1006.8
WB803	SPEZIALSCHWARZ	9.4	1016.2
WB859	BRILLANTBLAU	2.1	1018.3
WB881	MARON	1.1	1019.4

图 3－1－19　配方显示

注：第一栏为色母代号；第二栏为色母名称；第三栏为称量质量；第四栏为累计质量

另外，也可通过相关的网站查阅配方。如在网页浏览页面输入施必快颜色网站地址 www. asiacolornet. com，即可进入其颜色网站，显示如图 3－1－20 所示的界面。

网站颜色页面（图 3－1－21）上提供两种配方查询方法。

如在颜色查询主界面上单击“全面查询”项，出现相应的颜色配方查询界面，如图 3－1－22 所示。在“原厂色号”栏内输入色号（如 LY7W），单击“查询”按钮，即可获得配方。

如果无法获得颜色代码，可利用配套的测色仪，将探头插入待修复车身漆膜内，单击图 3－1－15 中的“测色仪查询”按钮，电脑会自动生成配方。

四、技能考核

（1）教师为每组学生准备好汽车（或汽车的加油口盖）及其相关技术资料、颜色资料箱及已安装调色程序的电脑。

（2）小组学生选择上述方法的一种（或多种），按操作流程获取汽车的颜色配方，同时完成表 3－1－6 所示的工作单。

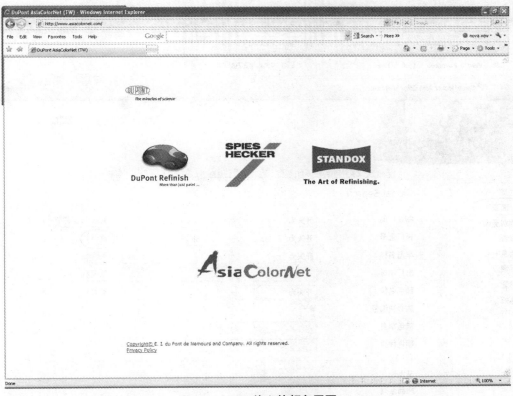

图 3-1-20 施必快颜色网页

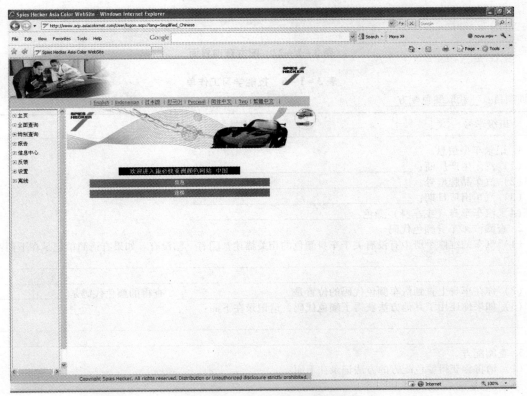

图 3-1-21 颜色查询主界面

图 3-1-22 配方查询界面

表 3-1-6 技能学习工作单

实训项目：___获取颜色配方___

班级学号		姓 名	
1. 记录车型信息。 （1）汽车生产厂商：_____。 （2）汽车品牌型号：_____。 （3）汽车出厂日期：_____。 （4）汽车车身（主车身）颜色：_____。 2. 查阅汽车车身颜色代码。 （1）汽车的维修手册中有没有关于车身颜色的相关描述？□有　□没有。如果有请简单记录在下面： _____。 （2）你在车身上查到汽车颜色代码的位置是_____。查得的颜色代码是_____。 （3）如果你还用了其他方法获得了颜色代码，请记录在下面： _____。 3. 查阅配方。 （1）请将你获得颜色配方的方法记录在下面： _____。			

续表

（2）请将你获得的颜色配方记录在下面：
_____
_____
_____
_____
_____
_____。

（3）根据老师要求的调漆量，请将你重新计算的配方记录在下面：
_____
_____
_____
_____
_____
_____
_____
_____。

4. 上述操作过程中，你遇到了哪些困难？是如何解决的，请记录在下面：
_____
_____
_____。

5. 个人技能掌握程度：非常熟练□　比较熟练□　一般熟练□　不熟练□

教师评语：

　　　成绩_____（10分制）　　教师签字_____　　_____年____月____日

（3）教师观察学生学习过程，最后审阅学生完成的工作单，给出评价。

任务3-2　素色漆的调色

（1）能够正确解释颜色的同色异谱现象。
（2）能够正确描述素色漆光谱特性。
（3）能够正确描述压缩空气喷涂系统的组成与工作原理。
（4）能够正确描述喷涂操作要领。
（5）能够正确描述涂料的干燥方式。
（6）能够正确描述调色的次序。
（7）能够正确描述调色工艺程序。
（8）能够利用色卡进行素色漆的调色。
（9）能够注意培养良好的安全卫生习惯、环保及团队协作意识。
（10）能够检查、记录和评价工作效果。

由于素色漆中不含有金属粉粒（铝粉、云母粉等），所以漆面色彩呈单一性，从各角度观察基本一致，故素色漆的调色工作难度也相对简单。

本任务主要学习素色漆的调色方法。

一、颜色的同色异谱现象

当一对颜色在某一光源下，所呈现的颜色是相同的，而在另外的光源下，其呈现的颜色有差异，此现象称为同色异谱（亦称为照明体同色异谱）。如果颜色不匹配是由观察者的变化所引起，则产生的现象称为观察者同色异谱；如果一对颜色在某一检测角度下相匹配，但角度改变则不相匹配，这种现象称为几何同色异谱。例如，在 D65 光源下对比两块板，颜色一致，而在荧光灯下却出现明显的色差，这就是典型的照明体同色异谱，如图 3-2-1 所示。产生照明体同色异谱现象的根本原因是对比的两个物体的颜色构成不同。

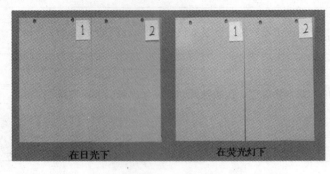

图 3-2-1　照明体同色异谱现象（见彩图 83）

人们遇到的物体常处在各种不同光源的照明下，最重要的光源是日光和灯光。照明光源不同，物体的颜色就会有差异，为了统一测量标准，CIE 规定了标准光源。CIE 对颜色的评价是在它规定的光源下进行的。D65 光源、A 光源、F 光源等为 CIE 规定的标准光源。所以在天气情况良好的前提下，调色的最佳时间是上午 10 点到下午 3 点这段时间。当太阳光线的条件不具备，而还需要调色时就要使用 CIE 规定的标准光源进行对比，以确定是否存在同色异谱现象，使所调颜色尽可能准确。

二、素色漆光谱特性

在汽车涂装中，汽车面漆的颜色可分为两大类：素色（也称为本色、纯色）和金属色（也称为闪光色）。素色按其色彩又可分为有彩色（指红、黄、蓝、绿等带有颜色的色彩）和无彩色（指白、灰、黑等不带色彩的色彩）。闪光色也可细分为金属闪光色和珠光色，并有彩色化的倾向。

素色面漆是用一般着色颜料配制的面漆，其着色均一，涂膜不透明。光线照射到素色漆涂膜表面，颜料对其选择性吸收后，再经过颜料颗粒散射到各个方向，如图 3-2-2 所示。只要在入射光的一侧观察，观察的角度对颜色影响不大。一般取 45°角作为对比颜色的观察角度。

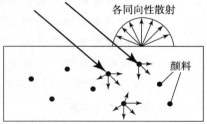

图 3-2-2　素色漆光谱特性

三、压缩空气喷涂系统

空气喷涂法就是以压缩空气的气流为动力,以喷枪为用具,使涂料从喷枪的喷嘴中喷出呈漆雾而涂布到工件表面的一种施工方法,它是一种最为常用的喷涂方法。

1. 空气喷涂的特点

优点主要是:设备简单,容易操作,能够获得厚薄均匀、光滑平整的涂层膜,使有缝隙、小孔的物件,以及倾斜、弯曲的地方均能喷到。它的适应性强,大部分涂料品种都可用此法施工,对快干漆更为适用。其工效比刷涂高 5~10 倍。

缺点是:涂料有效利用率低,有相当一部分的涂料随溶剂在空气中飞散,飞散的漆雾污染环境,对人体有害,且易造成火灾,甚至发生爆炸,故需要有良好的通风设备;一次喷涂所形成的漆膜较薄,但随着新型喷枪的出现,这些缺点在逐渐改进。

2. 空气喷涂的基本原理

典型喷枪空气喷涂的基本原理见图 3-2-3。当扣动扳机时,压缩空气经接头进入喷枪从空气喷嘴急速喷出,在喷嘴的出口处形成低压区,漆壶盖上有小孔使漆壶内与大气相通,漆壶气压始终等于大气压。这样,在压力差的作用下使涂料从喷嘴喷出,并被压缩空气吹散而雾化,喷到工件上实现空气喷涂。空气喷涂是当前车身修补中应用最广的一种方法。

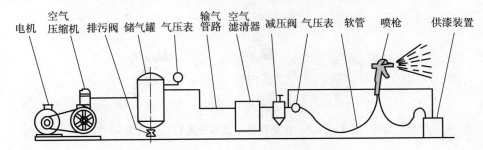

图 3-2-3 空气喷涂基本原理

3. 喷枪

1) 喷枪的品种

喷枪的种类和型号很多,各家涂装设备制造公司的命名方法和分类有所不同,常用的分类方法有按涂料供给方式、按涂料雾化技术和按用途等三种方法。

(1) 按涂料供给方式分类。按此方法,可分为重力式、虹吸式和压送式三种类型,如图 3-2-4 所示。

重力式(上壶)　　虹吸式(下壶)　　压送式(压力罐)

图 3-2-4 按涂料供给方式分类的三种喷枪

①重力式（上壶式）喷枪。涂料杯位于喷枪喷嘴的后上方，喷涂时利用涂料自重及涂料喷嘴尖端产生的空气压力差使涂料形成漆雾。杯内涂料黏度的变化对喷出量影响小，而且杯的角度可由漆工在一定范围内调节，但是它的容量较小（约0.5 L），仅适用于小物件涂装，且随着杯内涂料的减少，喷涂稳定性降低，同时不宜仰面喷涂。

②虹吸式（下壶式）喷枪。涂料杯位于喷枪嘴的后下方，喷涂时利用气流作用，将涂料吸引来，并在喷嘴处由压力差而形成漆雾。喷涂时出漆量均匀稳定。大面积喷涂时可换掉涂料杯，抽料皮管直接从容器中抽吸涂料连续工作，但当黏度变化时易引起喷出量的变化。

③压送式喷枪。涂料喷嘴与气帽正面平齐，不形成真空。漆料被压力压向喷枪，压力由一个独立的压力瓶（罐）提供。它适合连续喷涂，喷涂方位调整容易，涂料喷出量调整范围广。缺点是需要增添设备，清洗麻烦，稀释剂损耗大，不适合汽车修理厂修补漆方面应用。

（2）按涂料雾化技术分类。按此种分类方法，可分为高气压、低流量中气压和高流量低气压三种，如图3-2-5所示。此三种喷枪在外形上没有多大区别，只是在内部结构上会有所不同，从而产生不同的雾化效果，并且为便于区别，也会在外形和颜色设计上有所不同。

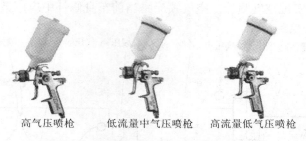

高气压喷枪　　低流量中气压喷枪　　高流量低气压喷枪

图3-2-5　按涂料雾化技术分类的三种喷枪

高气压喷枪，即为传统喷枪，其雾化气压较高，耗气量大，上漆率低。高流量低气压喷枪也称为HVLP喷枪，其雾化气压低，上漆率高（在65%以上）。低流量中气压喷枪的各项性能居中。表3-2-1所示为以上三种喷枪的使用技术参数差异比较。

表3-2-1　三种喷枪的使用技术参数差异比较

技术参数	雾化技术 雾化方式	传统（高压）	RP（中压）	HVLP（低压）
		气压雾化	气压、气流雾化	气流雾化
进气压力/bar[①]		3~4	2.5	2
雾化压力/bar		2~3	1.3	0.7
耗气量/(L·min^{-1})		380	295	430

注：1 bar = 10^5 Pa。

（3）按用途分类。按此种分类方法，可分为底漆用喷枪、中涂用喷枪、面漆用喷枪、清漆用喷枪、金属漆专用喷枪、小修补用喷枪等。图3-2-6所示为SATA minijet4 HVLP型小修补喷枪的外形图，其特点是体积小，操作方便，备有标准的喷嘴及独特的SR喷嘴，喷嘴采用空气扰流原理设计，采用较低的气压即可达到较好的雾化效果，特别适合小面积修补使用。

图3-2-6 小修补喷枪

2）喷枪的雾化原理

空气喷枪是指利用空气压力将液体转化为液滴的喷涂工具，该过程称为雾化。雾化过程就是喷枪工作过程，雾化使涂料成为可喷涂的细小且均匀的液滴。当这些小液滴被以正确的方式喷到汽车表面后，就会结合形成一层厚度极薄的像镜子一样平整的膜。

雾化分以下三个阶段进行（图3-2-7）：

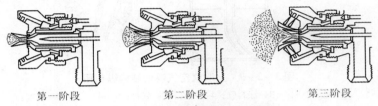

图3-2-7 雾化的三个阶段

第一阶段，涂料从喷嘴喷出后，被从环形口喷出的气流包围，气流产生的气旋使涂料分散。

第二阶段，涂料的液流与从辅助孔喷出的气流相遇时，气流控制液流的运动，并进一步使其分散。

第三阶段，涂料受到从空气帽喇叭口喷出的气流作用，两股气流从相反的方向冲击涂料，使其成为扇形漆雾。

3）喷枪的组成及各部分的作用

虽然不同的喷枪有许多通用的零部件，但每种类型或型号的喷枪只适用于一定范围的作业。选择合适的工具是以最短时间高质量完成作业的保证。

典型的喷枪由枪体和喷枪嘴组成，如图3-2-8所示。枪体又分空气阀、漆流控制阀、

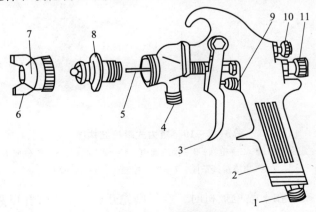

图3-2-8 典型喷枪构造

1—压缩空气进气阀；2—手柄；3—扳机；4—控漆阀；5—顶针；6—气帽角；7—气帽；
8—涂料喷；9—空气阀；10—雾形控制阀；11—漆流控制阀

雾形控制（即漆雾扇形角度调节）阀、控漆阀、压缩空气进气阀、扳机、手柄等。喷枪嘴由气帽、涂料喷嘴、顶针组成。

图3-2-9所示为上吸式空气喷枪的结构纵剖图。

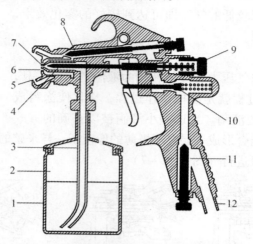

图3-2-9　上吸式空气喷枪结构纵剖图

1—涂料；2—杯；3—涂料管；4—针阀；5—侧孔；6—中心孔；7—喷嘴；
8—扇形调整阀；9—涂料控制旋钮；10—空气阀；11—空气调节阀；12—气嘴管

重力式喷枪的结构与虹吸式相似，结构如图3-2-10所示。

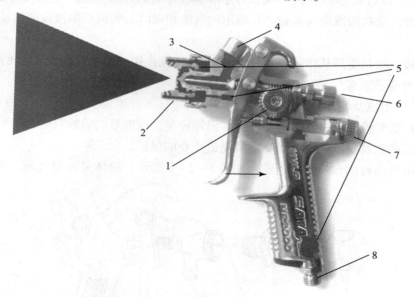

图3-2-10　重力式喷枪结构图

1—扇面调节阀；2—枪帽；3—油漆通道；4—漆壶接口；5—空气通道；
6—出漆量调节阀；7—气压控制阀；8—进风口

扳机为两段式转换，扣下喷枪扳机时，空气阀先开放，从空气孔以高速喷出的压缩空气在涂料喷嘴前面形成低压区，再用力扣下时，涂料喷嘴打开，吸引涂料。

喷枪中压缩空气及涂料的流动路线如图3-2-11所示。

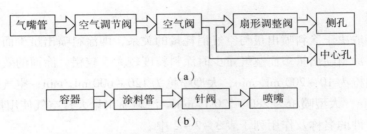

图 3-2-11 喷枪中压缩空气及涂料的流动路线
(a) 空气流动路线；(b) 涂料流动路线

气帽把压缩空气导入漆流，使漆流雾化，形成雾形。涂料喷嘴上有很多小孔，如图 3-2-12 所示，每个小孔的作用都不同。

主雾化孔也称为主空气孔，作用是形成真空，吸出漆液，通常喷枪的口径就是指主空气孔的直径。扇幅控制孔也称为角孔，一般有 2~4 个，它借助空气压力控制雾束形状，若雾形控制阀关上，雾束呈圆形；若雾形控制阀打开，雾束呈扁椭圆形。辅助雾化孔也称为侧孔，一般有 4~10 个，它促进漆液雾化。各孔的排列方式有多种，如图 3-2-13 所示。

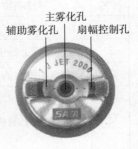

图 3-2-12 气孔的名称

辅助空气孔对喷枪性能有明显影响，如图 3-2-14 所示。孔大或多，则雾化能力强，能以较快的速度喷涂大型工件；孔小或少，则需要的空气少，雾形小，涂料雾化程度差，喷涂量小，但便于小工件的喷涂或低速喷涂。

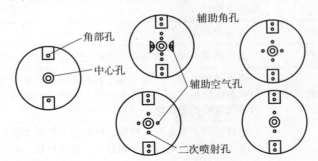

图 3-2-13 空气帽气孔排列

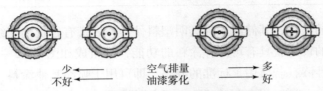

图 3-2-14 辅助孔的大小与喷枪工作性能的关系

顶针和涂料喷嘴的作用都是控制喷漆量，并把漆流从喷枪中导向气流。涂料喷嘴内有顶针内座，顶针顶到内座时可切断漆流。从喷枪喷出的实际漆量由顶针顶到内座时涂料喷嘴开口的大小决定。控制阀可以改变扳动扳机时顶针离开其内座的距离。

涂料喷嘴有各种型号，可以适应不同黏度的涂料。涂料喷嘴的口径越大时涂料喷出量越大，因此防锈底漆等下层涂装用大口径的涂料喷嘴。在选择喷枪喷嘴口径时，应查阅涂料制造商的产品说明。

喷枪的性能取决于涂料喷出量与空气消耗量的关系,即涂料喷出量少而空气消耗量大时涂料粒度较小,涂料喷出量多而空气量少时涂料粒度较大、较粗,涂面的效果较差。通常涂料喷出量小型喷枪为 10~200 mL/min,大型喷枪为 120~600 mL/min;空气使用量小型喷枪为 40~290 L/min,大型喷枪为 280~520 L/min。涂料喷出量大,空气使用量越大。

喷枪主要零件的名称及作用列于表 3-2-2 中。

表 3-2-2 喷枪主要零件的名称及作用

序号	零件名称	作用
1	气帽	把压缩空气导入漆流,使漆液雾化,形成雾形
2	涂料喷嘴上的中心孔	形成真空,吸出漆液
3	涂料喷嘴上的侧孔	借助空气压力控制雾束形状
4	涂料喷嘴上的辅助孔	①促进漆液雾化 ②孔大或多,则雾化能力强,能以较快的速度喷涂大型工件 ③孔小或少,则需要的空气少,雾形小,喷涂量小,便于小工件的喷涂或低速喷涂
5	雾形控制阀	①控制阀关上,雾束呈圆形 ②控制阀打开,雾束呈扁椭圆形
6	顶针	控制液体涂料喷离喷嘴的流量。喷涂时,通过扳机的动作来控制。连接顶针的尾部有一个螺母,用以调节顶针的伸缩幅度,这是喷枪调整的最基本操作
7	顶针填料套	起密封作用
8	顶针弹簧	当扳机放开时,将顶针压进喷嘴,封闭喷嘴,控制液体涂料的流动
9	漆流控制阀	当扳动扳机时,控制液体涂料的流量。当其全关时,即使扣死扳机也没有液体涂料流出。当其全开时,液体涂料的流量最大。这是调节喷枪的最为重要的元件之一
10	空气阀	空气阀的开关由扳机控制。打开空气阀所需的扳机行程可由一个螺钉控制。开始扣扳机时空气阀打开,再扣扳机,喷漆嘴打开
11	扳机	扳机用来控制空气和液体涂料的流量。扣动扳机时,最先启动的仅仅是空气,然后才带动顶针运动,开启漆流控制阀,使液体涂料喷出

还有一种类型的喷枪,其储液壶为透明塑料件,外表带有容量刻度线,可以指导涂料的调制。储液壶本身的设计就具有可储存涂料的功能,其组成如图 3-2-15 所示。这类喷枪通常适用于喷涂水性漆,若换用了标准的滤塞,即可用于喷涂其他涂料。

(①壶、②壶盖、③滤网、④两个防滴漏塞)

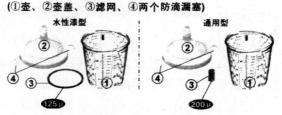

图 3-2-15 SATA SPR 型喷枪的储液壶组成

4. 压缩空气供给系统

压缩空气供给系统用于提供充足的达到预定压力值的压缩空气，以确保喷涂车间所有的气动设备都能有效地工作。系统的规格从小型的便携式装置到大型的安装在车间内的设备应有尽有。这些系统的基本配置和安装要求都有以下相同点：一台或一组空气压缩机；动力源一般为电动机，室外工作时可使用便携式汽油机驱动的压缩机；一只或一组用于调节压缩机和电动机工作的控制器；规格合适的储气罐或容器；分配系统是指从空气容器到需要压缩空气的分配点的软管和固定管道，或者软管和固定管道的组合，包括规格合适的软管或固定管道、接头阀、油水分离器、气压调节器、仪表和其他能使特定的气动工具以及喷涂设备有效工作的空气与流体控制装置，是压缩空气系统连接的关键。

四、喷漆室

如果没有一个符合要求的喷漆室，即使拥有经验丰富、技术熟练的高级喷漆技师、效果良好的喷枪、高品质的汽车修补涂料等，仍可能出现意想不到的质量问题。其主要原因是，在汽车修补工作中，最棘手的事情是如何避免在涂装过程中，空气中的灰尘黏附到刚刚喷涂完成但尚未达到表干的涂层上。如果涂层表面黏附有粒径在 $\phi 1mm$ 以上的颗粒，这些点肉眼都能很容易分辨出来，这将给喷漆质量带来影响。同时漆雾无法排除，严重影响操作人员的身体健康。所以，设立喷漆室的主要目的是提供干净、安全、照明良好的喷漆环境，使喷漆过程不受灰尘的干扰，并把挥发性漆雾限制在喷漆室内。

汽车维修企业所采用的喷漆房通常为集喷漆与烤漆为一体的喷烤两用房，是采用高能钢组件式房体、无接缝式无机过滤棉，配合进风过滤系统及正风压，确保进入房内的空气得到良好的净化。全自动循环进风活门使烤漆时的热空气，以循环方式在烤漆房内循环，配合房体的夹心式隔热棉，可获得良好的升温及保温效果。烤漆房还采用无影灯式日光照明光管，色温与太阳光线极为接近，使颜色校对更准确。全自动操作控制仪表一经预调，便能自动提供适当的喷漆、挥发、烘烤、冷却等工序所需的时间及温度。

喷烤两用房当作喷漆室时，室内温度可控制在 20 ℃ ~22 ℃。同时从顶棚送下暖空气，空气流速为 16~40 m/min，顺重力方向至底部并被抽出，经排风系统分离出漆雾和空气后排出室外。

喷漆完毕后的工件静置 10 min 左右后，随即进行加温。送进经热能转换器加温的热空气，使房内温度达到指定的烘烤温度。空气流速为 3 m/min 左右（流速太高，会引起漆膜出现小凸泡）。此时气流为封闭式循环系统，空气为加速工件干燥做重复循环。

在喷烤两用房中有的还配备活动旋转台、轨道式拖车系统，便于操作人员喷涂施工、烘烤，以及加速车辆的进出。一间喷烤两用房每天可喷烤 7~9 辆车。图 3 - 2 - 16 所示为一种喷烤两用房外形图，其结构示意图如图 3 - 2 - 17 所示。

对于车身的局部烘烤，常采用红外线烤灯。红外线烤灯也称为 IRT 灯，通常由 1~4 个短波（或中波）红外线灯管组合而成，其可移动的特点非常适合车身任何

图 3 - 2 - 16 喷烤两用房外形图

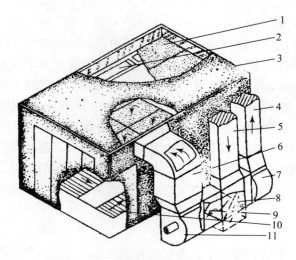

图 3-2-17 热空气对流式喷烤两用房

1—顶部过滤网；2—日光灯；3—房体；4—排气管；5—进气管；6—加热器；7—排风机；
8—工作状态选择活门；9—二次过滤网；10—底沟；11—进气机

部位的局部烘烤。图 3-2-18 为一种典型的红外线烤灯外形图。

五、喷涂操作要领

1. 喷枪与工件表面的角度

喷枪与工作表面必须保持垂直（90°），如图 3-2-19 所示。

图 3-2-18 红外线烤灯

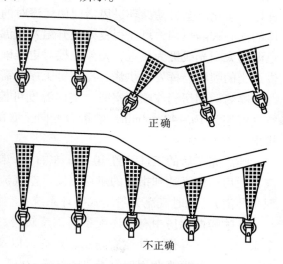

图 3-2-19 喷枪与工件表面的角度

即使对于弧形表面，也应掌握这一要领，如图 3-2-20 所示。

绝对不可由手腕或手肘做弧形摆动，如图 3-2-21 所示。

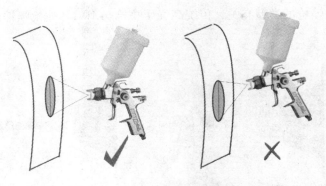

图 3-2-20　弧形表面喷涂要领

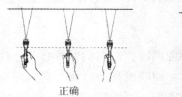 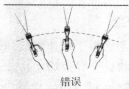

正确　　　　　　　　　错误

图 3-2-21　喷枪的运行

2. 喷枪嘴与工件表面的距离

正常的喷涂距离应与喷枪的气压、喷枪的扇面调整大小以及涂料的种类相配合。一般喷涂距离为 20 cm 左右（可按涂料供应商提供的工艺条件操作）。实际距离可通过对贴在墙上的纸张试喷而定，如图 3-2-22 所示。如果喷涂距离过短，喷涂气流的速度就较高，从而会使涂层出现波纹；如果距离过长，就会有过多的溶剂被蒸发了，导致涂层出现橘皮或发干，并影响颜色的效果。

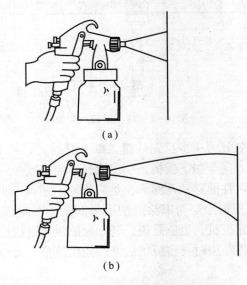

图 3-2-22　喷枪与工件表面的距离

(a) 涂料堆积；(b) 喷雾落到喷涂表面时已经无力

喷涂距离还与喷枪的类型有关，传统高气压喷枪与 HVLP 喷枪喷涂距离的差别如图 3-2-23 所示。

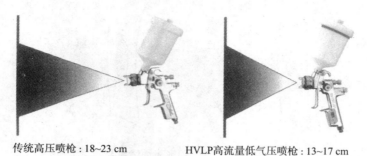

传统高压喷枪：18~23 cm　　　　HVLP高流量低气压喷枪：13~17 cm

图 3-2-23　传统高气压喷枪与 HVLP 喷枪喷涂距离的差别

3. 喷枪的移动速度

喷枪的移动速度与涂料干燥速度、环境温度、涂料的黏度有关，约以 30 cm/s 的速度匀速移动。喷枪移动过快，会导致涂层过薄，而喷枪移动过慢，会出现流挂的现象。另外，喷枪的移动速度还与所喷涂料的固体成分含量（或黏度）有关，固体成分含量高的涂料，移动速度可慢些。

4. 喷枪扳机的控制

扳机扣得越深，液体流速越大。为了避免每次走枪行将结束时所喷出的涂料堆积，有经验的漆工都要略微放松一点扳机，以减少供漆量，如图 3-2-24 所示。

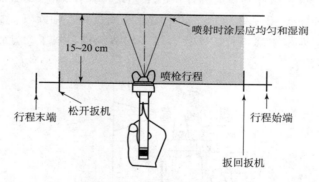

图 3-2-24　扳机的控制

扣扳机的正确操作一般分为 4 步：先从遮盖纸上开始走，扣下扳机一半，仅放出空气；当走到喷涂表面的边缘时，完全扣下扳机，喷出涂料；当走到另一头时，松开扳机一半，涂料停止流出；反向喷涂前再往前移动几厘米，然后重复上述操作步骤。

在"斑点"修补或者新喷涂层与旧涂层的边缘润色加工时都要进行"收边"操作。意思就是在走枪开始时不扣死扳机，也就是说，开始时的供漆量很小，随着喷枪的移动，逐渐加大供漆量，直到走枪行将结束时再将扳机放开，使供漆量大大减少，从而获得一种特殊的过渡效果。

5. 喷涂方法、路线的掌握

喷涂方法有纵行重叠法、横行重叠法、纵横交替喷涂法。喷涂路线应按从高到低、从左到右、从上到下、先里后外顺序进行。在行程终点关闭喷枪，喷枪第二次单方向移动的行程与第一次相反，喷嘴与第一次行程的边缘平齐，雾形的上半部与第一次雾形的下半部重叠，两次走枪重叠幅度应为 1/3 或 1/2 左右，如图 3-2-25 所示。

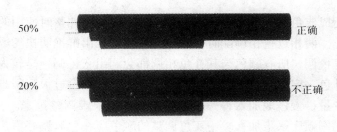

图 3-2-25 喷程的重叠方式

六、涂料的干燥方式

涂料的干燥成膜是指涂料施工后，由液态或黏稠状涂膜转变成固态漆膜的化学和物理变化过程。为了达到预期的涂装目的，除了合理地选用涂料，正确地进行表面处理和施工外，充分而适宜的干燥过程也是重要的环节。涂料的干燥方式主要有自然干燥、加速干燥和高温烘烤干燥3种。

1. 自然干燥

自然干燥也称空气干燥，它是指涂膜可以在室温条件下干燥，其干燥条件是温度为 15 ℃ ~ 20 ℃，相对湿度不大于80%。可自然干燥的涂料包括溶剂挥发型、氧化聚合型和双组分型涂料等。自然干燥型涂料由于在自然环境下就可以固化，对促进涂膜固化的设备要求不高或不要求，因此应用广泛。

2. 加速干燥

为了缩短涂装的施工周期，加快生产速度和效率，常常在自然干燥型涂料中加入适量的催干剂以促进固化。另一种加速干燥的方法是将自然干燥型涂料在 50 ℃ ~ 80 ℃ 低温烘烤。例如醇酸瓷漆在常温下完全干燥需要 24 h，而在 70 ℃ ~ 80 ℃ 时仅仅需要 3 ~ 4 h。适于低温烘烤加速干燥的涂料与一般自然干燥型涂料有一定的区别。由于涂料的主要成膜物质不同，有些树脂具有热塑性。即在常温下是固体性状，而加温到一定程度时会变软，恢复或部分恢复其可塑性。以这类树脂为主要成膜物的涂料，要加速干燥只能用加入催干剂的方法，而不能用低温烘烤的方法。

3. 高温烘烤干燥

有许多涂料在常温下是不能干燥结膜的，一定要在比较高的温度下如 120 ℃ ~ 180 ℃，涂料中的树脂才会在高温的作用下引起化学反应而交联固化成膜，这一类涂料称为热聚合型涂料。热聚合型涂料经烘烤干燥后的涂层在硬度、附着力、耐久性、耐腐蚀、抗氧化和保光、保色以及涂料的鲜映性等方面都要比自然干燥型和加速干燥型涂料要好得多，许多高品质、高装饰性的原厂涂层多用这种涂料。

自然干燥型和加速干燥型涂料由于干燥温度比较低，所以又称为低温涂料。在汽车修补涂装中由于车身上许多部件不耐高温的烘烤,所以通常采用低温涂料。而大型的汽车制造厂家在新车制造的自动喷涂流水线上通常使用高温烘烤型涂料。

七、调色的次序

以基本色调配成成色时,要首先找出主色,并依次找出调整时使用的其他颜色,最后才可加入补色和消色。两相近色相调配时,一般都可以调配出鲜艳明快的颜色,其颜色柔和协调。补色是调整灰色调,所有颜色与其补色相调都会调出灰色调,是较为沉着的色调,因此在调配颜色时,补色一定要慢慢地、少量地加入,否则加入量过大则很难再调整过来。消色同样也要慎重、少量、慢慢地加入,一次加入量过多也很难调整过来。复色调整时应将主、次色搞清楚,按比例顺序逐步加入。用实色调整的颜色应在色调调好后,再调明度,最后调整纯度,使颜色调配时有顺序、有层次、按步骤地进行,这样才能调得又快又准确。

当需要调配某种颜色的涂料时,首先应分析判断是由哪几种色漆组成的,哪种是主色,哪种是副色,拟出配方,再经过认真细致的小样调试对比,找出正确的配比情况,最后进行调配。

八、调色的工艺流程

调色的工艺流程如图3-2-26所示。

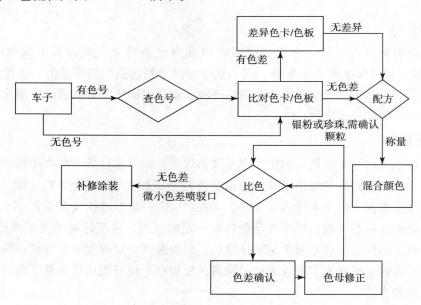

图3-2-26 调色工艺流程

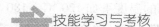

一、准备工作

1. 喷漆房的准备

典型的喷烤漆房控制箱面板,如图3-2-27所示。

图 3-2-27 喷烤漆房控制箱面板

1—电压表；2—温控仪；3—烘烤时间设定；4—电源指示灯；5—升温指示灯；
6—喷漆指示灯；7—烤漆指示灯；8—照明指示灯；9—电源开关；10—急停开关；
11—喷漆开关；12—烤漆开关；13—照明开关

（1）使用烤漆房首先要打开电源开关 9，电源指示灯 4 点亮，电压表显示 380 V。

（2）打开照明开关 13，照明指示灯 8 点亮，烤漆房内的光线应达到施工要求。

（3）常温喷漆时，顺时针旋转喷漆开关 11，需要加温喷漆时，逆时针转动开关 11，同时调整温控仪 2，设定恒定的喷涂温度到 18 ℃ 即可。

注意：喷漆完毕后风机应再工作 5 min，使烤漆房内的漆雾彻底排净。

2. 劳动安全与卫生

1）防火安全措施

（1）每个工作人员应会使用防火设备，懂得各种灭火方法。

（2）涂装场地严禁烟火，不准携带各种火种进入施工现场。

（3）擦拭涂料用的沾污棉丝、棉布等物品应集中，并应妥善存放在储有清水的密封桶中，不要放置在暖气管或烘房附近，以免引起火灾。

（4）施工操作时，应避免铁器之间敲打、碰撞、冲击、摩擦，以防发生火花而引起火灾。

（5）易燃物品如涂料、稀释剂等，应存放在储藏柜内，施工场地不得储存。

（6）清洗工具用后的稀释剂，应集中存放，不得倒入下水道或随意乱倒。

（7）各种电器设备开关非经允许，不得随意操作，有专人定期检查和维修。

（8）确保紧急通道、门窗等出口畅通。

（9）工作区域内不要存放太多的涂料，一般够半天使用的量即可。

2）个人劳动保护

调漆时应佩戴的劳动保护设备如图 3-2-28 所示。

3）发生意外情况的应对措施

（1）着火时。在安全距离内用灭火器灭火；对于一般的涂料着火，可以用水进行灭火。

（2）涂料撒落时。用膨胀云母（郅石、珍珠岩）吸收，然后用塑料板铲除，用大量的水冲洗。

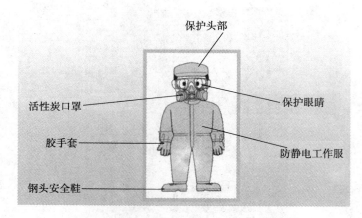

图 3-2-28　调漆时应佩戴的劳动保护设备

（3）皮肤接触涂料、溶剂等时。用肥皂水彻底清洗，涂抹羊毛脂的护肤膏。

（4）眼睛和嘴接触涂料、溶剂等时。立刻用水或5%的抗坏血酸钠或2%的苏打水冲洗，然后找医生。不要使用油膏和油类物质处理。

（5）过氧化物残渣处理。用膨胀云母吸收，然后小心焚毁，运离建筑物和可燃物。

3. 色母和工具准备

（1）色母已经搅拌均匀。

（2）色母的数量足够。

（3）调配涂料的罐是干净的。

（4）搅拌尺已准备好。

二、操作流程

1. 选择色母

在调漆架及其他存放色母和调色用品的地方，按已经获取的颜色配方的顺序准备好各色母。

2. 计量添加色母

（1）最好是在电子秤秤座上垫上一张纸，将调漆杯放于纸上。

（2）按配方所列色母的顺序添加色母，如色号为A4D的鹦鹉漆颜色配方，则按522-M0 → 22-M60 → 22-A105 → 22-A126 → 22-A131 逐一添加，如图3-2-29所示。

在添加色母时，最好首先倾斜漆罐，然后逐渐拉操纵杆，让色母慢慢倒出。如果先拉操纵杆，那么当漆罐倾斜时，可能有大量色母立即倒出。为了在倾斜末尾进行精细调整，也必须小心操作操纵杆，以控制色母流量，如图3-2-30所示。

虽然各种色母的质量因颜色而异，但是通常情况下，一滴色母的质量大约为0.03 g，三滴的质量在0.1 g左右。根据这一情况，在添加用量较少的色母时一定要仔细称重，尤其是色母量少的色母添加时更要注意。通过表3-2-3，不难发现用量少的色母的添加误差对颜色的影响很大。

图 3-2-29 计量添加色母

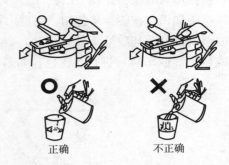

图 3-2-30 倾倒色母

表 3-2-3 称量误差为 0.1 g 时对配方的影响

色母	累积/g	单量/g	多加量/g	所占比例/%
M0	198.0	198.0	+0.1	0.050
M60	1 230.1	1 032.1	+0.1	0.009
A105	1 275.6	45.5	+0.1	0.220
M26	1 302.2	26.6	+0.1	0.380
M77	1 306.7	4.5	+0.1	2.222

在添加完所有色母后，要用搅拌杆或比例尺混合涂料，以产生均匀的颜色。如果涂料粘到容器的内壁，要用搅拌杆刮下涂料，以防产生色差。

注意： 如果配方中各色母给出的质量值不是累加值，则每次添加一种色母后，应将电子秤归零。除了第一个添加的色母外，如果添加了过多的色母，则需要重新调配，否则应进行麻烦的配方计算。

计量添加色母时应注意以下几点：

①有把握时可以一次调够数量，没有把握时先根据配方调出小样。

②对某个色母数量没有完全把握时，可以先少加点，即采用"宁少毋多"的原则。

③应该把电子秤放在稳定的桌面上，可以减少因为振动引起的误差。

④尽量减少空气对流而影响电子秤的准确，例如风、人员走动、门窗开关等。

⑤注意电子秤精度的影响。现在修补涂装用的电子秤精度都是 0.1 g，第二位的小数部分看不到，需要在心里估算。电子秤不具备四舍五入的功能，如 0.17 g，电子秤显示 0.1 g，所以实际的质量一般比显示的质量大。因此，在理论上要准确调配一个配方，每个色母的最小加入量应该在 0.5 g 以上，当配方量放大到 1 L 的配方时，颜色也是准确的。

⑥注意使用累积量和单量的区别。很多调漆人员习惯使用每次加完色母后电子秤不归零的方式。每次的误差不断积累起来后，后面所加的色母会偏少。如涂料的质量为 8.19 g，显示是 8.1 g，这时只要滴加一滴色母，电子秤立即显示 8.2 g。这种差量虽然不大，但在加入少量对颜色影响较大的色母时，误差就会很大。

3. 湿比色

将搅拌均匀的涂料涂在一纸板片上，在自然光下仔细观察颜色情况，充分运用之前所学的颜色基础知识与技能，从色相、明度、彩度三方面与待调配的标准色板进行比对，确定应补加的微调成分及其质量（做好记录）。也可以借助搅漆棒（或调漆比例尺）上黏附的涂料与标准色板（或车身）进行湿比色，如图3-2-31所示。

图3-2-31 湿比色

比色时需要注意以下几点：
① 在光线充足的地方，最好在室外不受日光灯、装饰物、树木的反射光影响的地方。
② 不要在阳光直射或光线不足时检查颜色。
③ 当不得不在日光灯或烤房内检查颜色时，注意分辨色差和颜色异构之间的区别。
④ 存在微小色差时，正确判断哪些是不得不微调的，哪些是可以利用喷涂方式解决的。
⑤ 充分考虑周围的影响因素，如墙壁、车辆；还要考虑车身修补区域的影响因素，如遮盖膜、氧化、老化、失光等。
⑥ 以第一次印象为准，盯视时间越长，越难以判断。
⑦涂料从湿色干燥后，颜色会变深。

4. 微调

（1）在电子秤上，按确定的微调成分逐项进行微调。
（2）在自然光下观察颜色微调情况，视必要再进行微调，直到感觉满意为止。

5. 调制涂料

为适应涂装要求，对于双组分涂料（2K型）应加入固化剂，然后根据涂料使用说明书的要求及环境温度的不同加入稀释剂进行稀释，以达到要求的施工黏度；对于单组分涂料（1K型）则直接加入稀释剂进行稀释。

涂料黏度的大小直接影响施工质量，黏度过高将会使表面粗糙不均、产生针孔和气孔等缺陷；黏度过低则会造成流挂、失光，使漆膜不丰满。不同的涂层对涂料的黏度要求也有所不同，所以，车身涂装作业中应根据技术要求调整黏度，并养成使用黏度计进行测量的习惯。

1）解读涂料技术说明

喷涂汽车修补面漆前，应详细解读其使用说明，以便充分了解其喷涂的技术要求。为了形象描述涂料的技术特点，各涂料生产商设计了一些技术说明图标，使用者必须看懂这些图标，才能快速准确地解读技术说明书。鹦鹉漆技术说明书图标如图 3-2-32 所示。

图 3-2-32　鹦鹉漆技术说明书图标

往复振动式打磨机/干磨

抛光

颜色

混合

在机器上搅拌

颜色检查

附件

驳口过渡

有限的遮盖力

配方已被修改

更适合全车喷

颜色不易调配

在偏差色配方

内部颜色

着色的原厂中涂颜色用于引擎室/后行李箱

轮缘和轮罩的颜色

配方使用的色母即将淘汰

多色调混合色

配方中含铅

纹理色

哑光色

可调色清漆

单层高光纯色或多层色底色

底涂

清漆

三层涂装

双色车身储存

装饰条

车顶色

附件颜色

需要防冻保护

于阴凉处储存

需防潮保护

使用后立即盖紧容器

储存寿命

图3-2-32 鹦鹉漆技术说明书图标（续）

鹦鹉牌 22 系列素色汽车修补面漆技术说明,见表 3-2-4。

表 3-2-4　德国鹦鹉牌 22 系列素色汽车修补面漆技术说明

技术说明		
		22 - VOC 3.5
		10/2006
		T
鹦鹉® 22 系列双组分高浓面漆,VOC 3.5		
应用:	高浓纯色面漆	
特性:	高固体组分,高效率,出色的耐候性,耐黄变性,高硬度,极佳的固化性,极佳的光泽和丰满的外观	
Remarks:	■ 根据外界温度维修板块的大小等条件选择稀释剂 ■ 不能单独使用,要和 522 - MC35 4:1 混合使用	
涂装工艺系统	S.10	
		可喷涂面积效率:475 m^2/L 1 μm
混合比例	根据颜色配方重量 2:1 +10%,用调漆比例尺 100% 体积比 22 系列	
固化剂	50% 体积比 929 - 55 或 929 - 56	
稀释剂	10% 体积比 352 - 91/ - 50/ - 216	
喷涂黏度 DIN4 20 ℃	20 ~ 24 s	活化时间(20 ℃):2 ~ 3 h
重力喷枪 喷涂压力	HVLP - 重力喷枪 1.2 ~ 1.3 mm 2.0 ~ 3.0 bar 0.7 bar 枪嘴压力	兼容喷枪 1.2 ~ 1.4 mm 2.0 bar
喷涂遍数	2 1/2 +1 在垂直表面施工 (层间不要求闪干)	膜厚:50 ~ 70 μm 膜厚:至少 50 μm
闪干时间 20 ℃	每层间:至少 5 min	
干燥　　20 ℃ 　　　　60 ℃	8 h 30 min	
红外烤灯(短波) 　　　　　(中波)	8 min 10 ~ 15 min	

续表

危险品标签需参照 EU MSDS
（易燃的流体和危险品）
这些产品仅适用于专业用途。要遵守涉及聚氨酯的工作指南。固体剂中含有异氰酸酯。请遵守"欧盟材料安全数据说明书"。请仅在通风良好的区域内使用，或佩戴送风呼吸装置。
本信息的目的是使您了解目前的技术发展状态（不承担责任）。请根据当地的使用条件和所使用的材料来适当调整我们产品的具体应用方法。使用时应采取安全预防措施。 必须尊重所有现有专利权。保留所有权利。

2）确定调漆比例

各成分的混合比例，一定要按涂料生产商技术说明书的要求确定。

从表3-2-4中可以查到，鹦鹉22系列素色面漆的调配比例为：主剂（色浆，即调好色的面漆）：固化剂（929-55或929-56）：稀释剂（352-91或325-50或352-216）= 2:1:10%。

3）确定调漆量

调漆量的多少，主要依据涂料技术说明规定的技术数据。如表3-2-4提示"可喷涂面积效率：475 m^2/L 1 μm"，即鹦鹉22系列素色面漆喷涂1 μm膜厚时，每升面漆可喷涂475 m^2。表中规定，该系列面漆在水平面（或接近水平面）需喷涂两层，总膜厚控制在50~70 μm。在垂直面需喷涂1/2+1层，即先薄喷1层（称为1/2层），然后再厚喷1层，总膜厚至少达到50 μm。

根据所要喷涂区域的估计面积及规定的总膜厚，即可估算出底漆的用量。

4）调制

（1）将比例尺放置于调漆杯内，用手扶正，如图3-2-33所示。

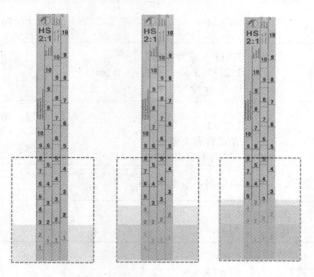

图3-2-33 用比例尺调制涂料

（2）选择标有2:1:10%的一面，假设底漆的用量为3，把底漆倒进容器至左边第一列刻度3，再将固化剂倒入至第二列刻度3，其比例刚好是2:1。

(3) 再加入稀释剂至第三列刻度虚线刻度3，则各成分的加入比例刚好是2:1:10%。
(4) 各成分加好后，一定要充分搅拌均匀。

调配单组分涂料时，根据涂料的种类和施工方式，同配套的稀释剂进行混合调配。先将底漆充分搅拌均匀，然后按工艺制定的黏度标准加稀释剂，然后搅拌均匀即可。

有些专用的调漆杯为透明的塑料，外表上有用于指示调漆的刻度，相当于比例尺，如图3-2-34所示，使用时加入各成分的量直接观察刻度即可。

图3-2-34 带刻度的调漆杯

通常的做法是将主剂和固化剂调配好之后，再加入稀释剂调整黏度。但用习惯之后，也可以先用稀释剂稀释主剂，过滤后，注入喷枪的喷漆罐中，再加入适量的固化剂搅拌均匀。这种情况下，只要记住主剂的用量，然后按比例加入固化剂即可。这样做的好处是，可以真正做到用多少调多少，避免浪费。

涂料黏度并非常量，随温度而发生变化。即同一种涂料，冬季比夏季显得稠。黏度越高的涂料，随温度而变化的特征越明显，因此，即使加入相同量的稀释剂，夏季的黏度为13~14 s，冬季黏度就为20 s左右。

从根本上讲，同一种涂料应以相同的稀释率涂装，比如夏季气温为30 ℃，以黏度14 s进行涂装，到了冬季，气温为5 ℃时，就应以黏度20 s进行涂装，所以应养成根据气温改变喷涂黏度的习惯。

为了检验所调制的涂料的黏度是否符合要求，则需要进行黏度测试。尽管在汽车维修行业中很少进行黏度测试，但为保证涂装质量，建议进行测试。进行黏度测试时，因所用的黏度计不同，测试方法也不同。

(1) 使用台式黏度计测试黏度时，可先利用黏度计台面下的四个螺栓使黏度计在工作台上调放平稳。用左手的中指堵严黏度杯底部的流孔，然后将加入稀料并充分搅拌均匀的漆料倒满黏度杯，用玻璃棒将液面刮平之后，松开堵孔的中指，并同时开动秒表，待杯中的漆料流完（断流）时，立即关闭秒表，秒表上的数据即为该漆的黏度。一般需要测试三次，取其平均值，做好记录。测试条件通常要求在室温（25±1）℃条件下进行。

(2) 使用手提式黏度计测试时，可在施工现场将黏度计直接浸入调好的漆料中灌满漆液，提起黏度计，待黏度计脱离液面的同时立即开动秒表，观察黏度计底部的流孔，待漆料快流完且出现断流时，快速关闭秒表，表上的数据即为测试的黏度。其黏度测试方法如图 3-2-35 所示。

图 3-2-35　用手提式黏度计测试黏度示意图

测试结束后，根据测试的结果进行微调，即补加适量的漆或稀释剂，并充分搅拌均匀。

6. 喷涂试样

（1）喷枪选择。

喷漆时，首先应选择喷枪，主要是喷枪的口径。要正确地选择喷枪，应查阅涂料生产商的涂料技术说明。例如从鹦鹉 22 系列面漆的技术说明（表 3-2-4）中可以查到，该涂料适合的喷枪口径为：1.2~1.3 mm（HVLP 喷枪）或 1.2~1.4 mm（兼容喷枪，即其他可以使用的高气压喷枪）。

（2）检查。

①喷杯上的气孔，无污垢堵塞。

②喷杯上密封圈无渗漏等。

（3）涂料装枪。

将调好黏度的涂料通过漏斗过滤后装入喷枪漆罐内，如图 3-2-36 所示。

注意： 放主剂和固化剂的容器，使用之后一定要盖严实。

图 3-2-36　涂料的过滤与装枪

对于如 SATA SPR 型喷枪,由于其储液壶内带有滤网或滤塞,故涂料装枪时无须过滤(如过滤,效果会更好),其涂料装枪过程如下。

a. 如图 3-2-37①所示,拆下密封塞。

b. 如图 3-2-37②所示,将密封塞压入储液壶的底部小孔。

c. 如图 3-2-37③所示,将调制好的涂料倒入储液壶内(少量用漆时,也可根据储液壶上的容量刻线进行涂料的调制,也可辅以调漆比例尺进行)。

图 3-2-37 SATA SPR 型喷枪的涂料装枪(一)

d. 如图 3-2-38 所示,安装滤网(滤塞)。

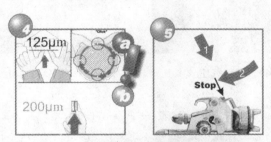

图 3-2-38 SATA SPR 型喷枪的涂料装枪(二)

e. 如图 3-2-39⑥所示,将壶座拧紧在喷枪上,将储液壶拧紧在壶座上。

f. 如图 3-2-39⑦、⑧所示,翻转喷枪,将储液壶底部的密封塞向上提起一点(不要拉掉),即可进行喷涂操作。

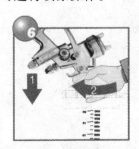  

图 3-2-39 SATA SPR 型喷枪的涂料装枪(三)

(4)将喷枪通过快速接头接入压缩空气系统。

(5)喷枪调整。

①气压调整。手握喷枪柄,以食指与中指压扣扳机到 1 挡位,压缩空气阀门首先打开,如图 3-2-40 所示。当喷涂气压调节旋钮处于与枪体平行位置(最大雾化状态),顺时

旋转喷涂气压调节旋钮，喷涂气压变小；当喷涂气压调节旋钮处于与枪体垂直位置（最小雾化状态），逆时针旋转喷涂气压调节旋钮，喷涂气压变大。调整过程中，观察气压表直到气压符合规定。调整气压的大小，一定要按涂料说明书的规定。例如从鹦鹉22系列面漆的技术说明（表3-2-4）中可以查到，该涂料适合的气压为：HVLP型，2.0~3.0 bar（0.3~0.4 MPa）；兼容喷枪，为2 bar（0.2~0.3 MPa）。

②喷幅调整。雾形控制阀的位置如图3-2-41所示。增大喷幅，需要逆时针旋转雾形控制阀；减小喷幅，需要顺时针旋转雾形控制阀，如图3-2-42所示。喷幅的大小主要取决于修补面积的大小。一般情况下对于整板（或整车）喷涂，为了获得良好的喷涂效果，建议将喷枪喷幅调节到最大状态。

图3-2-40 调整气压

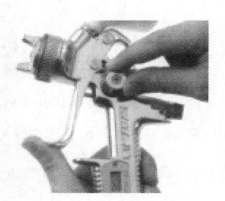
图3-2-41 喷幅调整旋钮

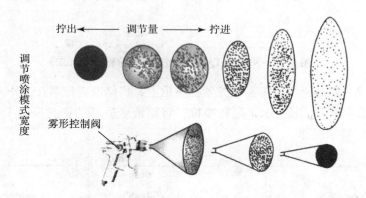
图3-2-42 调节原理

③漆流量调整。漆流量调节旋钮的位置如图3-2-43所示。增大涂料流量，需要逆时针旋转漆流量控制阀，增大枪针行程，从而增大涂料流量；减小涂料流量，需要顺时针旋转漆流量控制阀，减小枪针行程，从而降低涂料流量，如图3-2-44所示。

④雾形测试与调整。将气帽角（风帽）调整至垂直位置，使雾形呈水平状态，如图3-2-45所示，进行雾形测试，并视情况调整。

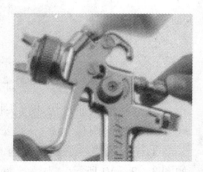
图3-2-43 漆流量调节旋钮

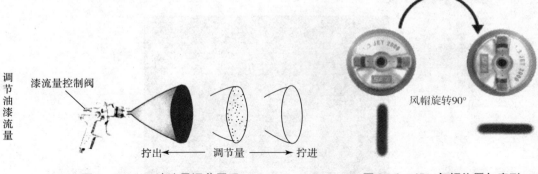

图 3-2-44 漆流量调节原理　　图 3-2-45 气帽位置与扇形

如图 3-2-46 所示，再喷一次，按住扳机直到涂料开始往下流，即产生流挂，检查流挂情况。如果各项调整正确，各段流挂的长度应近似相等。如果流挂呈分开的形状，是由于喷束太宽或气压太低。把雾形控制阀拧紧半圈，或把气压提高一些，交替进行这两项调整直到流挂长度均匀；如果流挂中间长两边短，则是因喷出的漆太多，应把漆流量控制阀拧紧，直到流挂长度均匀。

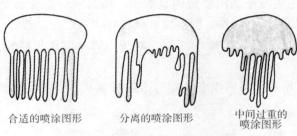

合适的喷涂图形　　分离的喷涂图形　　中间过重的喷涂图形

图 3-2-46 雾形测试

雾形测试时，可能会出现故障雾形，不同的故障雾形特点及产生的原因，见表 3-2-5。

表 3-2-5 不同的故障雾形特点及产生的原因

喷幅中央油漆太多	倾向一边的圆形喷幅，严重弯曲	喷幅不连续，跳动	喷幅破裂，呈燕尾状	喷幅朝一边扭曲
雾化压太低；黏度太高；涂料太多	雾化气孔没有清洁干净	喷嘴或喷针松；枪壶通风口堵塞	稀释剂太多；气压太高；喷幅太宽	其中一边雾化孔不干净

（6）喷涂试板，如图3－2－47所示。

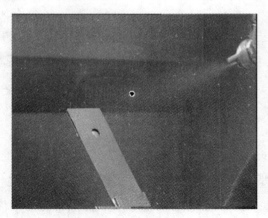

图3－2－47　喷涂试板

注意：喷涂试板时，应完全按照涂料生产商建议的喷涂参数进行，如喷涂气压、距离、层数等，各道之间应有适当的闪干时间。

在喷涂过程中，如果喷枪的出漆量明显减少，应及时检查涂料是否已用完，如果用完了，则应及时补充。如果还有涂料，则应检查是否有堵塞之处，若有应检查使其疏通。普通喷枪补充涂料与开始时涂料装枪操作相同。对于SATA SPR型喷枪，其补充涂料的操作如下。

①如图3－2－48所示，将储漆壶底部的密封塞压紧，将喷枪翻转后扣扳机，使枪内涂料流回储漆壶。

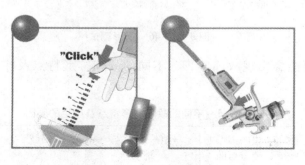

图3－2－48　涂料的补充（一）

②如图3－2－49所示，将储漆壶旋下，添加涂料后重新装枪。

每种涂料均有其适合喷涂的时间限制，这个时间限制也称为活化时间。如鹦鹉22系列面漆的技术说明规定的活化时间为常温（20℃）2~3h。超过这个活化时间，所调制的涂料就不能使用了。

对于普通喷枪，如果有较多的剩余涂料没用完，可以倒入合适的罐内密封保存，但期限也不能超过其活化期的规定。

对于SATA SPR型喷枪，如果喷涂工作完成，但储漆壶内剩余较多的涂料时，可以利用储漆壶直接保存，其操作方法如图3－2－50所示，将喷枪翻转后旋下储漆壶，拆下另一个密封塞，将壶座底部的孔塞紧，即可保存，为了便于识别，最好在壶上做好标记（如标准

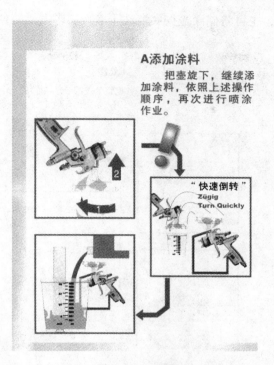

图 3-2-49 涂料的补充（二）

颜色、色号等）。为了长时间保存涂料（单组分涂料），应将储漆壶拆下，放置于专用架上，如图 3-2-51（a））所示；对于短时间储存涂料，可不拆下储漆壶，而将整枪置于专用置枪架上（图 3-2-51（b））。

图 3-2-50 涂料的储存

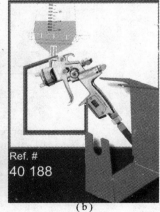

图 3-2-51 SATA SPR 型喷枪涂料的存储
(a) 长时间保存；(b) 短时间保存

如果喷涂完后，壶内没有多少涂料，就可将壶做废弃处理。如图 3-2-52 所示，将储漆壶拆下，拉出底部的密封塞，将废弃的涂料倒在专门的废漆桶内，将储漆壶弃于垃圾桶内。当然，为节约材料，也可将储漆壶彻底清洗干净后，晾干重复使用。

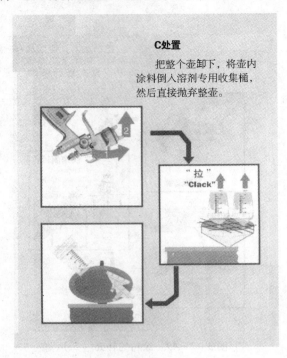

图 3-2-52 储液壶的弃置

7. 烘干试样

（1）插好烘箱的电源线。

（2）打开烘箱门，将喷涂的试板放在栅架上，关好门。

（3）打开电源开关，如图 3-2-53 所示。

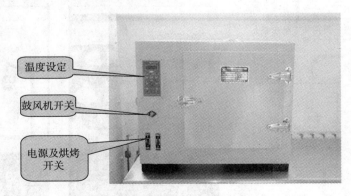

图 3-2-53 烘箱的操作面板

（4）设定烘箱温度。如图 3-2-54 所示，将"测温/预置"按钮按下，调节"设定/调节"旋钮，同时观察温度显示窗，直到调整到需要的温度（参考涂料的说明书，通常为 70℃），然后再按一次"设定/调节"，使按钮处于高起位置（测温位置），此时温度显示窗显示当时烘箱内的温度，并随时间逐渐增长直到所设定的温度（"恒温"指示灯点亮）。

图 3-2-54 设定烘箱温度

（5）打开鼓风机开关和加热开关进行加热烘烤。通常达到"恒温"后再烘烤 10 min 即可。

（6）关闭"加热"开关，打开烘箱门，取出试板。

注意：不要立刻关闭"鼓风机"和"电源"开关，以给烘箱足够的冷却时间。在取出试板时，需戴手套，以防烫手。

8. 干比色

在用试样板与车身颜色进行对比时，一定要认真仔细，并最好在自然光下进行，如图 3-2-55 所示。

干比色也可在可重现自然光比色箱内进行，如图 3-2-56 所示，更精确的则要在几种标准光源下对比。要等喷涂的样板干燥后再进行对照，从不同的方向观察对比。维修厂施工中，由于考虑施工进度，往往在样板还没有干燥好就进行对比，由于样板上实际为湿色，而车身上为干色，以此对比的结果是不准确的。

图 3-2-55 利用自然光比色

图 3-2-56 标准比色灯箱

颜色的感觉会受到被观察物体周围环境的影响，如将一块灰色纸片放在白色背景上看起来发暗，而放在黑色背景上看起来发亮。同时也要受到观察者观察前眼睛观看过其他颜色历史的影响（当然是很短时间以前的历史）。例如，你刚看过鲜红色，移开眼睛至白色底板上，就会感觉看到原物体绿色的影子。

因此，在做汽车涂料配色工作时，一定要保证看色时没有受到环境的影响，所看的颜色是真实的，是有实际参考价值的，这一点非常重要。图3-2-57中白车的右后部须修补，对于调色工作，其中有6处错误，分别是：调色人员黄色的工作服、后部的蓝色墙面和黄色的发动机罩、左侧红颜色的汽车、红外线灯光以及选取的对比颜色的位置。

图3-2-57 环境对调色的影响（见彩图84）

9. 微调颜色

如果颜色的比对结果表明，所调颜色与汽车的颜色不一样，则必须鉴定出应添加哪一种色母，继而添加该色母以获得理想结果，这个过程就是"精细配色"或"人工微调"。这是一个比较和添加涂料的循环，此循环一而再，再而三地重复，直至获得理想的汽车颜色。

将选择好的色母计量加入配色涂料，并用搅拌杆进行颜色比较，利用试杆施涂法，使新涂层重叠部分以前的涂层，这样可以显示出变化的程度，或者添加色母的效果。如果还没有获得理想的颜色，再一点儿一点儿地添加选择的色母，然后进行试杆施涂和颜色比较。在用该种色母进行的精细配色完成后，再找出涂料所缺的另一种颜色。

要确定颜色调得多么接近，是一项困难而重要的决定。虽然涂料的颜色越接近汽车的颜色越好，但是在实践中有一个点，达到此点便可认为颜色已经够接近了，不会有问题了。因此最好用比色计，用数字表示颜色相差的程度。如果没有比色计，那么就只能靠我们的双眼，这种情况下最好让尽可能多的人来帮助进行鉴定，做出结论。

注意： 在进行颜色微调时，所加的每一种色母及质量均应详细记录。当微调完成后，便获得了一个新的配方（表3-2-6）。在正式喷涂需大量调漆时，按此配方调色即可。

表3-2-6 A4D/北极白微调后的配方

颜色代号：A4D/北极白（偏深黄）					
车型：马自达6					
色母	1L累积/g	1L单量/g	0.1L单量/g	微调量/g	最终单量/g
522-M0	198.4	198.4	19.8		19.8
22-M60	1 169.2	970.8	97.1		97.1
22-A105	1 227.1	57.9	5.79	+0.6	6.39
22-A126	1 266.4	39.3	3.93		3.93
22-A131	1 278.1	11.7	1.17	+0.2	1.37

10. 恢复标准配方

由于微调时加入的色母质量都很少，微调后油漆的体积仍然近似于 1 L，所以只要把获得的新配方恢复成 1 L 配方即可（即将 0.1 L 单量各乘 10），保存好留作以后碰到相似情况直接拿来使用。这样积攒的配方多了，可以把它们装订成册，作为自己的色卡使用，方便快捷，调色准确。

调色时还应注意以下几点：

①不同的汽车制造商或涂料制造商所提供的色卡有所不同，有的色卡背面有配方，有的无配方。对于没有配方的色卡，其背面上往往标有特定的字符代号或条形码，可通过代号或条码阅读器，在调色电脑上读取配方。

②调色过程中所用的工具和盛具，必须保持干燥清洁，不得带有杂漆、水分、灰尘等杂质。

③调配双组分色漆时，应根据涂装用量，现用现配，用多少配多少。调色后的涂料，按产品规定的时间内用完，以防胶化报废。

④调配双组分色漆时严禁接触水分、酸碱、油污等物质。

11. 收尾工作

1）场地清理

清理工作台及使用的工具。

2）喷枪的清洗

使用后，应立即清洗喷枪及其附件，不注意维护和清洗喷枪是喷枪发生故障的主要原因。

以上吸式喷枪为例，清洗上吸式喷枪时，首先应先卸下涂料罐，将吸料管留在杯内。接着松开空气帽 2~3 圈，用一块叠好的抹布挡住空气帽，然后扣扳机，如图 3-2-58 所示。这能使喷枪内的涂料流回涂料罐内。

图 3-2-58 利用压缩气压使枪内的漆流回涂料罐

注意：使用的气压要低，当涂料罐还装在枪上时，不要进行上述操作，否则涂料会从罐内飞溅出来。

重新将空气帽拧紧，并把涂料罐中的涂料倒回废料罐中。用溶剂和稀毛刷清洗杯内和杯盖，用一块浸过溶剂的抹布擦掉残余物。然后向杯内倒入少许干净的清洁剂（可用稀释剂），扣动扳机，将清洁剂喷出，清洗输料管，如图3-2-59所示。

将气帽旋下，用专用工具卸下混漆嘴，如图3-2-60所示。

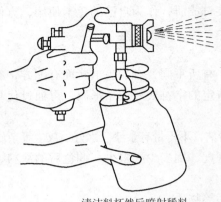

清洁料杯然后喷射稀料

图3-2-59　用稀释剂冲洗喷枪

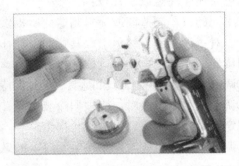

图3-2-60　用专用工具拆下混漆嘴

将拆下的气帽泡在稀释剂或溶剂中，用软刷子清洗堵塞的小孔，如图3-2-61所示。**注意**：决不能用铁丝或铁钉类的东西清理这些小孔，因为这些小孔都是精加工钻出的。用喷枪刷和溶剂清洗喷嘴。用泡过稀释剂的抹布将枪体外部擦干净，注意擦掉所有涂料的痕迹。

目前，一些维修厂开始使用喷枪自动清洗机，如图3-2-62所示。利用喷枪清洗机，结合人工手洗来清洗喷枪，清洗效果非常好。将喷涂设备（包括喷枪、储料杯、搅拌器和滤网等）放到喷枪清洗机的大桶内相应位置上，接好喷嘴（具体方法参阅相关设备使用说明书），盖上桶盖，然后打开气动泵使清洗桶内的清洗液旋转。不用1 min，该设备就能清洗干净各部件。

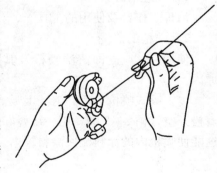

图3-2-61　用软刷毛清洗气帽的孔

图3-2-62　喷枪清洗机

新型超声波清洗机效果更好。只要在机器内注入清洗液,将零件放入容器中,打开开关即可,并可以人工设定清洗时间,如图3-2-63所示。注意,如果喷枪选装了数字式气压表,则不能放入超声波清洗机中清洗。

图3-2-63 超声波清洗机喷枪

3)喷枪的润滑

最好每天工作完后进行润滑喷枪,用轻机油润滑如图3-2-64所示的各部件。由于正常的磨损和老化,密封圈、弹簧、针阀和喷嘴必须定期更换。更换应按生产厂家的说明进行。由于机油过量就会流入涂料和空气通道,造成喷涂缺陷,因此润滑时必须非常小心,机油和涂料混合后就会降低喷涂质量。

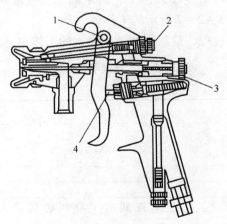

图3-2-64 喷枪需要润滑的部位
1—扳机转轴;2—扇形控制钮;3—涂料控制旋钮;4—空气阀

不要把整把喷枪长时间泡在清洗液中,这样会使密封圈硬化,并破坏润滑效果。

为了获得最佳的修补效果,在不同的涂层和情况下要使用不同的喷枪。建议每名喷漆技师配四把喷枪,一把用于底漆、中涂层喷涂,一把用于面漆、清漆层喷涂,一把用于银粉漆喷涂,还有一把小修补喷枪用于点修补时使用。如果这些喷枪保持良好的清洗和工作顺序,就会节省大量换枪时的调整和清洗时间。

对于 SATA SPR 型喷枪，当喷涂了水性漆后，清洗时应使用清水和专用清洗液。如图 3-2-65 所示，首先将清水（专用）装于喷液壶内，将壶打压后，使壶嘴对准喷枪上的储漆壶安装孔压紧，扣压喷枪扳机同时按压喷液壶的按钮，初步清洗。然后用专用清洗剂按上述相同操作再清洗一遍，晾干即可。

图 3-2-65 SATA SPR 型喷枪的清洗

三、技能考核

（1）教师为每组学生准备好汽车（或汽车的加油口盖）及其相关技术资料、颜色资料箱及已安装调色程序的电脑。

（2）小组学生在认真学习素色漆调色工艺的基础上，按前一任务获取的颜色配方进行素色漆的调色，同时完成表 3-2-7 所示的工作单。

（3）教师观察学生学习过程，最后审阅学生完成的工作单，给出评价。

表 3-2-7 技能学习工作单

实训项目：__素色漆的调色__

班级学号		姓　名	
1. 你对试板做了哪些准备工作？			
2. 你准备调色的车型是_____，查到的车身颜色代码是_____，查找的方法是_____。			
3. 你是如何根据颜色代码获得配方的？_____。			
4. 请将你获得的原始配方记录在下面：			

续表

5. 在进行了湿比色后,你确定需调整的色母和调整量是:
_____
_____
_____。

6. 请将你喷涂试板的喷涂工艺参数记录在下面:
_____
_____
_____。

采用上述喷涂参数的依据是:_____

7. 在进行了干比色后,你确定需要调整的色母和调整量是:
_____
_____
_____。

8. 将微调后的配方恢复为标准配方,并记录在下面:
_____
_____
_____
_____
_____
_____。

9. 你认为对于素色漆的调色,最困难在哪里?你是如何解决这一难题的?
_____
_____。

10. 请记录你所做的喷枪清洗与维护步骤:
_____
_____。

11. 个人技能掌握程度:非常熟练□ 比较熟练□ 一般熟练□ 不熟练□

教师评语:

成绩_____ (10分制) 教师签字_____ _____年___月___日

任务3-3 金属漆的调色

(1) 能够正确描述金属漆的随角异色现象。
(2) 能够正确解释金属漆方向性的原因。
(3) 能够正确描述珍珠漆的显色原理。
(4) 能够查询金属漆色母特性。
(5) 能够进行金属漆调色。
(6) 能够进行金属漆的颜色评价。
(7) 能够注意培养良好的安全卫生习惯、环保及团队协作意识。

（8）能够检查、记录和评价工作效果。

任务分析

金属漆也称为金属闪光色漆，是在物件表面均一地涂覆含有铝粉等金属颜料的涂料，得到含有金属光泽的涂层。

汽车面漆涂装要求高装饰性化（高鲜映性、高亮度、高闪光、彩色化），金属闪光色和珠光色面漆的汽车逐年增多，在轿车涂装中已超过50%（有的国家和厂家涂金属闪光色的车已超过70%，并且还在逐年增加）。涂金属闪光色面漆汽车的价格较本色漆汽车的价格要贵几千元，但发展得很快，普及应用到微型车、中巴、大客车车身的涂装，重型汽车驾驶室采用金属闪光色面漆也占有一定的比例。

相关知识

一、金属闪光色

汽车车身用的金属闪光面漆涂膜一般是由含有随角异色效应的颜料（最典型代表是铝粉，如图3-3-1所示）的底色漆层和罩光清漆层组成。罩光清漆层又有透明无色清漆层和着色透明清漆层。为提高底色涂料的遮盖性，在涂底色涂料之前先涂装采用与底色涂料的颜色相近似的中涂涂料（又称色封底中涂）。随着上述的多种组合，可形成色彩多样化的、漂亮灿烂的金属闪光色。

图3-3-1 含有铝粉的漆膜（见彩图85）

1. 随角异色效应

金属闪光色面漆涂膜不同于本色面漆涂膜的一个显著特点，就是具有随角异色效应（也称为颜色的方向性），即随观察角度的变化而呈现不同明亮度及色彩。如图3-3-2所示，在观察金属闪光色涂膜的场合，随目视点A和B产生明度差。这种变化的程度称为随角异色效应性（FF值）。目视点A是正

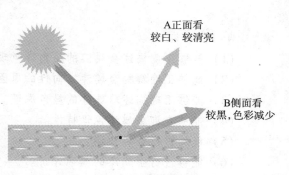

图3-3-2 随角异色效应

面反射光的高明度（称为最大亮度），目视点 B 的反射光低（称为底色），其落差就为 FF 值。

2. 金属色面漆涂膜的光学特性

金属闪光色涂膜的光学特性如图 3-3-3 所示，透过清漆涂膜层的入射光受颜料选择性吸收、颜料颗粒的散射、镜面反射和金属与珠光片的边缘发生漫反射后，到达人眼，而得到闪耀的金属光泽感。

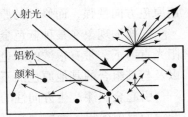

图 3-3-3　金属闪光色涂膜的光学特性

金属闪光色与素色的不同点是闪光涂膜的扩散反射光少，正反射光强，随着观察角度变化，涂膜的颜色随之变化，具有颜料的方向性（随角异色性）。而素色涂膜是以在涂膜内部多次反射的散射光为主体。

3. 金属闪光色方向性的原因

金属漆的随角异色效应也称为金属漆的方向性。具有方向性的金属漆，往往正视色和侧视色有所差别。如图 3-3-4 所示，正面看呈偏紫的银灰色，侧面看呈粉红色。

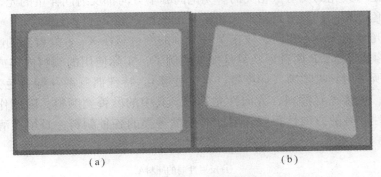

图 3-3-4　金属漆的方向性（见彩图 86）
(a) 正视色；(b) 侧视色

金属闪光色的调色之所以难，是因为随观察方向的变化，已经调得一致的色会呈现出色差。如图 3-3-5 所示，将一辆涂装了橄榄色和绿色调制的金属闪光涂膜的汽车置于阳光下，发动机罩 A 处朝阳，挡泥板 B 处背阴。在这种情况下，A 处看起来红中带黄，B 处是绿

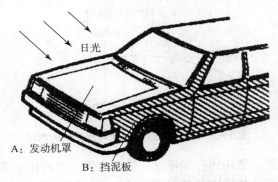

图 3-3-5　橄榄色 + 绿色金属闪光涂膜的方向性

色。如果对此涂膜进行修补，采用的颜料组合是印第安红和正绿，调出的色彩在 A 处合上了，在 B 处却完全合不上，或者在 B 处合上了在 A 处完全合不上。这是因为原来的涂膜所用原色方向性强，而修补的原色方向性弱所致。

同样的现象在某种蓝色金属闪光涂料中也存在。橄榄色 + 绿色金属闪光涂膜的方向性在阳光直射下，带有很浓的绿色感，背阴处又有很强的红色感，这种现象还随蓝原色的不同，以及与其组合的其他原色的不同出现某种程度的差异。

引起金属漆产生方向性的根本原因是因为铝粉粒子的存在。铝粉粒子的平面部分有强烈的镜面反射效果，而侧面却只有很少的反射。

影响金属闪光色方向性的因素很多，如颜料颗粒的形状、大小，颜料的种类，原色的种类，涂料的种类及涂装方法等。

1）颜料颗粒的形状

有机颜料颗粒的大小为直径 0.01 μm 左右，而形状有的是球状，有的是柱状，有的是扁平状等，各不相同。下面以球状颗粒 A 和扁平状颗粒 B 为例进行分析。如图 3-3-6 所示，照射到球状颗粒 A 的光线，朝各个方向的反射量基本上是相同的，而人们所说某物质是某种颜色，是与其光的反射量相关的。无论向哪个方向都反射同样量的光，也就是不论以哪个方向看颜色都相同。照射到扁平状颗粒 B 的光线，在 X 和 Z 处反射的光，与在 Y 处反射的光相比，光量的大小不相同。故在 Y 处看到的颜色与在 X、Z 处看到的颜色不同。B 就是方向性强的颜料。A、B 两种形状只是极端的例子，实际使用的颜料或多或少有一点方向性。而黄色类所采用异吲哚满（印度橙、有机黄等）、特殊偶氮系（绿黄色）、酞菁系（酞菁蓝、不褪蓝、正蓝等）颜料，方向性尤其强。其中的酞菁类颜料，随制作方法不同，有的基本没方向性，有的方向性很强，因此对于酞菁类的各种颜料，必须弄清其特点才便于使用。

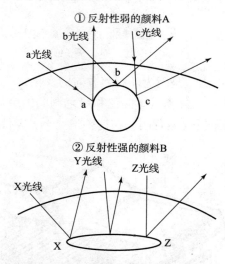

图 3-3-6　颜料颗粒形状对反光性的影响

黄系原色除方向性外，色相还存在带红、带绿之别。有的用于单色调的耐候性好，用于金属闪光色却出现变色等，各种原色具有不同特点，必须根据需要区别使用。

即使都是扁平状铝粉（银粉）颗粒，由于侧面形状不同，其反光性也会出现差异，如

图 3-3-7 所示。A 组铝粉边缘不整齐，呈锯齿状，在 a、b、c 和 d 处的反光强度不同；而 C 组铝粉颗粒边缘整齐，在各处的反光强度相近。

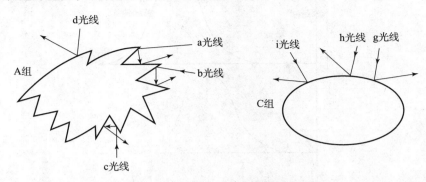

图 3-3-7　铝粉边缘形状对反光性的影响

2）银粉粒子的大小

最近的金属闪光色中，白色调很强的和闪闪发光的增多了。还出现了一种被称为"魅力色"的涂膜，网孔显得很大，闪闪发光。这种强烈的金属感是怎样产生的呢？金属闪光涂料实际上是由透明涂料加入金属铝粉和颜料形成，金属感来自铝粉，而色调由颜料和金属铝粉所决定。为叙述方便起见，可以把透明涂料和金属铝粉的混合称为金属闪光基料。

如图 3-3-8 所示，铝粉粒子各种大小的颗粒都有，只是各自所占的比例不同而已，这可以用粒度分布曲线来描述（图 3-3-9）。

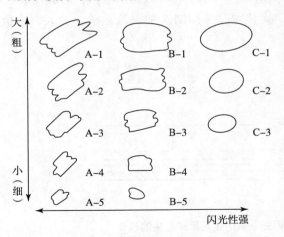

图 3-3-8　金属颗粒的种类和大小

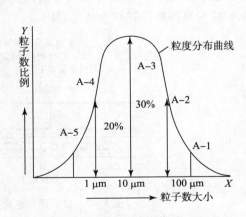

图 3-3-9　金属闪光基料中的粒子分布

虽然金属铝粒子的种类只有有限几种，但通过不同的组合，可以形成金属闪光基料达几十种。但作为汽车修理涂装，要准备几十种金属闪光基料是比较困难的。通常的做法是准备粗、中、细三种不同平均粒度的基料，这三种基料的粒度分布如图 3-3-10 所示。使用时，可以将其中两种或三种按不同比例混合，得到所需的各种不同平均粒度的金属闪光基料。

图 3-3-8 所示的金属铝粒子中，A-1 为最大，A-5 为最小。实际上金属闪光基料中含有比 A-1 大和比 A-5 小的粒子，大约各占 0.5%。比 A-1 大的粒子，可以在使用前的杂质过滤器中与杂质一同除去，而比 A-5 小的粒子往往会带来麻烦。

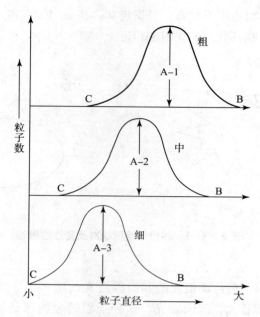

图 3-3-10　各种金属闪光基料的粒度分布

如图 3-3-11 所示，若金属闪光基料中有比 A-5 小的颗粒，往往易引起"金属雾斑"。这种小的颗粒数量不多，极易在涂膜中移动。只要在金属闪光涂层上厚罩以含溶剂量多的透明层，就会产生图 3-3-12 所示的涡流运动，将小颗粒带入透明层内，形成图 3-3-11 中②图的情景。要获得满意金属闪光感，就必须设法抑制这种涡流运动，使大、小金属颗粒较为整齐地排列在金属涂层内。

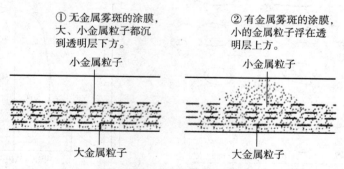

图 3-3-11　银灰色金属闪光涂装中金属雾斑产生的机理

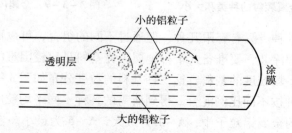

图 3-3-12　金属闪光涂装中的涡流现象

最近金属闪光色中有两种组合用得较多，一种是大颗粒与小颗粒铝粉的组合；另一种是闪光性强的铝粉（外表形状圆滑）和小颗粒铝粉相组合。

为什么要将大颗粒与小颗粒相组合？直接换用中等程度铝粉不行吗？事实上，采用大、小颗粒铝粉的组合是为了兼顾金属闪光涂料的金属感和遮盖力而采取的措施。金属颗粒越大，金属感越强，而粒子大小与遮盖力的关系如图3-3-13所示。当铝粉大小接近于光的波长（0.1 μm左右）时，遮盖力最强。

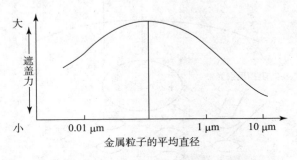

图3-3-13 铝粒子大小与遮盖力的关系

实际上，前面所谈无机颜料遮盖力强也是这个原因。大于或小于此值，遮盖力都会下降。小颗粒铝粉的大小正好是0.1 μm左右，遮盖力最强。如果换用中等粒度铝粉，金属感可以，但遮盖力不足。大、小颗粒的组合，则同时满足了两方面的要求。

闪光性强的铝粉与小颗粒铝粉相组合，其作用与上述类似，是为了提高遮盖力，减小涂装次数，以降低施工作业成本。另外，小颗粒铝粉还有抑制涂膜方向性的作用。

表3-3-1为施必快涂料的主要银粉色母特点，在进行颜色微调时，必须对其有充分的了解，才能调出满意的颜色。

表3-3-1 施必快涂料的主要银粉色母特点

序号	色母代号	色母名称（颗粒大小）	银粉颗粒形状
1	ALN 775 516	细目银	不规则
2	ALN 775 518	中细银	不规则
3	ALN 775 514	中银	不规则
4	ALN 775 549	中粗银	不规则
5	ALN 775 513	粗银	不规则
6	ALN 775 510	特粗银	不规则
7	ALN 775 557	闪亮银	规则
8	ALN 775 558	特粗闪亮银	规则
9	ALN 775 509	细闪银	规则
10	ALN 775 508	粗闪银	规则

3）颜料的种类

图3-3-14所示是在方向性很强的原色中加入无机原色后的颜料颗粒状态图。由此图

可以看到，由于无机颜料颗粒大，挡住了光线，到达有方向性颜料颗粒的光线减少；另外方向性颜料的反射光也被其阻挡，抑制了方向性的发挥，例如像绿黄色和印度橙色类方向性很强的原色，若加入白色无机颜料或赭色无机颜料，方向性就会消失。有时往金属闪光涂料中加入白色，这并非使色彩呈白色而是为减弱其方向性。因为如果方向性太强，在制造厂的生产流水线上，很难完成漆膜修整工作，有时还产生金属闪光色不稳定问题。

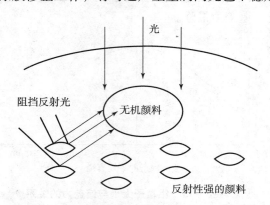

图3-3-14 在方向性强颜料中加入无机颜料后的效果

不过上述方法并不总适用。例如银灰色涂膜，这种颜色带很强的色调。这是因为这种金属闪光涂料中，使用的都是带白色的颜料，如果调色时再加入白色就会导致光的透过性变差，使涂膜失去金属闪光感。

在调配金属闪光涂料时，首先必须弄清其颜色方向性的强弱，这可以通过原涂膜向光面和背光面的颜色对比进行判断，习惯了也不难掌握。

4) 原色的不同

一般来说呈透明状的有机颜料都具有不同程度的方向性，尤其是前面提过的绿、黄、印度橙、有机黄和蓝色类，带较强黄色调的酞菁类等原色，方向性强。因此使用这些原色调出的绿色、橄榄色、金黄色、棕色、蓝色等金属闪光色，大多具有强的方向性。

几年前，调制橄榄色用的是印第安红和绿色相组合。随着异吲哚满系颜料的开发，大多改用异吲哚满系颜料中的黄原色与黑色相组合，调出橄榄色。因为后一种组合方向性强，具有鲜明的金属闪光感，而且适宜局部修理。印第安红和绿色的组合，之所以不适宜用于局部修补，是因为一种是有机颜料，一种是无机颜料，颗粒大小差异大，密度不同，尤其是当加入稀释剂较多时，密度小的上浮，密度大的下沉。当用于局部修理时，在修补部位的边缘处就会出现"色分"现象，分成黑的、铁红的、蓝的几种颜色。而黑原色与异吲哚满系黄原色颗粒大小相同，不易出现上述现象。

涂料是否有"色分"现象，可以通过一简单的试验判明。如图3-3-15所示，若修补涂膜与旧涂膜的交界区域B不出现"色分"，则说明这种涂料适

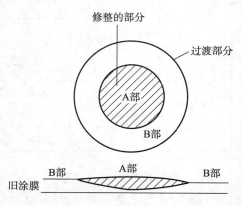

图3-3-15 局部性修补判定

宜用于局部修理涂装。

总之，为了避免金属闪光色涂装不致因方向性而失败，首先应弄清所要与之吻合的颜色的方向性强弱，然后可参照表 3-3-2，选择方向性与之相当的原色进行调色，就能达到所期望的效果。

表 3-3-2 各原色方向性程度

项目	A 组	B 组	C 组
方向性的大小	大	中→小	能消除方向性
颜料颗粒的形状与大小	扁平状较小颗料	圆状细小颗粒	椭圆状大颗粒
颜料的分类	异㗁吲满系、特殊偶氮系等	其他有机颜料、透明状氧化铁	无机类颜料
原色名	印度橙、有机黄、绿黄等	锌红、橘黄、其他大部分原色	赭色、白色、印第安红

5）铝粒子的排列

如果往丙烯酸聚氨酯涂料和改性丙烯酸硝基涂料中加入同一种铝粉，涂装后仔细观察，将会发现前一种涂膜显得金属颗粒大、亮度高。这种现象实际上是由铝粒子在涂膜中的排列状况所引起的。如图 3-3-16 所示，聚氨酯涂料中，铝粒子排列整齐，反射表面积大，所以显得颗粒大、亮度高。

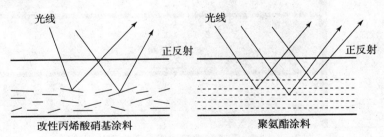

图 3-3-16 不同涂料中铝粒子排列情况对反射光的影响

铝粉在涂料层中的排列，实际上是在运动中形成的。硝基类涂料干燥速度太快，在粒子排列还未完全形成之前，涂料已失去流动性，这就是造成两种涂料铝粒子排列情况不同的根源。

显然，要获得相同的效果，丙烯酸硝基涂料应加入颗粒稍大些的铝粉。同理，为获得较好的金属闪光感，一般多采用聚氨酯类涂料。

6）涂装技术

金属闪光色涂膜的色泽，随喷涂条件的差异，有时会泛白，有时发暗。其原因就是前面曾谈过的铝粉排列状况，受喷涂条件的影响，有时规则，有时紊乱。喷涂作业时各种因素对色泽的影响，见表 3-3-3。

表 3-3-3　涂装条件与金属闪光涂膜明、暗的关系

涂装条件		色泽亮（泛白）	色泽暗	影响度
溶剂种类		干燥速度快	干燥速度慢	大
溶剂所占的比例		所占的比例大	所占的比例小	中
喷枪	空气量	大	小	大
	喷嘴直径	小	大	中
	喷束直径	大	小	中
	空气压力	高	低	少
涂装作业方式	喷枪距离	远	近	中
	运行速度	快	慢	少
涂装环境	温度	高	低	大
	湿度	低	高	中
	通风	好	差	小

由此可见，在进行金属闪光色调色操作时，所采用的溶剂比例和喷涂条件，应与实际作业时完全一致。尤其是采用的涂料为丙烯酸聚氨酯时，溶剂的稀释率和喷涂气压等差异，很容易引起色彩的差异，要予以充分注意。

图 3-3-17 说明，喷涂施工时，干喷和湿喷两种状态下铝粒子排列的不同。因干喷时，漆膜所含溶剂少，干得快，所以铝粒子大多会悬浮于表层；而湿喷时，则铝粒子易沉于底层，从而产生不同的光泽效果。

图 3-3-17　干喷和湿喷对铝粒子排列的影响

图 3-3-18 说明，喷涂施工时，由于喷枪的倾斜，则在整个喷涂带上会产生铝粒子不同的排列，最终使整个板件表面呈现条纹状色泽差。

图 3-3-18　喷枪倾斜角度对铝粒子排列的影响

另外，板件所处的位置也会影响金属粒子的排列，图 3 – 3 – 19 说明相同的喷涂工艺条件下，在水平面和垂直面上，铝粒子的排列有差异，因而其光泽效果也不一样。

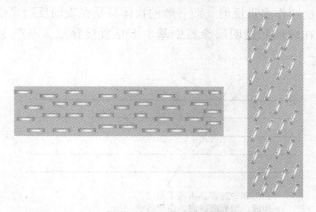

图 3 – 3 – 19　板件所处位置对铝粒子排列的影响

二、珍珠色

1. 珍珠色的技术难题

珍珠色涂膜给人以高贵华丽之感，很有魅力。但无论是制造厂还是修理厂，曾几度向这种涂膜挑战，均因其性能不稳定而以失败告终。归纳起来，主要有以下几个问题未能解决。

第一，涂装工艺复杂，涂装方式稍有差异就会出较大色差。涂装方法如图 3 – 3 – 20 所示，先涂底色层，再涂珍珠色层，最后罩以透明层。要完成这三层涂装，在制造厂流水线上就显得费时。而且珍珠色层厚度的差异，会引起偏光程度不同，由此产生色差。

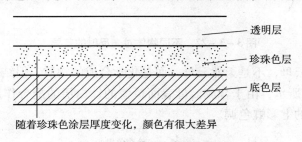

图 3 – 3 – 20　珍珠色涂膜结构

第二，在最初开发珍珠色时，对珍珠色颜料及其罩面层涂料的性能，都了解不够，因此出现了变色、失光、开裂等质量问题。

第三，这种涂膜的局部涂装异常困难。珍珠色涂膜随其底层的颜色、珍珠色的种类和珍珠色层厚度而发生变化。在进行局部修补时，若这三个条件不是和制造厂完全一致，色彩和格调就不可能相同。而这三个条件变化范围都很大，要真正完全吻合，是极其困难的。

2. 珍珠色形成机理

所谓珍珠色，就是要像珍珠一样，从不同的角度看，发出不同的色彩。珍珠是贝壳体内，以小的硬颗粒、灰尘、杂质为中心，贝壳体内分泌出的天然树脂状物质将其反复覆盖若干层而成。若观察天然云母会发现，角度不同色彩也会变化，其原理如图3-3-21所示，由于云母是由很薄的薄层叠积而成，光线照射时，分别在一层层薄层上反射、吸收、穿透，产生着微妙的变化，这叫作多重反射。而一般的物体只是在表面反射光线，所以以任何角度看颜色都不变。光线在玻璃和透明层涂料中基本上是直接穿过，不产生反射，因此呈透明状。这些差异如图3-3-22所示。

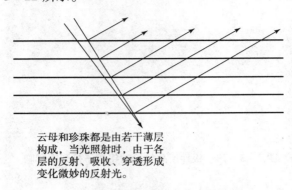

云母和珍珠都是由若干薄层构成，当光照射时，由于各层的反射、吸收、穿透形成变化微妙的反射光。

图3-3-21 云母、珍珠通过变色反射引起色彩变化

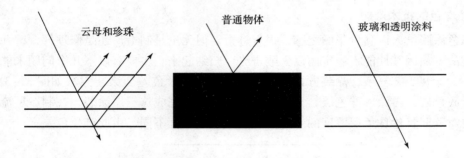

图3-3-22 不同物体对光反射的差异

珍珠色颜料中的云母，不是天然云母，而是化学合成的物质，但结构上与天然云母基本相同。如图3-3-23所示，由于合成云母表面覆盖的钛白层的配合作用，光的反射更加复杂，呈现出色彩鲜艳的七彩虹色调。

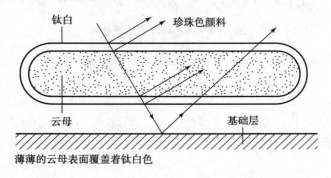

图3-3-23 珍珠色颜料的结构

三、金属闪光色最佳调色步骤

如前所述,金属闪光色的调色要点在于方向性要一致。只要方向性与原涂膜相吻合,剩下的就只是原色加入比例问题,相对比较简单。为此调色时应首先使侧视色(又叫透视色)与原涂膜相吻合,再调正视色。如果要先调好侧视色,就应熟悉不同原色的侧视色。

调制深色调金属闪光涂料时,应先只加入原色颜料,调好其侧视、正视色,然后加入所需粒度的金属铝粉,按此步骤调制比较省事。

调制浅色和中等浓度色调时,第一步是先配制好粒度大小适宜的金属铝粉。若需中等粒度,最好是用大颗粒和小颗粒相混合配制。金属铝粉调配好后,再加入原色进行颜色的调制。

四、金属漆与素色漆比色技术的差异

在实际生产中,特别是汽车局部补漆操作中,为了保证所补漆与原漆有同样的色彩效果,调漆过程中比色是至关重要的。由于素色漆与银粉色漆对光线反射的方式不同,就产生对两种面漆比色的不同方法。

1. 素色面漆

素色或"单色"涂料的树脂内含有足量的且已经充分分散的颜料,使其在 30~50 μm 的正常膜厚下呈现一种纯一致的颜色。其色彩由被颜料粒子扩散或分散的光线而来,在任何角度看其颜色都是一样的,如图 3-3-24 所示。

一般来说,喷涂技巧不会影响颜色,但是有些颜色使用了有透明性的颜料,在此情况下,必须注意要喷涂足够的层数,否则面层的颜色会受到不同背景色,如面漆底涂层的影响。

图 3-3-24 素色漆反射光线

在颜色有显著不同时,可运用修补的技巧,使修补漆的遮盖力降低而让原漆色透出以改变修补处的颜色。用正常遮盖力的颜色喷涂任何不同色的部位上,直至将这些部分完全盖住,然后,添加漆料制造厂所建议使用的种类和数量的清漆于涂料内,再在整片工件表面喷涂所需的层数。最后几道可逐渐增加清漆的添加量,但不可超出漆料制造厂所建议的最高限度。使用这一技巧通常可避免微小修补时的调色问题,在局部修补时也很有用。

2. 银粉色面漆

当光线照射于银粉色漆膜时,漆内的铝片像镜面一样将光线反射出来。因此,当从正面(直角)观看银粉色面漆时,可见最大量的反射光;随着观看角度的减少,所反射的光线也同样地减少,故从侧面(锐角)观看,色彩即会比从正面观看较为深暗。

凡能产生慢干的任何喷涂方法和情况都有助于铝片在漆膜内形成与表面平行的排列。透入漆膜的光线会被以相似的角度反射回去。当从侧面观看时,只可看见最少量的光线,并且具有最大的正、侧面色泽差异,如图 3-3-25 所示。

快干的膜层,因铝片能移动的时间短,而在漆膜内形成不规则方向的排列,透入漆膜内的光线会被铝片以不同的角度反射回去,形成较少的正、侧面色调差异,如图3-3-26所示。

图3-3-25 慢干银粉色漆反射光线

图3-3-26 快干银粉色漆反射光线

银粉色漆的比色比素色漆复杂困难,主要在于原厂颜色和修补的颜色均受施工时的实际情况所影响。表3-3-4列出了典型的硝化棉与合成树脂的银粉喷漆在不同喷涂情况下的颜色效果。

表3-3-4 不同喷涂情况对颜色的影响

	变浅	变深
施工环境		
温度	暖	冷
湿度	低	高
空气流动	增加	减少
喷枪		
液体喷嘴	小	大
针孔控制	关小	开放
气罩	耗气量高(混合良好)	耗气量低(混合不良)
风扇宽度	宽	窄
气压	高	低
稀释		
稀释剂种类	快干	慢干
稀释剂用量	过多(黏度较低)	较少(黏度较高)
防雾剂	未使用	在稀释剂中添加10%
喷涂技术		
喷枪距离	远	近
喷枪运动速度	快	慢
漆膜间的间隔时间	长	短

现代汽车涂装最常用的银粉色漆有两种：单层或单膜式银粉漆、色漆和清漆的"镜面涂装"式银粉漆。

1）单层或单膜式银粉漆

此类漆与素色漆类的不同在于其有色颜料含量低，而由大量的铝粉颜料来达到遮盖力与金属外观。

在达到所需的膜厚后，即需选用正确的喷涂技法做最后一道喷涂来得到和汽车原漆色相连部分最近似的配合。可在一小片具有弹性的金属或纸片上先试喷，当干后将之折成和汽车欲修补部位同样的弧度以判定需要的正确技法，如图3-3-27所示。

当喷涂至接边或边线条作为界限可使一些微小颜色差异不易显现。更有效的是喷涂到车身铁板角度改变处边缘的技巧。银粉色面漆依观看角度不同而有明、暗不同，即使是同一银粉漆在一个角度的相邻两面，仍可显现不同的明暗度。喷涂边角可以小心地使用两条遮盖胶带的技巧，如图3-3-28所示。

图3-3-27 用试样与车身颜色对比

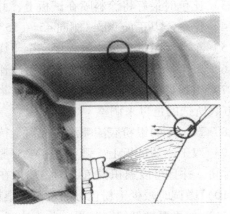

图3-3-28 双层胶带反向遮盖法

2）色漆和清漆的"镜面涂装"式银粉漆

其颜色是由"两层"或"双膜"的涂装程序所形成的，包括有一层具有高遮盖力的底色漆，随后在未干前再喷一层清漆。整体在一次烘烤操作中固化成膜，比单层银粉漆有更高度的光泽外观。

色漆和清漆的银粉漆在有关比色和选择喷涂技法方面的原则与单层银粉漆相同。应注意在喷涂清漆后方可见其真正的颜色，但可在色漆的适当部位喷涂合适的稀释剂润湿后，检视颜色，如正确，则待其干燥后再继续喷涂清漆层。另外，由于底色漆的固体成分低，故其填平性就差，因此必须用P800以上的砂纸湿（干）磨以整平基底表面，否则整平的刮痕会显现出来。

银粉片在银粉漆里会影响明度和角度的变化。在银粉漆配方中的主要颜色颜料越透明越好保持，银粉片在漆中如镜子般起反射作用。清漆会稍微改变色漆层的颜色，从正面看时其明度会降低变深。

调配银粉色时，至少要从正面和三个侧向角度来比色，如图3-3-29所示。所谓正面就是目光正视色板，又称为"正角度比色"，主要是对准面色调；所谓侧角，就是目光斜视色板，如眼睛注视车身一般，又称为"侧角度比色"或"斜角度比色"，主要是对准底色调。

对光110°角　　　　对光45°角　　　　背光15°角

图3-3-29　车身色的观察

五、金属漆调色时的注意事项

（1）银粉色的配方只有在喷涂方式调整及清漆调整都无法收效的情况下才可改变。

（2）银粉色的比色需在充足的日光下进行，但需要避免强烈的日光直射。

（3）比色时最好将涂料喷在试板上，并且可利用喷涂技巧来控制颜色。

（4）比色需以正向90°，侧向45°、15°、110°和横向180°等多角度来比色。

（5）车身经粗蜡打过、试板要完全干燥情况下，才有精确的比色效果。

（6）以手指直接涂色于色板上只可当作参考用，不能作为比色的标准。

（7）银粉色的调配需要细心及耐心，若需改变配方也只能做小幅度的调整，并且需依照配方表所选的色母来调整。

（8）双工序的银粉底漆喷涂完成后，待15 min干燥后，再喷上清漆后才可比色。

（9）双工序的试板上，银粉底漆喷"整板"，而清漆喷"1/2"板，这样在调整时可以节省时间，并且可以累积调色（即银粉色在加喷或未喷清漆的比较色差）的经验。

（10）微调时减少银粉色母的量可使银粉漆更深更暗。

（11）如果要减低绿色效果，首先应减少配方中绿色色母的使用量，如果以对等色红色色母减低绿色效果，颜色会逐渐成混浊，即彩度降低，其他对等色也如此。

（12）微调时使用不透明性色母能使侧面变浅变白；使用透明性色母能使侧面变深变暗。

六、金属闪光涂膜外观评价

评价项目有高闪光感、金属光泽感、金属感、明亮度和随角异色效应性等。

国际上用IV值和FF值来表示（测定）金属色面漆涂膜的金属光泽感、金属感。

IV值是光强度值，表示明暗度，数值越大明度（反射光强度）越强，在银灰色闪光涂装场合白色光感较强。IV值是日本丰田、关西涂料的评价方法。

随角异色效应性用FF值表示。FF值越大，正面光和底色的明度差越大。随视角变异的明度差值越大越好，表现出的金属感越强。

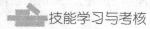

金属闪光底色漆的调色工艺过程与素色漆相似，但是金属漆由于存在随角异色效应，颜色对比难度很高。只要把握住色母特性，细心分辨，还是能调出正确颜色的。

金属闪光漆调色工艺基本步骤与素色漆调色一样，调色流程如下。

一、准备工作

与素色漆的调色准备工作相同。

二、调色流程

假如一辆银灰色汽车需要调色,使用德国鹦鹉牌汽车修补漆进行调色,调色步骤如下。

1. 利用色卡调色

(1) 找到颜色代码(如5PNC)。
(2) 查阅5PNC颜色配方。
①按所查得的油漆代码5PNC找到相应的色卡(或色卡组)。
②在要修补区域附近并且颜色一致处用抛光蜡抛光。
③将所选的色卡与车身颜色相对比,找到最接近的色卡(从色卡组中)。
④在色卡的背面读取配方,并根据实际需要调配的油漆量,重新计算配方,见表3-3-5。

表3-3-5 5PNC星光银(标准)配方

颜色代码:5PNC/星光银(标准)			
车型:马自达3			
色母	1L 累积/g	1L 单量/g	0.1L 单量/g
352-91	174.0	174.0	17.4
55-M99-10	399.3	225.3	22.5
55-M99-19	758.1	358.8	35.9
55-A136	854.8	96.7	9.6
55-M105	875.1	20.3	2.0
55-A929	884.8	9.7	1.0
55-M306	889.6	4.8	0.5
55-A640	891.5	1.9	0.2
55-A098	893.4	1.9	0.2
55-M1	919.5	26.1	2.6

(3) 准备色母和工具。参阅素色漆调色。
(4) 计量添加色母。按配方所列色母的顺序添加色母:352-91 → 55-M99-10 → 55-M99-19 → 55-A136 → 55-M105 → 55-A929 → 55-M306 → 55-A640 → 55-A098 → 55-M1。
(5) 湿对比颜色。搅拌均匀后的涂料,简单与样板进行比色,确定颜色差别,并用相应的色母进行调整。
(6) 喷涂样板,等喷涂的样板干燥后,从不同的方向观察对比,取15°、25°、45°、75°、110°等多个角度对比观察,尽可能接近目标颜色。通过观察各个角度的颜色差异,确定需要调整的色母。

为了使金属漆的比色更加准确,在喷涂样板时,通常采用阶梯式喷涂(渐变喷涂)。例如,在喷涂珍珠漆样板时,通常按下述流程进行。

①样板上全面喷涂调配好的底色漆,达到完全覆盖,并晾干。

②样板分成 6 个部分,并分别进行横向遮盖,如图 3-3-30 所示。

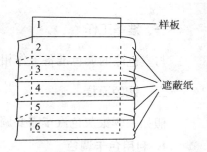

图 3-3-30 遮盖样板

③依次在这几个部分上喷涂珍珠漆,两次喷涂之间要有一定的闪干时间。喷涂珍珠漆的步骤如图 3-3-31 所示。

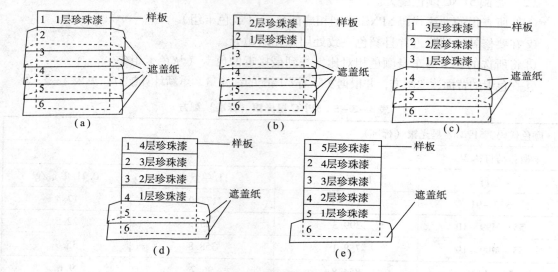

图 3-3-31 喷涂珍珠漆的步骤

(a)喷涂第一层珍珠漆;(b)揭去第一层遮盖纸,喷涂第二层珍珠漆;(c)揭去第二层遮盖纸,喷涂第三层珍珠漆;(d)揭去第三层遮盖纸,喷涂第四层珍珠漆;(e)揭去第四层遮盖纸,喷涂第五层珍珠漆

④揭去最后一层遮盖纸,将样板烘干。

⑤将样板纵向遮盖一半,喷涂清漆,如图 3-3-32 所示。

⑥揭去遮盖纸,并使样板干燥。完成后的样板如图 3-3-33 所示。将做好的珍珠漆渐变样板与车身颜色进行比较,就可以确定出需要喷涂几层珍珠漆,才能得到所需要的颜色。

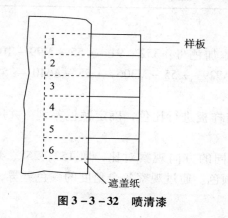

图 3-3-32 喷清漆　　图 3-3-33 珍珠漆的膜厚渐变样板

（7）微调颜色。学会使用金属漆色母的色母挂图，在图中会有色母的特性。在5PNC配方中各个色母的特性，见表3-3-6。

色母	名称	特性	色母	名称	特性
352-91	稀释剂	透明	55-M1	树脂	透明
55-M99-10	细银，颗粒细		55-A929	偏黄黑，正侧面均偏黄	
55-M99-19	粗银，颗粒粗		55-M306	红，侧面偏浅	
55-A136	偏绿黄，正面偏橙		55-A640	偏蓝绿，侧面偏蓝	
55-M105	偏橙黄，侧面偏橙		55-A098	白色，正面偏黄，侧面偏蓝	

表3-3-6　5PNC/星光银配方中各色母的特性（见彩图87）

特性说明：以色母55-A136为例，如图3-3-34所示。主色调为偏绿黄，正面偏橙，侧面透明无影响。

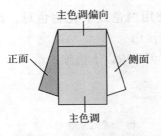

图3-3-34　色母特性举例（见彩图88）

参照表3-3-7记录实际加入色母的量。

表 3-3-7 5PNC／星光银微调后配方

颜色代码：5PNC／星光银（标准）					
车型：马自达3					
色母	1L 累积/g	1L 单量/g	0.1L 单量/g	微调量/g	最终单量/g
352-91	174.0	174.0	17.4		17.4
55-M99-10	399.3	225.3	22.53		22.53
55-M99-19	758.1	358.8	35.88		35.88
55-A136	854.8	96.7	9.67	+0.1	9.77
55-M105	875.1	20.3	2.03	+0.1	2.13
55-A929	884.8	9.7	0.97		0.97
55-M306	889.6	4.8	0.48	+0.1	0.58
55-A640	891.5	1.9	0.19		0.19
55-A098	893.4	1.9	0.19		0.19
55-M1	919.5	26.1	2.61		2.61

（8）恢复标准配方。

2. 金属漆颜色微调要点

（1）少量的银粉往往是正面的颜色比侧面的颜色亮；大量的银粉使银粉漆的正面和侧面都有不同程度的变亮，变亮的程度依赖于银粉的颗粒（粗银粉侧面的影响比细银粉少）。

（2）银粉粗细对颜色有不同的影响。粗银：正面浅、侧面深、高闪烁感、低遮盖能力；细银：正面灰、侧面浅白、低闪烁感、良好的遮盖力；特殊闪亮银：正面浅、侧面深、特殊的高闪烁感、遮盖能力适中。

（3）微调时减少银粉色母的量可使银粉漆更深更暗。

（4）要降低银粉漆彩度时，添加黑+白或黑+银之混合色母。

（5）如果要减低某种颜色效果，首先应减少配方中这种颜色色母的使用量。如果以对等的颜色色母（补色）减低这种颜色效果，则颜色会渐成混浊，同时彩度降低。

（6）微调时使用透明性色母能使侧面变深、变暗；微调时使用不透明性色母能使侧面变浅、变白。

（7）如果可能，尽量避免使用白色或氧化物色母，因为它们会降低银粉漆的光泽度（不透明），使正面变暗，侧面变浅白。

（8）为了使侧面颜色变深，可采取以下措施：

①增加透明色母的量。

②减少银粉的量。

③使用较粗的银粉色母。

④减少白色母的量。

⑤减少能使侧面变浅的色母的量。

（9）为了使侧面颜色变浅，使用跟以上相反的方法，但添加白色色母应小心，因为白色色母会降低金属效果。

(10) 当比色出现色差时，首先应确定以下问题：
①称量正确吗？
②漆膜彻底干燥了吗？
③遮盖彻底吗？
④选择配方是否正确？

(11) 微调颜色时，尽量选用原来配方中已有的色母。

(12) 一定要确定按色母特性表确定的所添色母后的颜色走向。

(13) 微调时，每加一种色母，都要称量，并记录重量，以便以后参考。

(14) 调色工作完成后必须保存颜色样板，并在反面注明以下数据信息：
①车辆生产商。
②颜色名称。
③颜色编号。
④内部颜色编号。
⑤喷嘴大小以及喷枪类型。
⑥配方日期。
⑦喷涂道数以及枪尾压力。
⑧喷涂者姓名。

注：最好将原配方和调整过的配方一起存档，以便以后参考。

(15) 不要在眼睛疲劳状态下配色。

(16) 喷涂色板的喷涂技术条件应和喷车时相同。

(17) 向两个样板上照光，进行颜色比较。当用配色灯时，调整配色灯与试验样板之间的距离合适，理想的距离相当于眼睛至双手的距离。

(18) 注意干燥过程中颜色的变化趋向。刚喷涂的涂料在干燥过程中，较重的颜料将会向涂层的底部移动，而较轻的颜料则会向表面移动，如图3-3-35所示。虽然涂料在施涂时，其颜色可能与原来的涂料相配，但干燥后，颜色可能就不同了。

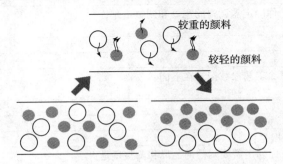

图3-3-35　涂膜干燥过程中颜色的变化

例如，蓝和白两种基本颜色混合时，由于蓝色颜料比白色颜料轻，所以蓝色颜料在干燥过程中会向表面移动，结果干涂层将会比新喷涂层蓝一些。

(19) 注意抛光对颜色的影响。有些涂料在干燥以后被抛光时会大大地改变其颜色，这是因为含有大量较轻颜料的色层由于抛光而改变位置。所以为了进行配色,这些涂料颜色的试验样板必须干燥和抛光,然后才能进行精细配色。

(20)注意由于制造厂和其他的因素。如不同的涂料供应商,不同的涂装设备,不同的涂料种类,不同涂装施工条件,制造厂内的因素,颜色调配过程中出现的人为因素,长时间后车身涂层老化的因素等。

三、技能考核

(1)教师为每组学生准备好汽车(或汽车的加油口盖)及其相关技术资料、颜色资料箱及已安装调色程序的电脑。

(2)小组学生在认真学习金属漆调色工艺的基础上,按前一任务获取的颜色配方进行金属漆的调色,同时完成表3-3-8所示的工作单。

表3-3-8 技能学习工作单

实训项目: __金属漆的调色__

班级学号		姓 名	

1. 你对试板做了哪些准备工作?

2. 你准备调色的车型是_____,查到的车身颜色代码是_____,查找的方法是_____。

3. 你是如何根据颜色代码获得配方的?_____。

4. 请将你获得的原始配方记录在下面:

5. 在进行了湿比色后,你确定需调整的色母和调整量是:

6. 请将你喷涂试板的喷涂工艺参数记录在下面:

采用上述喷涂参数的依据是:

7. 在进行了干比色后,你确定需要调整的色母和调整量是:

8. 将微调后的配方恢复为标准配方,并记录在下面:

续表

9. 对于金属漆的调色，你认为最困难的是什么？你是如何解决这一难题的？_____。	
10. 个人技能掌握程度：非常熟练□　比较熟练□　一般熟练□　不熟练□	
教师评语： 　　　　　　　成绩_____（10 分制）　　教师签字_____　　_____年___月___日	

（3）教师观察学生的学习过程，最后审阅学生完成的工作单，给出评价。

项目四 颜色的检验

学习目标

（1）能够正确描述颜色标绘的含义及其作用。
（2）能够正确描述色度学研究的目的。
（3）能够正确描述颜色的三刺激值的含义与作用。
（4）能够正确解释 CIELAB、CIELCH 和 CMC 色差公式。
（5）能够描述汽车修补涂装（或调色）色差的测定与评价原理。
（6）能够借助测色仪的技术说明书，正确使用测色仪，并完成试板颜色的评价。
（7）能够注意培养良好的安全卫生习惯、环保及团队协作意识。
（8）能够检查、记录和评价工作效果。

任务分析

调色后所喷涂的试板样或对汽车实际喷漆后，即可进行颜色的检验，以确定所喷涂漆的颜色与理想（标准）颜色的差别，进而评判调色与喷涂的质量。

在实际修补喷漆过程中，很少进行定量化的颜色检验，但对于汽车制造厂和涂料生产厂必须进行颜色检验，另外在汽车涂装大赛上，也常用到颜色检验。

本任务主要学习颜色的检验方法。

相关知识

一、颜色标绘

颜色标绘就是用三维坐标中的某一点来标明某一特定的颜色。在汽车修补调色中，人们以孟塞尔颜色系统为理论基础制作出颜色标绘图。

理论上，要在平面表示一个三维的空间，至少要用两个平面坐标，为了清楚地表达颜色的三个属性，颜色标绘图中用了三个平面坐标。

人们在比较两色板时，并不需要定量地描述这两块色板颜色的三个参数，只需定性地分析这两块色板和颜色参数的差别。例如，比较图4-1中的两块红色样板，经过对比发现：A板显得蓝些，B板显得黄些；A板显得深些，B板显得浅些；A板显得灰暗些，B板显得鲜艳些。

图4-1 颜色的差异（见彩图89）

这样人们可以在平面标绘图上简单、明了地表示两个或两个以上的颜色之间的差别，如图4-2所示。只有把颜色的差别明确无误地标绘出来，才能通过正确的调色程序缩小颜色的差别。

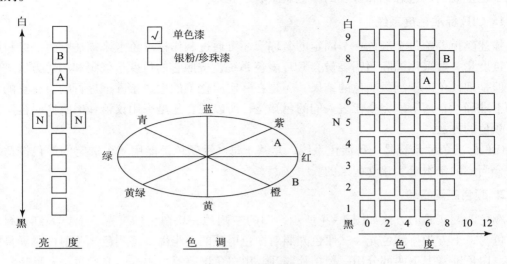

图4-2 颜色标绘图

为了准确地描述某一个颜色，人们发明了颜色三维坐标，如图4-3所示。其中"L"表示明度，相当于空间三维坐标的垂直轴（Z轴），共分100个等级；"a"表示红绿值，相当于空间三维坐标的 X 值；"b"表示黄蓝值，相当于空间三维坐标的 Y 值。这样在颜色三维坐标中的任何一点，均可用 L、a、b 三个具体的数值来表示；同样，任何一组 L、a、b 数值，均确切地表示某一个颜色。

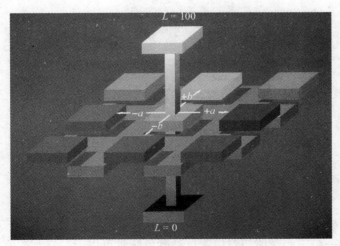

图4-3 颜色三维坐标（见彩图90）

二、色度学常识

心理物理学是研究知觉量与外界刺激量之间关系而发展起来的一门学科，色度学就是解决颜色度量问题的学科，它通过大量的科学实验，应用心理学方法，用对光物理量的测量间接地测得色知觉量，初步解决对颜色做定量描述和测量的问题。所以，色度学是对颜色刺激及其差别进行测量、计算和评价的一门学科，是颜色光学的重要组成部分。色度学的重要作用在于把主观的颜色感知和客观的颜色刺激联系起来。

1. CIE 标准色度系统

描述颜色要给每个颜色一个固定的名称，还可通过制作标准色卡来描述颜色。涂料颜色的定量度量一般采用国际照明委员会 CIE 表色系统，按照它的色度学规定和测色方法进行工作。但是现代色度学测量颜色的结果，还是在一定简化了的理想条件下进行的，有它的局限性和不准确性，还不能完全代表人们的色知觉，所以现在还是采用仪器和肉眼同时控制汽车涂料颜色的方法。

CIE 标准色度系统是一种混色系统，是基于每一种颜色都能用三个选定的原色按适当比例混合而成的基本事实建立起来的。

2. 颜色匹配实验

颜色匹配实验的方法如图 4-4 所示，图的左侧是一块白色的屏幕，上方为红、绿、蓝三原色光，下方为待测色光。三原色光照射白色屏幕的上半部，待测色光照射白色屏幕的下半部，白色屏幕上下两部分用一黑挡片隔开。由白色屏幕反射出来的光通过小孔抵达右方观察者的眼内，人眼看到的视场如图右下方所示，视场范围在 2°角左右，被分成两部分。图的右上方还有一束光，它投射在小孔周围的背景白板上，因而视场周围有一圈色光作为背景，这束光的颜色和强度都可以调节。在此实验装置上可以进行一系列实验。把两个颜色调节到视觉上相同的方法叫作颜色匹配。待测光的光色可以通过调节上方三种原色光的强度来混合形成，当视场中两部分光色相同时，视场中的分界线消失，两部分合为同一视场。此时认为待测光的光色与三原色的混合光色达到色匹配。

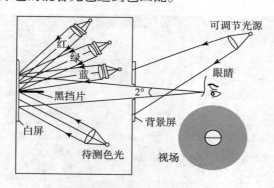

图 4-4 颜色匹配实验的方法

在颜色匹配实验中，与待测色达到色匹配时所需要的三原色的数量，称为该颜色的三刺激值。一种颜色与一组三刺激值相对应，这种颜色感觉可以通过三刺激值来定量表示。任意两种颜色只要三刺激值相同，颜色感觉就相同。同时，还可以将两种不同的颜色差别量化表示。

3. CIELAB 色空间与容差公式

通过许多数学公式，由每个颜色的三刺激值可以换算得到现在涂料常用的颜色定量表示方法，即该颜色的 L^*、a^*、b^* 值，L^* 表示明度值，a^* 表示红绿值，b^* 表示黄蓝值。

$$L^* = 116 (Y/Y_n)^{1/3} - 16$$
$$a^* = 500 [(X/X_n)^{1/3} - (Y/Y_n)^{1/3}]$$
$$b^* = 200 [(Y/Y_n)^{1/3} - (Z/Z_n)^{1/3}]$$

式中，X、Y、Z 为颜色样品的三刺激值；X_n、Y_n、Z_n 为 CIE 标准照明体照射在完全漫反射体上，再经过完全漫反射体反射到观察者眼中的白色刺激的三刺激值。

建立一个 CIE 三维颜色空间，在此空间可以看到所有颜色的位置及 (a^*, b^*, L^*) 坐标，构成如图 4 - 5 所示的盒状色空间。CIELAB 色差公式以标准为中心，然后给予个别 L^*、a^*、b^* 数值，规定正负的误差范围。CIELAB 色差公式可表示为：

$\Delta L^* = L^*_{样品} - L^*_{标准}$ （明度差异）
$\Delta a^* = a^*_{样品} - a^*_{标准}$ （红/绿差异）
$\Delta b^* = b^*_{样品} - b^*_{标准}$ （黄/蓝差异）

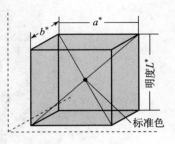

图 4 - 5　CIELAB 盒状容差

此色差公式可以简单直接地显示颜色误差的原因，表 4 - 1 表示分别为正、负值时对应的颜色变化。

表 4 - 1　通过 ΔL^*、Δa^*、Δb^* 判断颜色变化

比较项 \ 正负值	正	负
ΔL^*	偏浅	偏深
Δa^*	偏红	偏绿
Δb^*	偏黄	偏蓝

4. ΔE_{ab} 色差公式

$$\Delta E^*_{ab} = [(dL^*)^2 + (da^*)^2 + (db^*)^2]^{1/2}$$

ΔE_{ab} 色差公式以一个数值代表总色差。ΔE_{ab} 是以标准为中心，然后在四周绘出一个球体容差范围，构成如图 4 - 6 所示的球体形容差空间。ΔE_{ab} 也是目前较多采用的容差公式。

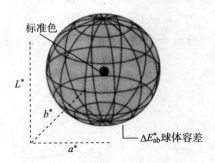

图 4 - 6　ΔE_{ab} 球体容差

5. CIELCH 色空间和色差公式

CIELCH 颜色模型采用了同 L^*、a^*、b^* 一样的颜色空间，但它用 L 表示明度值，C 表

示饱和度值，H 表示色调角度值的柱形坐标，如图 4-7 所示。

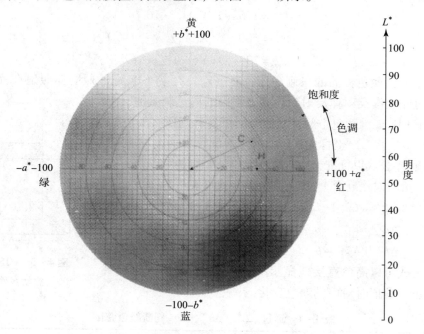

图 4-7　LCH 颜色模型（见彩图 91）

它可以用立体色图来表示，图中央垂直轴代表了白-灰-黑系列非彩色的明度变化，底端是黑色，中间为由深到浅的灰色，过渡到顶端为白色。中央水平面圆周上代表了各种彩色，圆心为中灰色，从圆心向圆周过渡表示彩度逐渐提高。此圆周上的点与黑白垂直轴组成的三角形平面称为等色调面，所有彩度不同、明度不同但色调相同的颜色都在同一等色调面上。各水平面是等明度面，所有彩度和色调不同而明度相同的颜色都在同一等明度面上，这样就把颜色三种特性间的关系形象地表示出来了。两个颜色如果色调、明度和彩度都相等，我们就说这两个颜色是完全相同的。

彩度（C^*）和色调（H^*）与 a^*、b^* 值的关系：

$$C^* = [(a^*)^2 + (b^*)^2]^{1/2}$$

$$H^* = \arctan(b^*/a^*)$$

CIELCH 以标准为中心，然后给予个别 L、C、H 值，规定正负误差范围，构成如图 4-8 所示扇形色空间。

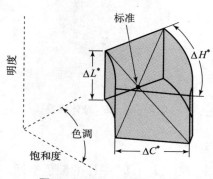

图 4-8　CIELCH 色空间

$$\Delta L^* = L^*_{样品} - L^*_{标准} \quad （明度差异）$$
$$\Delta C^* = C^*_{样品} - C^*_{标准} \quad （饱和度差异）$$
$$\Delta H^* = [(\Delta E_{ab})^2 - (\Delta C^*)^2 - (\Delta L^*)^2]^{1/2} \quad （色调差异）$$

从 LCH 色差公式，可以清楚分析出颜色饱和度和色调误差的原因，见表 4-2。

表 4-2　通过 ΔL^*、ΔC^*、ΔH^* 判断颜色变化

对比项 \ 正负值	正	负
ΔL^*	偏浅	偏深
ΔC^*	偏鲜	偏土
ΔH^*	偏逆时针方向色调	偏顺时针方向色调

颜色容差主要是针对样品与已知标准颜色测量值的比较，这样可判断样品与标准的接近程度。通常对于 CIELAB 和 CIELCH 色空间，采用以下评价标准：

ΔE^* 在 0～0.25 区间：色差非常小或没有，理想匹配。

ΔE^* 在 0.25～0.5 区间：色差微小，可接受的匹配。

ΔE^* 在 0.5～1.0 区间：色差微小到中等，在一些应用中可接受。

ΔE^* 在 1.0～2.0 区间：色差中等，在特定应用中可接受。

ΔE^* 在 2.0～4.0 区间：色差有差距，在特定应用中可接受。

ΔE^* 在 4.0 以上：色差非常大，在大部分应用中不可接受。

6. CMC 容差方法及色差公式

CMC 是英国颜色测量委员会名称的缩写，是目前工业上最广泛使用的计算色差方法，是行业推荐的色差公式标准形式。它是用椭圆表示视觉对色差的范围，如图 4-9 所示。得出结果与人眼接近，因而许多工业认为 CMC 对色差的表示方法比其他表示方法更精确。

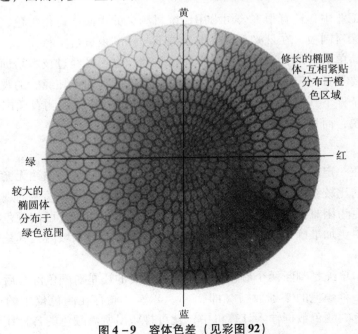

图 4-9　容体色差（见彩图 92）

$$\Delta E_{CMC} = [(\Delta L^*/lS_L)^2 + (\Delta C_{ab}^*/cS_C)^2 + (\Delta H_{ab}^*/S_H)^2]^{1/2}$$

其中 ΔL^*、ΔC^*、ΔH^* 为明度差、彩度差和色调差，S_L、S_C、S_H 分别为权重函数，用来调整明度、彩度和色调的色差比例。因为在实际的生产中，经验表明明度、彩度和色调对于印刷品的色彩变化贡献不同。CMC（$l:c$）色差公式在印染行业也被列为国际和国家标准。

使用不同的色差公式测量的结果差别很大。CMC（$l:c$）有两个参数 l 和 c，只有在 CIE 规定的参考条件下才可以为 $l=1$ 和 $c=1$，在印刷行业中 $l=2$、$c=1$，即 CMC（2:1）公式，在油漆行业的色差评价采用 CMC（1.4:1）公式。

通过参考研究资料和大量实践，证明 CMC（2:1）的计算结果与目视结果一致性最好，Lab 色差公式计算的图像色差与目视评价结果的相关性很差，主要表现在：中性色的计算色差明显小于目视色差，绿色区域的计算色差大于目视色差。

7. 人眼评色与各容差方法的接近程度

各类色差公式精确性比较见表 4-3。

表 4-3 人眼评色与各容差方法的接近程度

容差方法	与人眼相似程度
CIELAB	75%
CIELCH	85%
CMC（2:1）	95%

三、色差测定

颜色测定是配色中的关键步骤，目前颜色的测定有两种方法：目测法和仪器测量。

1. 目测法

在汽车涂料工业中，还有很多公司沿用传统目测法的手段来进行配色，它规定按与样板相同的条件下将涂料制板，在日光下或标准光源下与标准板进行平行比较。这种目测法如果做得粗糙一些是简单易行的，也不需要多少理论基础，也不必经过技术培训和特殊设施。但若需要精确，就要具备一定的观测条件，由具有一定色度学知识和经验的观测者来检测。在严格规定的比色条件下（如试验设备、光源条件、观测环境），观测者凭肉眼观察颜色也很直观、简易和敏锐，而且分辨率高。

2. 仪器测量

目测法仍存在一定的局限性，对于不同色调和纯度的细微观测往往无能为力，而且目测法对色调或明度的比较结果只能做文字评述，很难做到准确，对于颜色的观测结果，作为一种资料保存下来更为困难。因此仪器测量就显得很重要和实用，它可使颜色的各种参数数字化，将颜色描述得更加准确，也便于保存资料，目前汽车涂料领域内尤其是轿车工业多采用仪器测量配色。

色差的测定不单纯是判断两个颜色的差距，更重要的还是对颜色混合后效果的评价，可通过将已知的若干种颜色的基础数据（即 x、y、Y 等）储存在测色仪中的计算机内，然后把所要求的混合色的颜色数据输入计算机中，就可打印出所需颜色的各种比例配方。配方有两类，一类是按色差大小顺序排列的，即配色的质量优劣程度；另一类是按各种颜色配方混合后的价格顺序排列的，也给出每种配方的 ΔE 值，这样就可综合考虑出最佳配方，既考虑到色差的质量要求，又兼顾到成本的需要。

3. 测色仪

现在汽车涂料领域最常用的颜色测量仪器是分光光度测色仪（简称分光光度计，也称为色差仪、测色仪），其外形如图 4-10 所示，它可以制成数字显示式的，或加配电子计算机，使测定结果自动打印输出。通过仪器对样板测量可得出 x、y 和 Y，即色度坐标和亮度因数。通过色度图可以知道所测色在色度图所处的位置。为了使颜色空间更符合视觉观察的颜色差异，通过一系列转换将 x、y、Y 变成 a^*、b^*、L^* 值，其中 a^* 值的大小代表红绿相（正值为红），b^* 值代表黄蓝相（正值为黄），L^* 值代表亮度，即黑白相（0 为黑，100 为白）。这样每个颜色都表现出一组相应的 a^*、b^*、L^* 值，两个不同的颜色表现出不同的 a^*、b^*、L^* 值，这样就可得到 Δa、Δb、ΔL，通过色度之间的差距和明度上的差距可以计算出两者之间的总色差，以 ΔE 表示，$\Delta E = (\Delta a^2 + \Delta b^2 + \Delta L^2)^{1/2}$。测定仪可将两个颜色的 a^*、b^*、L^* 数据打印出来，并通过计算机系统直接打印 ΔE 值，即色差。

图 4-10 测色仪

测色仪的操作一般包括以下几个步骤：
① 使用分光光度计进行测色。
② 将反射曲线用屏幕显示并打印出来。
③ 储存并将所需数据打印出来。

测定可在几秒钟内完成。简易型只可计算色差，不能计算混合颜色的配比。高级的还可以有多种功能，除控制颜色外，还可控制配方、进行称量等。

随着金属闪光漆进入汽车涂料领域，产生了颜色的随角异光异色效果，就要求金属闪光漆颜色质量控制用多角度分光光度计，当前进入市场的该种仪器有：日本美能达（Minolta）公司的 LR-354、CM-512M2 三视角分光光度计，美国爱色丽（X-Rite）公司的 MA85、MA86 多角度分光光度计以及德国卡尔蔡斯的 CKⅢ多角度分光光度计。这些仪器能给出 3~5 个角度的色度坐标以及色差。

1）爱色丽测色仪 MA86

（1）测量照射光源：D65 日光光源（即北半球日光，色温为 6 500 K）。

（2）仪器观察角度，如图 4-11 所示。素色漆：只有 45°（图 4-11（a））；金属漆：15°、25°、45°、75°、110°，共五角度（图 4-11（b））。

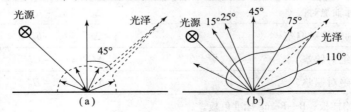

图 4-11 测量计算角度
(a) 素色漆观察角度；(b) 金属漆观察角度

(3) 仪器测量原理。如图 4-12 所示，测量待测光源 L，通过单色器 M 照射在被测样板 Pr 上，反射光通过光电管 Z 将光信号换成电信号，通过放大器 V 将电信号放大，并经过电流计 G 测量其电流强度，从而实现对被测样板反射光即颜色绝对值的测量。

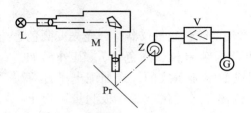

图 4-12　测色仪测量原理

L—光源；M—单色器；Pr—样板；Z—光电管；V—放大器；G—电流计

(4) 仪器校正。X-Rite MA86 色差仪出厂配备两块校正板——白板（100% 反射光）和黑板（零反射光），每套仪器的白板及黑板同该仪器配套专用，不能仪器间混用，一般每天校正一次。仪器用四种标准板校正，这四种标准校正板由 Audi 公司提供，只在 BASF 软件下使用。

每天校正：绿板、银灰板共计 2 块。若有 1 块板的 $\Delta E > 1.7$，则仪器停用。

每周校正：绿板、银灰板、黄板、红板共计 4 块。若有 2 块板的 $\Delta E > 1.7$，则仪器停用。

2) 检测仪器及操作对色差检测结果的影响

(1) 测色仪应定期进行校正，然后加修正偏差。

(2) 色差仪因其结构特点，每年都应强制送回仪器厂家进行校正一次，以确保其测量精度。

(3) 标准校正板要保证其板面清洁，尽量避免划伤，以保证仪器校正精度。

(4) 严格规范检测操作，同时要保证被测件表面洁净、无污染。

(5) 执行最新有效版本标准色板，执行统一的偏差许可范围，从而保证得到统一的色差检测结果及相同的评价值。

(6) 色差仪内部设置应执行统一的软件系统标准设置，从而确保检测结果准确，软件也要定期更新。

3) 绝对偏差和相对偏差

(1) 绝对偏差，见表 4-4。

表 4-4　绝对偏差

亮度绝对偏差	$\Delta L^* = L_P^* - L_B^*$
红-绿坐标轴绝对偏差	$\Delta a^* = a_P^* - a_B^*$
黄-蓝坐标轴绝对偏差	$\Delta b^* = b_P^* - b_B^*$
彩色度绝对偏差	$\Delta C^* = C_P^* - C_B^*$
彩色角绝对偏差	$\Delta H^* = H_P^* - H_B^*$

注：P—Probe 被测样板；B—Bezug 标准色板。

总的颜色绝对偏差（ΔE^*）计算公式：

非彩色涂料颜色绝对偏差 $\Delta E^* = [(\Delta L^*)^2 + (\Delta a^*)^2 + (\Delta b^*)^2]^{1/2}$

彩色涂料颜色绝对偏差 $\Delta E^* = [(\Delta L^*)^2 + (\Delta C^*)^2 + (\Delta H^*)^2]^{1/2}$

（2）相对偏差 $\Delta E'$。由于人眼对不同颜色差别的接受程度不同（如人眼对浅颜色色差较深颜色色差更敏感），同时为建立不同颜色统一的色差评价标准，经大量实际观察及统计，对不同颜色给出不同偏差许可范围，用系数 A 表示，从而得到被测件与标准色板相对偏差计算公式。

非彩色涂料颜色相对偏差：

$$\Delta E'_\gamma = [(\Delta L^*_\gamma/A_{L\gamma})^2 + (\Delta a^*_\gamma/A_{a\gamma})^2 + (\Delta b^*_\gamma/A_{b\gamma})^2]^{1/2}$$
$$\gamma = 15° \sim 110°$$

彩色涂料颜色相对偏差：

$$\Delta E'_\gamma = [(\Delta L^*_\gamma/A_{L\gamma})^2 + (\Delta C^*_\gamma/A_{C\gamma})^2 + (\Delta H^*_\gamma/A_{H\gamma})^2]^{1/2}$$
$$\gamma = 15° \sim 110°$$

平均颜色相对偏差：

$$<\Delta E> = (\Delta E_{15} + \Delta E_{25} + \Delta E_{45} + \Delta E_{75} + \Delta E_{110})/5$$

4）BASF 色差软件应用

BASF 色差软件系统就是应用上述计算原理，将被测件与计算机内存储的标准色板测量值进行比较，并自动计算其颜色相对偏差，评价分析。这套系统的应用，不仅为轿车生产厂家及外协配套厂家评价色差提供准确数据，而且还为涂料材料厂家、材料批次、颜色质量控制及调整提供依据。车身颜色偏差系数评价，见表 4-5。

表 4-5 车身颜色偏差系数评价

相对颜色偏差	评价	结论
$0 \leq <\Delta E> \leq 1.4$	合格	接受区
$1.4 \leq <\Delta E> \leq 1.7$	有条件合格	风险区
$<\Delta E> > 1.7$	不合格	否决区

4. 影响色差的因素

1）涂装材料批次的影响

只有控制涂装材料每个批次色差，不超出标准色板的允许偏差范围，才能保证车身及外协件的色差稳定，不产生较大偏差。特别对材料的 Δa^*、Δb^* 值，一般在现场很难通过施工参数的调整使其有较大改变。

2）涂装材料遮盖能力的影响

一般金属漆施工厚度为：静电喷涂设备 $8 \sim 10~\mu m$，空气喷涂 $4 \sim 5~\mu m$，总的底色漆厚度 $12 \sim 15~\mu m$。当材料工艺遮盖力厚度大于 $15~\mu m$，也就是说底色涂膜厚度达到 $12 \sim 15~\mu m$，还不能完全遮盖底材时，则车身外观将产生质量缺陷，如涂膜发花、色差超值等。

图 4-13 所示为不同涂膜厚度的色差变化图，从图中可见，当涂层膜厚达到遮盖厚度时，其色差稳定，不再有较大波动。

可见，当涂膜厚度 $BC = 20~\mu m$ 时，糖果白的 $<\Delta E>$ 最佳。

3）施工参数对色差的影响

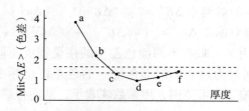

图 4-13 糖果白不同喷涂厚度（BC）的色差变化曲线

a—5μm；b—5~10μm；c—10~15μm；d—15~20μm；e—20~25μm；f—25~30μm

（1）对于金属涂料，尤其是银灰色金属漆，喷涂设备施工参数对 ΔL^* 值影响很大，也就是说通过调整设备施工参数，优化色差 ΔL^*（光亮度）值（但设备施工参数对 Δa^*、Δb^* 基本无影响）。

①漆量大→涂膜厚度增加→涂膜更湿→ΔL^* 下降（变暗）。

②雾化气压大 →涂膜更干→ΔL^* 增加（变亮）。

③成型气压大→涂膜更干→ΔL^* 增加（变亮）。

④空气流大 →涂膜更干→ΔL^* 增加（变亮）。

（2）涂装材料施工参数对 ΔL^* 的影响。

①施工黏度对 ΔL^* 的影响。如亮银金属涂料施工黏度降低，涂膜表面更湿润，则 ΔL^* 下降（暗）。

②添加剂加入量对 ΔL^* 的影响。如玛瑙灰金属涂料，添加剂量由1%增加至3%，涂膜表面更湿润，则 ΔL^* 下降（暗）。

③现场施工环境温度高，则金属漆闪干速度快，涂膜更干，则 ΔL^* 增加（亮）。故夏季施工时涂料中都添加高沸点溶剂，降低其挥发速度，改善涂膜流平性，使其更湿，ΔL^* 下降（暗），接近标准色板。

（3）手工补漆，因喷涂工艺及操作不当也会造成车身部件色差，尤其是浅颜色面漆、金属漆、珠光漆等。如钻石银、闪光银、亮银，手工修补后 ΔL^* 发生变化，变暗。

技能学习与考核

（1）教师为每组学生准备好测色仪及其相关技术资料。

（2）小组学生在认真阅读测色仪技术说明的基础上，按测色仪规定的操作对自己所调的素色漆试板和金属漆试板进行测试，同时完成表4-6所示的工作单。

（3）教师观察学生学习过程，最后审阅学生完成的工作单，给出评价。

表 4-6 技能学习工作单

实训项目：__颜色的检验__

班级学号		姓 名	

1. 你所使用的测色仪的品牌型号是：_____。
2. 阅读测色仪技术说明书，将你所了解到的该测色仪操作注意事项记录在下面：

续表

_____
_____。

3. 阅读测色仪技术说明书,将你所了解到的该测色仪的操作步骤记录在下面:
_____
_____
_____。

4. 按规定的步骤进行测试,将测试的数据记录在下面。
(1) 素色漆试板测试数据:
_____
_____
_____。

(2) 金属漆试板测试数据:
_____
_____
_____。

5. 根据测试的数据进行色差计算。
(1) 素色漆试板的色差计算过程:
_____
_____
_____
_____
_____
_____。

(2) 金属漆试板测试数据:
_____
_____
_____
_____
_____。

6. 色差的标准是:_____
(1) 根据上面标准,你所调的素色漆试板是否合格? □合格 □不合格。
如果不合格,请分析原因:
_____
_____。

(2) 根据上面标准,你所调的金属漆试板是否合格? □合格 □不合格。
如果不合格,请分析原因:
_____
_____。

7. 个人技能掌握程度:非常熟练□ 比较熟练□ 一般熟练□ 不熟练□

教师评语:

　　　　　成绩_____ (10 分制) 　教师签字_____ ____年___月___日

"汽车色彩与调色" 课程习题库

项目一 准备工作

一、简答题

1. 为什么在进行汽车漆膜修补时，要进行调色？
2. 涂装安全守则包括哪些内容？
3. 汽车涂装作业时可能对人体的伤害有哪些？
4. 汽车修补涂装工作中，应该佩戴的个人劳动防护用品有哪些？
5. 说明灭火的基本方法。
6. 干粉灭火器适合扑救哪些类型的火灾？
7. 对于涂装与调色车间的电动工具的使用，要遵循哪些安全操作注意事项？
8. 对于防毒面罩佩戴前，都应进行哪些检查？
9. 描述防毒面罩的密封性测试。
10. 描述对呼吸困难患者的急救流程。
11. 描述对眼睛溅入有害物患者的急救流程。
12. 描述 MF 型灭火器的使用流程。
13. 什么是视觉的三要素？说明三者是如何相互影响颜色的。
14. 什么是光源的色温？
15. 为什么同一颜色在不同的光源下观察结果是不同的？通常利用何时的日光调色最好？
16. 物体为什么呈现非彩色和彩色？

二、单项选择题

1. 牛顿发现七色光谱是在（　　　）。
   A. 公元前 17000 年左右　　　B. 1666 年　　C. 1772 年　　　　　D. 1831 年
2. 下列关于避免皮肤接触的描述，（　　　）不正确。
   A. 穿着合适的工作服及佩戴合适的手套
   B. 使用隔绝性护手膏
   C. 使用合格稀释剂洗手
   D. 皮肤接触有害污物时，应立即除下污染物并以大量清水及肥皂水清洗
3. 下列图标是（　　　）标识。

A. 更衣间　　　　B. 洗手间　　　　C. 工作服　　　　D. 保护皮肤

4. 下列图标是（　　）标识。

A. 垃圾箱　　　　B. 洗手间　　　　C. 非餐饮区　　　　D. 避免食用接触

5. 下列图标是（　　）标识。

A. 洗手　　　　B. 触电　　　　C. 腐蚀　　　　D. 非餐饮区

6. 下列图标是（　　）标识。

A. 禁止钓鱼　　　　B. 水环境危害　　　　C. 沐浴危害　　　　D. 健康危害

7. MTT 型灭火器的第三个字母"T"表示的含义为（　　）。

  A. 干粉　　　　B. 泡沫　　　　C. 二氧化碳　　　　D. 推车式

8. 色相取决于光的（　　）。

  A. 波长　　　　　　　　　　B. 振幅

  C. 各种波的均匀程度　　　　D. 单一波长电磁波的含量

9. 明度取决于光的（　　）。

  A. 波长　　　　　　　　　　B. 振幅

  C. 各种波的均匀程度　　　　D. 单一波长电磁波的含量

10. 纯度取决于光的（　　）。

  A. 波长　　　　　　　　　　B. 振幅

  C. 各种波的均匀程度　　　　D. 单一波长电磁波的含量

11. 下列（　　）不是视觉的三要素之一。

  A. 光　　　　B. 物体　　　　C. 视觉器官　　　　D. 颜料

12. 下列（　　）是模拟正午日光的光源。

  A. F 光源　　　　B. A 光源　　　　C. D65 光源　　　　D. TL84

13. 物体表面对各种可见光的反射率低于（　　），则产生的感觉为黑色。
    A. 4%　　　　　　B. 5%　　　　　　C. 10%　　　　　　D. 1%
14. 透明物体受白光照射时，它们的颜色是由（　　）光线的波长来决定的。
    A. 反射　　　　　B. 透过　　　　　C. 吸收　　　　　D. 折射
15. 如果某物体对太阳光有部分吸收、部分透射而无反射，则该物体呈现的颜色是（　　）。
    A. 无色透明　　　B. 白色半透明　　C. 有色半透明　　D. 有色透明
16. 如果某物体对太阳光有部分吸收、部分透射和部分反射，则该物体呈现的颜色是（　　）。
    A. 无色透明　　　B. 白色半透明　　C. 有色半透明　　D. 有色透明
17. 当人们在漆黑的夜晚突然打开明亮的灯光，眼前突然一亮的瞬间会什么也看不见，稍过片刻，眼睛就会适应，可以清晰地观看了，这个过程就是（　　）适应。
    A. 明　　　　　　B. 暗　　　　　　C. 色　　　　　　D. 彩
18. 在深夜人们从明亮的房间走出，步入没有灯光的室外，开始也是什么都看不见，也是要经过一段适应的时间，才能逐渐辨别出周围的环境，这个过程就是（　　）适应。
    A. 明　　　　　　B. 暗　　　　　　C. 色　　　　　　D. 彩
19. 在涂料中，起主要性能作用的是（　　）。
    A. 颜料　　　　　B. 溶剂　　　　　C. 添加剂　　　　D. 树脂
20. 下列（　　）是汽车修补涂装中最常用的涂料。
    A. 氧化聚合型　　B. 双组分聚合型　C. 氧聚合型　　　D. 光聚合型
21. 内装饰用涂料的主要性能要求为（　　）。
    A. 颜色鲜艳　　　B. 高的装饰性　　C. 漆膜硬度高　　D. 耐机油
22. 涂料的名称中不包含（　　）。
    A. 颜色或颜料名称　B. 成膜物质名称　C. 基本名称　　　D. 产地名称
23. 下列（　　）不是调色设备
    A. 酒精灯　　　　B. 喷枪　　　　　C. 电子秤　　　　D. 比例尺
24. 在安装涂料搅拌头时，应使涂料倒出口面向漆罐标签的（　　）面。
    A. 正　　　　　　B. 背　　　　　　C. 侧　　　　　　D. 以上均可
25. 涂料搅拌机应每天上午和下午工作前均要搅拌。通常上午/下午的搅拌时间为（　　）min 合适。
    A. 15/15　　　　　B. 15/10　　　　　C. 10/10　　　　　D. 10/15
26. 测试汽车修补涂料最常用的黏度计是（　　）。
    A. 涂 –1　　　　　B. 涂 –2　　　　　C. 涂 –3　　　　　D. 涂 –4

三、多项选择题

1. 图标提示可能存在的健康危害有（　　）。
    A. 呼吸过敏和皮肤过敏　　　　　　B. 生殖细胞突变性

C. 致癌性 D. 生殖毒性

2. ⚠ 图标提示可能存在的健康危害有（　　）。

   A. 急性毒性　　　B. 皮肤腐蚀　　　C. 致癌性　　　D. 严重眼损伤

3. 下列（　　）是正确的涂装作业安全防护措施。

   A. 对喷漆间采用换气扇等换气系统强制通风　　B. 使用 HVLP 喷枪
   C. 使用干磨系统　　　　　　　　　　　　　　D. 使用水性漆

4. 短时间接触有害气体时，可佩戴（　　）。

   A. 防尘口罩　　　　　　　　　　B. 防护面罩
   C. 半面式供气面罩　　　　　　　D. 全面式供气面罩

5. 泡沫式灭火器不能用于扑救（　　）。

   A. 固体有机物质燃烧的火灾　　　B. 带电设备火灾
   C. 可燃气体火灾　　　　　　　　D. 易燃液体燃烧的火灾

6. 下列（　　）能用于扑救电器火灾。

   A. MF 型　　　B. MPT 型　　　C. MP 型　　　D. MY 型

7. 调色与涂装车间可以配备（　　）灭火器。

   A. MF 型　　　B. MPT 型　　　C. MP 型　　　D. MY 型

8. 光的三原色包括（　　）。

   A. 绿色　　　B. 红色　　　C. 蓝色　　　D. 黄色

9. 白光照射到不透明有色物体上，会发生（　　）。

   A. 反射　　　B. 透过　　　C. 吸收　　　D. 折射

10. 下列（　　）是视觉的三大要素之一。

    A. 颜料　　　B. 物体　　　C. 观察者　　　D. 光线

11. 下列（　　）是女性从事调漆工作的优势。

    A. 色盲患病率低　　B. 辨色力强　　C. 细心　　D. 耐心

12. 涂料中的颜料具有（　　）等作用。

    A. 使漆膜呈现颜色　　B. 提供遮盖力　　C. 溶解树脂　　D. 改变漆膜光泽

13. 车轮、车架用涂料的主要性能要求为（　　）。

    A. 颜色鲜艳　　B. 耐腐蚀　　C. 漆膜硬度高　　D. 耐机油

14. 发动机用涂料的主要性能要求为（　　）。

    A. 耐高温　　B. 快干　　C. 漆膜硬度高　　D. 耐机油

15. 通常涂料由（　　）组成。

    A. 树脂　　　B. 颜料　　　C. 溶剂　　　D. 添加剂

四、判断题

（　）1. 人误服有害物质后，首先应想办法使其强行呕吐，以减少对人体的伤害。

（　）2. MFB 型灭火器为干粉+泡沫型。

（　）3. 泡沫灭火器不能扑救带电设备的火灾。

（　）4. 二氧化碳灭火器适用于扑救轻金属火灾。

（　）5. 防毒面罩的负压测试方法为：将手掌盖住呼气阀并向外慢慢呼气，如面具向外轻轻鼓胀，而你没有感觉气体从面部及口罩间泄漏，则表示佩戴密闭性良好。

（　）6. 单一波长且不能再分解的色光称为单色光。

（　）7. 色温就是在有色物体表面所测的温度。

（　）8. 所有颜色与其补色相调都会调出灰色调。

（　）9. 白色颜料可以吸收所有光线。

（　）10. 涂料中加入颜料，就是使涂料呈现颜色。

（　）11. 溶剂就是稀释剂。

答案：

二、单项选择题：1. B；2. C；3. D；4. D；5. C；6. B；7. D；8. A；9. A；10. A；11. D；12. C；13. A；14. B；15. D；16. C；17. A；18. B；19. D；20. B；21. B；22. D；23. A；24. C；25. B；26. D。

三、多项选择题：1. ABCD；2. ABD；3. ABCD；4. BCD；5. BCD；6. ABD；7. ABD；8. ABC；9. AC；10. BCD；11. ABCD；12. ABD；13. BCD；14. ABD；15. ABCD。

四、判断题：1. ×；2. ×；3. √；4. ×；5. ×；6. √；7. ×；8. √；9. ×；10. ×；11. ×。

项目二　调色基本技能训练

一、简答题

1. 解释色相、明度和纯度的含义。
2. 解释：原色、间色、复色、补色、消色。
3. 为什么调色时，尽量不用补色？
4. 什么是色彩的表色体系？表色体系有何功能？
5. 国际上比较有代表性的表色体系有哪些？请简要介绍不同表色体系的特点。
6. 说明孟塞尔色立体的构建方法。
7. 什么是颜色的加色调配和减色调配？
8. 什么是色彩推移？为什么要求调色工作者必须有充分的颜色推移训练？
9. 水粉颜料有哪些特性？
10. 改变色相的因素与方法有哪些？
11. 改变色彩明度的因素与方法有哪些？
12. 改变色彩纯度的因素与方法有哪些？
13. 从物理学和生理学角度解释色彩的冷暖。
14. 改变色彩空间感有哪些方法？
15. 改变色彩轻重感通常有哪些方法？
16. 改变色彩的动静感通常有哪些方法？
17. 什么是同类色对比？它有哪些特点？
18. 什么是对比色对比？它有哪些特点？

19. 改变色彩纯度有哪些方法？
20. 色彩的明度对比有哪几个基调？不同的基调组合在一起形成几种对比方式？
21. 色彩的纯度对比中，高、中、低和强、中、弱分别是指什么属性或关系？
22. 什么是色彩的调和？色彩调和的目的是什么？
23. 色彩的调和与色彩的对比有何关系？
24. 举例说明色彩的调和有哪些具体方法。

二、单项选择题

1. 一些重要的信号，警示多用红绿色的原因是（　　）。
   A. 红绿色盲患者少　　　　　　　　B. 红色和绿色纯度高
   C. 红色和绿色的视知觉度最高　　　D. 红色和绿色搭配好看
2. 下列（　　）的明度最低。
   A. 红色　　　　B. 紫色　　　　C. 蓝色　　　　D. 绿色
3. 下列（　　）的明度最高。
   A. 红色　　　　B. 紫色　　　　C. 蓝色　　　　D. 黄色
4. 下列（　　）是绿色的补色。
   A. 红色　　　　B. 紫色　　　　C. 蓝色　　　　D. 橙色
5. 下列（　　）是紫色的补色。
   A. 红色　　　　B. 黄色　　　　C. 蓝色　　　　D. 橙色
6. 下列（　　）的彩度最高。
   A. 红色　　　　B. 紫色　　　　C. 蓝色　　　　D. 绿色
7. 某种颜色中加入其补色，可使颜色（　　）。
   A. 柔和　　　　B. 灰色调增加　　　C. 变白　　　　D. 变纯
8. 我们把物体称为红色、蓝色、绿色等，是因为这些物体具有不同的（　　）。
   A. 色相　　　　B. 光谱　　　　C. 明度　　　　D. 纯度
9. 最早建立的表色体系是（　　）。
   A. 中国表色体系　　　　　　　B. 孟塞尔表色体系
   C. 奥斯特瓦德表色体系　　　　D. PCCS 表色体系
10. 在色立体中，沿垂直轴向上（　　）越来越高。
    A. 色相　　　　B. 明度　　　　C. 纯度　　　　D. 色差
11. 对于孟塞尔表色体系，颜色的标注 5RP4/12，指的是（　　）。
    A. 色相为纯红紫色，它的明度等级是 4，它的纯度等级是 12
    B. 色相为纯紫红色，它的明度等级是 4，它的纯度等级是 12
    C. 色相为纯红紫色，它的纯度等级是 4，它的明度等级是 12
    D. 色相为纯紫红色，它的纯度等级是 4，它的明度等级是 12
12. 色相渐变的调色方法就是逐渐调入（　　）。
    A. 白色　　　　B. 黑色　　　　C. 邻近色　　　　B. 高纯度色
13. 下列（　　）是暖极色。
    A. 红色　　　　B. 橙色　　　　C. 绿色　　　　D. 蓝色
14. 下列（　　）是冷极色。

A. 红色　　　　　　B. 橙色　　　　　　C. 绿色　　　　　　D. 蓝色

15. 下列（　　）感觉最轻。
    A. 红色　　　　　　B. 黄色　　　　　　C. 绿色　　　　　　D. 紫色

16. 下列（　　）感觉最重。
    A. 红色　　　　　　B. 黄色　　　　　　C. 绿色　　　　　　D. 紫色

17. 在色相环（　　）的色彩对比就是对比色对比。
    A. 30°以内　　　　B. 30°~90°　　　　C. 90°~170°　　　D. 180°

18. 以孟塞尔色彩体系为例，明度等级为（　　）称为中调。
    A. 0~3　　　　　　B. 1~3　　　　　　C. 4~6　　　　　　D. 7~10

19. 以孟塞尔色彩体系为例，明度差级为（　　）称为短调。
    A. 0~3　　　　　　B. 1~3　　　　　　C. 4~6　　　　　　D. 7~10

20. 冷极色与暖色的对比，暖极色与冷色的对比属于（　　）。
    A. 超强对比　　　　B. 强对比　　　　　C. 中等对比　　　　D. 弱对比

21. 暖色与极暖色、暖色与中间色、冷色与极冷色、冷色与中间色的对比，属于（　　）。
    A. 超强对比　　　　B. 强对比　　　　　C. 中等对比　　　　D. 弱对比

22. 按歌德面积调和法，三原色的面积调和比例为（　　）。
    A. 红6：黄4：蓝8　　B. 红8：黄3：蓝6　　C. 红6：黄3：蓝8　　D. 红3：黄6：蓝8

23. 按歌德面积调和法，三间色的面积调和比例为（　　）。
    A. 橙4：绿6：紫9　　B. 橙4：绿9：紫6　　C. 橙6：绿6：紫4　　D. 橙9：绿4：紫9

三、多项选择题

1. 下列（　　）是色彩的三属性之一。
    A. 色调　　　　　　B. 光谱　　　　　　C. 明度　　　　　　D. 彩度

2. 下列（　　）是色彩的三原色之一。
    A. 绿色　　　　　　B. 红色　　　　　　C. 蓝色　　　　　　D. 黄色

3. 下列（　　）是色彩三间色之一。
    A. 绿色　　　　　　B. 紫色　　　　　　C. 蓝色　　　　　　D. 橙色

4. 为了降低某颜色的纯度，可以加入（　　）。
    A. 黑色　　　　　　B. 白色　　　　　　C. 灰色　　　　　　D. 紫色

5. 下列（　　）是有彩色。
    A. 绿色　　　　　　B. 黑色　　　　　　C. 橙色　　　　　　D. 红色

6. 水粉明度的提高可通过（　　）实现。
    A. 减黑色　　　　　B. 稀释　　　　　　C. 加白色　　　　　D. 调入浅颜色

7. 下列关于色彩远近感觉的描述，（　　）正确。
    A. 暖色近　　　　　　　　　　　　　　B. 色彩的明度高远
    C. 色彩的纯度高远　　　　　　　　　　D. 色彩与背景对比强烈近

8. 下列关于色彩动静感觉的描述，（　　）正确。
    A. 纯度高的色彩，感觉安静　　　　　　B. 暖色运动感强
    C. 高明度的色彩运动感强　　　　　　　D. 色彩对比强烈运动感强

9. 下列（　　）是同类色对比的特点。

    A. 色彩性质统一　　　　　　　　　　　B. 色彩差异微弱
    C. 视觉感受对比强烈　　　　　　　　　D. 色相单调
10. 下列（　　）是对比色对比的特点。
    A. 色彩性质统一　　　　　　　　　　　B. 色彩差异较大
    C. 视觉感受对比强烈　　　　　　　　　D. 充满活力
11. 下列（　　）是高纯度基调的色彩对比的特点。
    A. 色相感强　　　B. 色彩凝重　　　C. 色彩鲜艳　　　D. 色彩易杂乱
12. 下列（　　）是弱纯度色彩对比的特点。
    A. 纯度级差小　　B. 效果模糊　　　C. 柔弱　　　　　D. 视觉效果统一
13. 下列折中调和的方法，（　　）正确。
    A. 在蓝色与绿色之间加入红色　　　　B. 在绿色与橙色之间加入黄色
    C. 在橙色与紫色之间加入绿色　　　　D. 把红色与绿色放在灰色的背景内
14. 按歌德面积调和法，互补色的面积调和比例为（　　）。
    A. 红6：绿6　　　B. 黄3：紫9　　　C. 蓝8：橙4　　　D. 绿6：橙4

四、判断题

（　）1. 彩度实际上就是颜色在心理上的纯度感觉。
（　）2. 不同的色调有不同的明度，但同一种色调则具有相同的明度。
（　）3. 正色加入黑色则称为过饱和色。
（　）4. 在调色时，向涂料中加入白色色母，一定是为了使调得的涂料呈现白色调。
（　）5. 色立体实际就是将明度、色相和纯度用一个标准的球体来表示。
（　）6. 只要将两种颜色的颜料相混合，其纯度必然降低。
（　）7. 水粉颜料在湿的时候，饱和度很高，而干后饱和度大幅度降低。
（　）8. 色彩的推移就是由一种颜色调至另一种颜色。
（　）9. 明度推移实际上就是逐渐添加白色或黑色，以获得不同颜色的明度等阶。
（　）10. 色彩对应的光波波长越长，感觉越冷。
（　）11. 色彩的远近感觉也称为色彩的空间感。
（　）12. 色彩轻重感主要取决于色彩的色相。
（　）13. 明度相同时，纯度高感觉重。
（　）14. 明度相同时，暖色感觉轻。
（　）15. 一个暖色在提高了它的明度后，其暖色的程度就会提高。
（　）16. 如降低绿色的纯度，就会使该色感觉变暖。
（　）17. 色彩的纯度对比实际就是纯净色彩中含黑、白、灰多少的对比。
（　）18. 在进行明度调和时，可以使明度上保持类似，在色相与纯度上进行变化而得到的调和。
（　）19. 在对比强烈的色彩之间通过加入其他色彩而得到的色彩调和就是折中调和。

答案：
　　二、单项选择题：1. C；2. B；3. D；4. A；5. B；6. A；7. B；8. A；9. B；10. B；11. A；12. C；13. B；14. D；15. B；16. D；17. C；18. C；19. B；20. B；21. D；22. C；23. A。
　　三、多项选择题：1. ACD；2. BCD；3. ABD；4. ABC；5. ACD；6. BCD；7. AD；8. BCD；

9. ABD；10. BCD；11. ACD；12. ABCD；13. BD；14. ABC。

四、判断题：1. √；2. ×；3. √；4. ×；5. ×；6. √；7. √；8. ×；9. √；10. ×；11. √；12. ×；13. ×；14. ×；15. ×；16. √；17. √；18. √；19. √。

项目三　汽车涂料的调色

一、简答题

1. 简要解释涂料的几种成膜方式。
2. 术语解释：单工序面漆、双工序面漆、三工序面漆。
3. 描述在有颜色代码的前提下，如何通过色卡获得颜色配方的过程。
4. 在参考选择色卡时，应注意哪些问题？
5. 为什么建议采用多种光源下对比颜色？
6. 为什么对于素色漆，观察的角度对颜色影响不大？通常取多大角度观察颜色？
7. 空气喷涂有何特点？
8. 简单描述喷枪的品种。
9. 说明重力式喷枪的特点。
10. 说明高气压、低流量中气压和高流量低气压三种喷枪的特点。
11. 喷枪气帽上都有哪几类孔？各起什么作用？
12. 在涂装操作过程中，发生着火、涂料撒落、过氧化物残渣撒落、眼睛和嘴接触涂料、皮肤接触涂料等意外情况时，应采取什么相对措施？
13. 什么是同色异谱现象？同色异谱现象的根本原因是什么？调色中如何考虑这一现象？
14. 什么是色母？通常涂料生产商生产的色母包括哪几大类？
15. 解释：颜色配方、标准颜色配方、1 L 单量配方、1 L 累积配方。
16. 计量添加色母时应注意哪些事项？
17. 比色时需要注意哪些事项？
18. 如果不能在车上找到油漆代码，怎样利用色卡调色？
19. 说明用手提式黏度计测量涂料黏度的方法。
20. 描述手工清洗喷枪的操作流程。
21. 什么是随角异色效应？如何评价金属漆的随角异色效应强弱？
22. 在金属漆颜色配方中，常用两个色母都是银粉，为什么？
23. 如果往丙烯酸聚氨酯涂料和改性丙烯酸硝基涂料中加入同一种铝粉，涂装后仔细观察，将会发现前一种涂膜显得金属颗粒大、亮度高。为什么会有这种现象？如何能够获得相同的效果？
24. 说明金属漆具有方向性的原因。
25. 金属闪光色与素色的光学特性有哪些不同之点？
26. 为什么珍珠色漆会有七彩的效果？
27. 在进行金属漆的调色时，对于深色漆和浅色漆应分别采取什么方法？
28. 在进行金属漆调色时，应注意哪些事项？

29. 为什么要求比色最好在抛光后进行？

二、单项选择题

1. 下列（　　）属于溶剂挥发型涂料。
   A. 硝基漆　　　　B. 聚氨酯漆　　　　C. 醇酸漆　　　　D. 环氧漆
2. 下列（　　）是汽车修补涂装中最常用的涂料。
   A. 氧化聚合型　　B. 双组分聚合型　　C. 氧聚合型　　　D. 光聚合型
3. 双工序金属漆的标准涂层厚度一般为（　　）μm。
   A. 90～115　　　B. 150　　　　　　C. 95～115　　　D. 95～135
4. 下列（　　）涂料在汽车修补涂装中最少用。
   A. 加热固化型　　B. 溶剂挥发型　　　C. 氧化固化型　　D. 双组分固化型
5. 对于素色漆，一般取（　　）角作为对比颜色的观察角度。
   A. 15°　　　　　B. 30°　　　　　　C. 45°　　　　　D. 60°
6. 高气压喷枪合适的喷涂距离是（　　）cm。
   A. 15～20　　　　B. 18～23　　　　C. 20～25　　　　D. 25～30
7. 下列（　　）不是空气喷涂系统的基本设备。
   A. 喷枪　　　　　B. 空气压缩机　　　C. 气动角磨机　　D. 空气滤清器
8. 喷枪上，形成真空、吸出漆液是由（　　）来完成的。
   A. 主空气孔　　　B. 侧空气孔　　　　C. 辅助空气孔　　D. 出漆孔
9. 喷枪上，加强漆液雾化的功能是由（　　）来完成的。
   A. 主空气孔　　　B. 侧空气孔　　　　C. 辅助空气孔　　D. 出漆孔
10. 喷枪上，（　　）用来控制雾形。
    A. 主空气孔　　　B. 侧空气孔　　　　C. 辅助空气孔　　D. 出漆孔
11. 若喷枪雾形控制阀关上，雾束呈（　　）形。
    A. 圆形　　　　　B. 水平扇束　　　　C. 垂直扇束　　　D. 椭圆形
12. 下列（　　）不是空气喷涂的优点。
    A. 设备简单　　　B. 操作容易　　　　C. 适应性强　　　D. 上漆率高
13. 空气喷枪按涂料的供给方式分为（　　）。
    A. 吸上式、自进式、压力式　　　　B. 上壶枪、下壶枪、无壶枪
    C. 常压枪、高压枪、低压枪　　　　D. 吸上式、重力式、压力式
14. 环保型喷枪又称为（　　）喷枪。
    A. HVLP　　　　B. HPLV　　　　　C. HP　　　　　　D. HV
15. 调涂料黏度时，一般不需要（　　）。
    A. 酒精灯　　　　B. 温度计　　　　　C. 秒表　　　　　D. 黏度计
16. 下列（　　）在喷涂操作时不需要经常调整。
    A. 气帽　　　　　B. 压缩空气进气阀　C. 雾形控制阀　　D. 漆流量控制阀
17. 在进行喷涂操作时，雾形的上半部与第一次喷涂的下半部重叠，一般重叠的幅度为（　　）。
    A. 1/4～1/3　　　B. 1/3～1/2　　　　C. 1～1/2　　　　D. 1/4～1/5
18. 进行涂料分布测试时，如果测试面中间流挂较重，可能的原因是（　　）。

A. 喷束太宽　　　　　B. 气压太低　　　　　C. 出漆量太多　　　　D. 雾形太小

19. 喷涂操作时，涂层出现波纹状，其主要原因是（　　）。
    A. 气压过高　　　　　B. 气压太低　　　　　C. 出漆量太多　　　　D. 喷涂距离不足

20. 现代喷烤漆房的供气系统一般采用（　　）。
    A. 上送下排　　　　　B. 下送上排　　　　　C. 涡旋　　　　　　　D. 紊流

21. 手持喷枪一次移动的水平距离为（　　）mm。
    A. 50~60　　　　　　B. 70~80　　　　　　C. 50~100　　　　　　D. 15~20

22. 测试汽车修补涂料最常用的黏度计是（　　）。
    A. 涂-1　　　　　　　B. 涂-2　　　　　　　C. 涂-3　　　　　　　D. 涂-4

23. 配色时，应先加入在配色中（　　）的色漆。
    A. 用量小，着色力小　　　　　　　　　　　B. 用量大，着色力小
    C. 用量小，着色力强　　　　　　　　　　　D. 用量大，着色力强

24. 调色的最佳时机是（　　）。
    A. 日出前3h　　　　　　　　　　　　　　B. 日出至日落
    C. 日出后3h至日落前3h　　　　　　　　　D. 日落后3h

25. 调漆时，若需加入催干剂，应在（　　）加入。
    A. 配色前　　　　　　B. 配色中　　　　　　C. 配色后　　　　　　D. 没有特殊要求

26. 通常情况下，一滴色母的质量大约为（　　）g。
    A. 0.03　　　　　　　B. 0.05　　　　　　　C. 0.1　　　　　　　　D. 0.3

27. 比色时，下列最好的方法是（　　）。
    A. 比较法　　　　　　B. 点漆法　　　　　　C. 涂抹法　　　　　　D. 喷涂法

28. 下列（　　）不是产生金属闪光涂膜方向性的原因。
    A. 视觉缺陷　　　　　B. 铝粒子形状　　　　C. 颜料特点　　　　　D. 铝粒子的大小

29. 金属漆层感觉遮盖力不够，可能的原因是（　　）。
    A. 小粒度铝粒子少　　　　　　　　　　　　B. 大粒度铝粒子少
    C. 中等粒度铝粒子少　　　　　　　　　　　D. 涂料溶剂用量太多

30. 珍珠色漆涂装一般采用（　　）工序。
    A. 一　　　　　　　　B. 二　　　　　　　　C. 三　　　　　　　　D. 四

31. 在汽车的垂直面和水平面上出现颜色不同，最主要原因是（　　）。
    A. 光照强度不一样　　　　　　　　　　　　B. 颜料不一样
    C. 金属粉的排列不一样　　　　　　　　　　D. 铝粉的形状不一样

32. 珍珠漆中所加的反光颜料是（　　）。
    A. 铝粉　　　　　　　B. 珍珠粉　　　　　　C. 金粉　　　　　　　D. 云母粉

33. 调制深色调金属闪光涂料时，下列（　　）正确。
    A. 先只加入原色颜料，调好其侧视色，然后加入所需粒度的金属铝粉，调好正视色
    B. 先只加入原色颜料，调好其侧视、正视色，然后加入所需粒度的金属铝粉
    C. 先配制好粒度大小适宜的金属铝粉，再加入原色，然后调侧视色，最后调正视色

D. 先配制好粒度大小适宜的金属铝粉，再加入原色，然后调正视色，最后调侧视色
34. 双工序银粉漆容易显现底层打磨痕的主要原因是（　　）。
　　A. 底色漆遮盖力差　　　　　　　　B. 清漆易显打磨痕
　　C. 银粉易沉积于划痕内　　　　　　D. 银粉具有放大效果

三、多项选择题

1. 下列（　　）是溶剂挥发型涂料的特点。
　　A. 干得快　　　　　　　　　　　　B. 容易使用
　　C. 耐溶剂性好　　　　　　　　　　D. 耐自然老化性能差
2. 下列（　　）是重力式喷枪的特点。
　　A. 杯内涂料黏度的变化对喷出量影响小　　B. 杯的角度可由漆工任意调节
　　C. 适用于小物件涂装　　　　　　　　　　D. 适合各种角度喷涂
3. 下列对于压送式喷枪的描述，（　　）正确。
　　A. 适合连续喷涂　　　　　　　　　B. 喷涂方位调整容易
　　C. 涂料喷出量调整范围广　　　　　D. 稀释剂损耗小
4. 下列（　　）是喷枪按雾化技术的分类。
　　A. 重力式　　　　　　　　　　　　B. 高气压式
　　C. 低流量中气压式　　　　　　　　D. 高流量低气压式
5. 下列（　　）是涂料黏度过高可能产生的缺陷。
　　A. 表面粗糙不均　　B. 产生针孔　　C. 气孔　　D. 漆膜不丰满
6. 下列（　　）是涂料喷出量多而空气量少的现象。
　　A. 涂料粒度较小　　　　　　　　　B. 涂料粒度较大
　　C. 涂面的效果较差　　　　　　　　B. 涂面的效果较好
7. 下列（　　）是金属漆具有方向性的原因。
　　A. 颜料颗粒的形状、大小　　　　　B. 颜料的种类
　　C. 涂料的种类　　　　　　　　　　D. 涂装方法
8. 下列（　　）的方向性强。
　　A. 扁平状铝粉　　　　　　　　　　B. 铝粉颗粒大
　　C. 无机颜料　　　　　　　　　　　D. 铝粒子排列整齐
9. 下列（　　）会使珍珠色的颜色发生改变。
　　A. 底层的颜色　　B. 珍珠色的种类　　C. 珍珠色层厚度　　D. 铝粒子排列
10. 下列（　　）是金属漆膜的颜色评价项目。
　　A. 闪光感　　　　　　　　　　　　B. 金属感
　　C. 明亮度　　　　　　　　　　　　D. 随角异色效应性
11. 下列（　　）是粗银粉的特点。
　　A. 正面浅　　B. 侧面深　　C. 高闪烁感　　D. 高遮盖能力
12. 为了使侧面颜色变深，可采取的措施有（　　）。
　　A. 增加透明色母的量　　　　　　　B. 减少银粉的量
　　C. 使用较粗的银粉色母　　　　　　D. 减少白色色母的量

四、判断题

( ) 1. 溶剂挥发型涂料是典型的化学成膜方式之一。
( ) 2. 油漆的标准配方是特指汽车制造厂提供的配方。
( ) 3. 如果所选择的色卡颜色与车身颜色有差别,有时可以不修改颜色配方而通过改变喷涂方式得到所需要的颜色效果。
( ) 4. 调配素色漆时,如果很难找到合适的色卡,则可选色度和明度比车身颜色高的色卡。
( ) 5. 调配金属(珍珠)漆时,如果很难找到合适的色卡,则可选择一个侧面稍暗的色卡或一个正面偏亮、侧视偏暗的色卡。
( ) 6. 产生照明体同色异谱现象的根本原因是光源不同。
( ) 7. 喷枪的辅助空气孔径越大,则雾化能力越强。
( ) 8. 若喷枪空气流量大,则喷出的涂料粒度小。
( ) 9. 为得到较好的漆面效果,喷枪应调整为出气量少而供漆量多。
( ) 10. 一般来说,喷枪的口径与空气使用量、涂料喷出量及涂料喷幅宽度基本成正比。
( ) 11. 使用环保型喷枪能够显著减少涂料用量。
( ) 12. 压送式喷枪不适合汽车修理厂修补漆方面应用。
( ) 13. 用实色调整的颜色应在色调调好后,再调明度,最后调整纯度。
( ) 14. 在进行涂料调制时,对于主剂、固化剂和稀释剂的添加顺序没有规定。
( ) 15. 废漆属于特种垃圾。
( ) 16. 双组分涂料必须进行烘烤干燥。
( ) 17. 加速干燥即指烘烤干燥。
( ) 18. 使用喷枪进行喷涂前应调整喷枪的气压、流量、扇面宽度。
( ) 19. 喷枪的口径并不因所喷涂涂料的类型而改变。
( ) 20. 在进行喷涂操作过程中不必关注喷枪与工件的距离。
( ) 21. 添加色母时,尽量按配方的顺序进行。
( ) 22. 涂料从湿色干燥后,颜色会变深。
( ) 23. 同一种涂料,夏季喷涂时所调的黏度要比冬季喷涂时所调的黏度高。
( ) 24. 喷涂试板时,应完全按照涂料生产商建议的喷涂参数进行。
( ) 25. 铝粒子用在不同的涂料中,其排列方式是不同的。
( ) 26. 小颗粒的铝粉往往引起分色现象,因此,尽量不用。
( ) 27. 用中等粒度的铝粉可以取代用大颗粒与小颗粒铝粉的调配。
( ) 28. 涂料干燥速度越快,其方向性越强。
( ) 29. 金属漆在调色时,应首先使侧视色(又叫透视色)与原涂膜相吻合,再调正视色。
( ) 30. 双工序漆膜系统中,因底色漆的固体成分低,所以易显现底层打磨痕迹。
( ) 31. 清漆会稍微改变色漆层的颜色,从正面看时其明度会降低变深。
( ) 32. 微调时减少银粉色母的量可使银粉漆更深更暗。
( ) 33. 银粉漆微调时使用透明性色母能使侧面变浅。

（　）34. 观察对比颜色时，试板与眼睛的理想距离相当于眼睛至双手的距离。

答案：

二、单项选择题：1. A；2. B；3. D；4. A；5. C；6. B；7. C；8. A；9. C；10. B；11. D；12. D；13. D；14. A；15. A；16. A；17. B；18. C；19. D；20. A；21. C；22. D；23. B；24. C；25. A；26. A；27. D；28. A；29. A；30. C；31. C；32. D；33. B；34. A。

三、多项选择题：1. ABD；2. ABC；3. ABC；4. BCD；5. ABC；6. BC；7. ABCD；8. ABD；9. ABC；10. ABCD；11. ABC；12. ABCD。

四、判断题：1. ×；2. ×；3. √；4. √；5. √；6. ×；7. √；8. √；9. ×；10. √；11. √；12. √；13. √；14. ×；15. √；16. ×；17. ×；18. √；19. √；20. ×；21. √；22. √；23. ×；24. √；25. √；26. ×；27. ×；28. ×；29. √；30. √；31. √；32. √；33. ×；34. √。

项目四　颜色的检验

一、简答题

1. 什么是颜色标绘？它有什么作用？
2. 什么是色度学？色度学的研究有何作用？
3. 什么是颜色的三刺激值？它有什么作用？
4. 什么是色差公式？目前国际上有哪几种色差公式？色差公式有什么作用？
5. 为什么轿车工业多用仪器进行色差测量？

二、单项选择题

1. 在 CIELAB 色空间中，Δa^* 为正号时，颜色的特点是（　　）。
   A. 偏黄　　　　B. 偏红　　　　C. 偏绿　　　　D. 偏蓝
2. 在 CIELAB 色空间中，Δb^* 为正号时，颜色的特点是（　　）。
   A. 偏黄　　　　B. 偏红　　　　C. 偏绿　　　　D. 偏蓝
3. 在 CIELCH 色空间中，ΔH^* 为正号时，颜色的特点是（　　）。
   A. 偏浅　　　　　　　　　　　B. 偏鲜
   C. 偏土　　　　　　　　　　　D. 偏逆时针方向色调
4. 现在汽车涂料领域最常用的颜色测量仪器是（　　）。
   A. 膜厚仪　　　B. 红外线分析仪　　C. 色度仪　　　D. 分光光度计
5. 用测色仪测定素色漆时，通常测试的角度为（　　）。
   A. 15°　　　　B. 25°　　　　C. 45°　　　　D. 75°
6. 用测色仪测定金属漆时，通常测试的角度有（　　）个。
   A. 1　　　　　B. 2　　　　　C. 4　　　　　D. 5
7. 通过调整设备施工参数，可以优化（　　）。
   A. ΔL^*　　　B. Δa^*　　　C. Δb^*　　　D. ΔH^*

三、多项选择题

1. 在 CIELCH 颜色模型中，下列叙述（　　）正确。
   A. 用 L 表示明度值　　　　　　B. 用 C 表示饱和度值

C. 用 H 表示色调角度值 　　　　　　　　D. 用 b^* 表示黄、蓝值

2. 当喷涂施工出漆量大时，下列描述（　　）正确。

　　A. 涂膜更湿　　　　B. ΔL^* 下降　　　　C. 涂膜更干　　　　D. ΔL^* 增加

四、判断题

（　）1. 色度学就是解决颜色度量问题的学科。

（　）2. 对于金属漆的颜色测定，应选用多角度分光光度计。

（　）3. 如果亮银金属涂料施工黏度降低，涂膜表面更湿润，则明度变亮。

（　）4. 夏季涂装施工，往涂料中加入慢干型稀释剂，可以减小明度差。

答案：

二、单项选择题：1. B；2. A；3. D；4. D；5. C；6. D；7. A。

三、多项选择题：1. ABCD；2. AB。

四、判断题：1. √；2. √；3. ×；4. √。

参 考 文 献

[1] 赵国志. 色彩构成 [M]. 沈阳：辽宁美术出版社，2001.
[2] [韩] 权宁杰. 设计师谈商业色彩设计 [M]. 北京：电子工业出版社，2006.
[3] 陈重武. 新色彩构成 [M]. 天津：天津人民美术出版社，2003.
[4] 吴卫，肖晟. 色彩构成 [M]. 北京：北京理工大学出版社，2006.
[5] 黄英杰. 构成艺术 [M]. 上海：同济大学出版社，2004.
[6] [美] 吉母·克劳斯. 色彩设计指南 [M]. 上海：上海人民美术出版社，2002.
[7] 王锡春. 汽车修补涂装技术 [M]. 北京：化学工业出版社，2010.
[8] 宋年秀. 汽车装饰与车身修复技术 [M]. 北京：北京理工大学出版社，2007.
[9] [美] A. G. DEROCHE 编. 汽车车身修理与漆面修复 [M]. 李军，译. 北京：北京理工大学出版社，2000.
[10] 宋东方. 汽车涂装技术 [M]. 北京：化学工业出版社，2011.
[11] 郭宏伟. 汽车涂装 [M]. 北京：人民交通出版社，2013.

汽车色彩与调色(彩图)

彩图 1　法国境内的拉斯科洞窟壁画

彩图 2　马家窑文化(神人纹双耳彩陶罐)

彩图 3　三棱镜与七色光

彩图 4　波长与色彩

彩图 5　红、绿、蓝色光的中间色

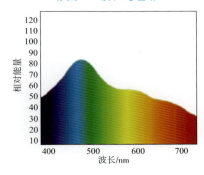

彩图 6　日光曲线

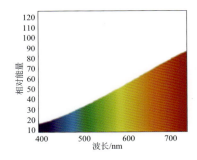

彩图 7　白炽灯光曲线

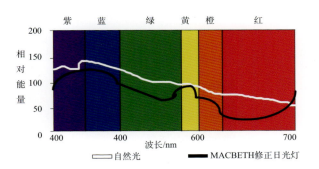

彩图 8　荧光灯光曲线

彩图 9　阳光下不同阶段景色的色彩效果

彩图 10　典型的人造光源

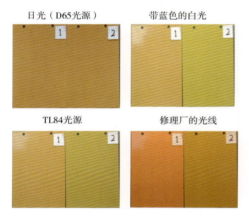

彩图 11　不同光源下的对比

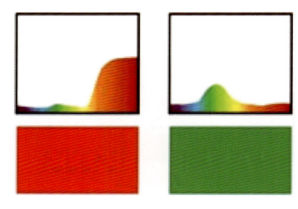

彩图 12　红色和红色物体反射情况

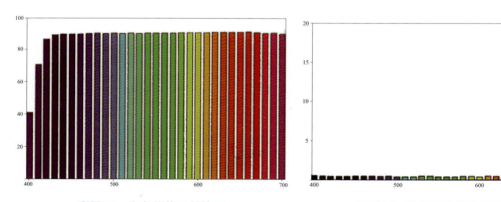

彩图 13　白色物体反射情况

彩图 14　黑色物体的反射情况

彩图 15　实际一样的红色方块

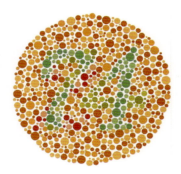

彩图 16　色盲检查图例（一）　　彩图 17　色盲检查图例（二）　　彩图 18　色盲检查图例（三）

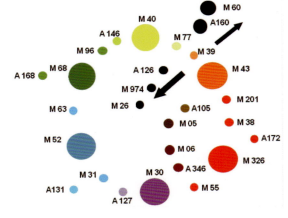

彩图 19　鹦鹉漆 22 系列色母特性表（色母挂图）

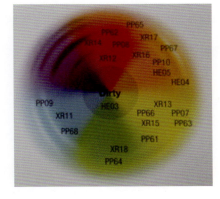

彩图 20　PPG 的色母特性图

彩图 21　色扇

白炽灯　　　　　午间太阳光　　　　　D65光源

彩图 22　标准比色灯箱的三种光源效果

彩图 23　六种基本色色环

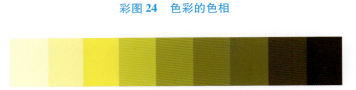

彩图 24　色彩的色相

彩图 25　色彩的明度序列

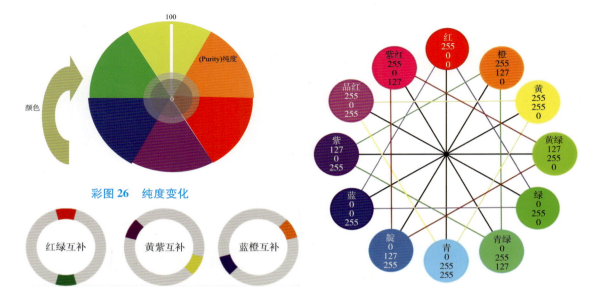

彩图26　纯度变化

彩图28　色彩的互补色

彩图27　三原色的补色

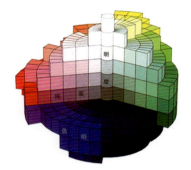

彩图29　孟塞尔色立体　　彩图30　孟塞尔色彩图册　　彩图31　色立体示意图

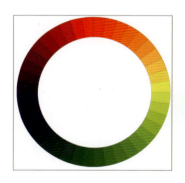

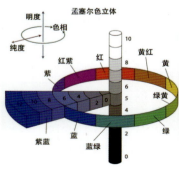

彩图32　孟塞尔40色相环　　彩图33　孟塞尔色立体构成示意图　　彩图34　孟塞尔色立体

 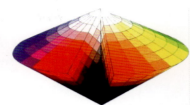 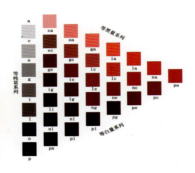

彩图 35　奥斯特瓦德色相环　　彩图 36　奥斯特瓦德色立体示意图　彩图 37　奥斯特瓦德色立体立剖面

彩图 38　日本色立体　　　　彩图 39　日本 PCCS 色相环　　　彩图 40　减色法示意

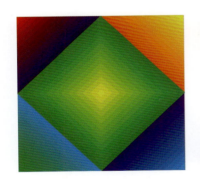 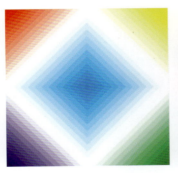 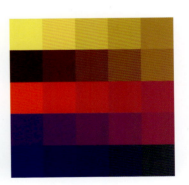

彩图 41　色彩的色相推移　　彩图 42　色彩的明度推移　　　彩图 43　色彩的纯度推移

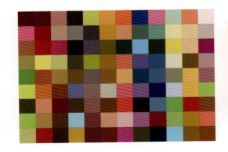 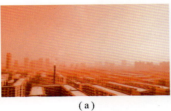 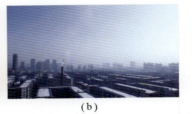

彩图 44　调出 108 种不同的颜色　　彩图 45　同一环境不同色调冷暖感觉
　　　　　　　　　　　　　　　　（a）暖色调；(b)冷色调

彩图 46　色环中的色彩冷暖区域

彩图 47　色相环距离不同色彩的对比组合

彩图 48　同类色对比（1）

彩图 49　同类色对比（2）

彩图 50　邻近色对比

彩图 51　对比色对比

彩图 52　对比色对比

彩图 53　互补色对比

彩图 54　互补色黄与紫对比

彩图 55　互补色红与绿对比

彩图 56　互补色蓝与橙对比

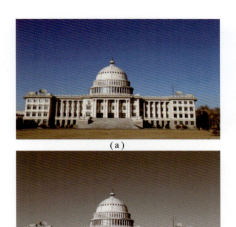

彩图 57　明度对比
（a）彩色照片；（b）黑白照片

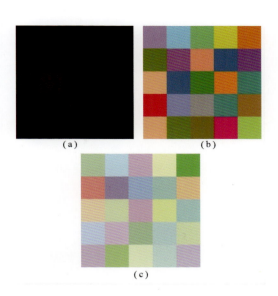

彩图 58　明度对比的低、中、高调
（a）低调；（b）中调；（c）高调

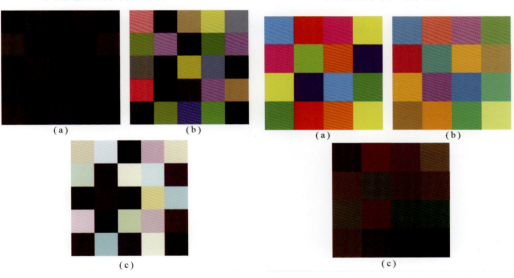

彩图 59　明度对比的短、中、长调
（a）短调；（b）中调；（c）长调

彩图 60　纯度对比的基调
（a）高纯度基调；（b）中纯度基调；（c）低纯度基调

彩图 61　纯度的强弱对比
（a）强纯度对比；（b）中纯度对比；（c）弱纯度对比

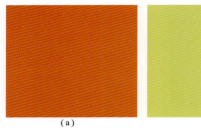
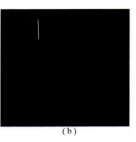

彩图62　明色明度改变对冷暖的影响
（a）暖色；（b）提高暖色的明度

彩图63　冷色明度改变对冷暖的影响
（a）冷色；（b）降低冷色的明度

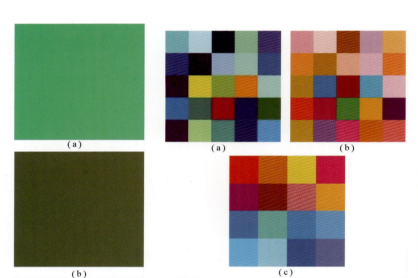

彩图64　色彩的纯度改变
对冷暖的影响
（a）纯色；（b）降低色彩的纯度

彩图65　色彩环境改变对冷暖的影响
（a）冷色为主的冷暖对比；（b）暖色为主的冷暖对比；
（c）冷暖均衡对比

彩图66　同一色相
不同明度

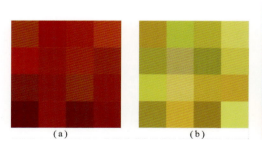

彩图67　类似色相调和
（a）类似色相相同明度、不同纯度；
（b）类似色相相同纯度、不同明度

彩图68　同一明度调和

彩图69　类似明度调和

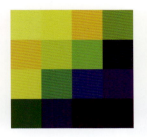
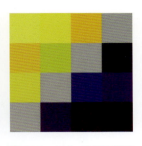

彩图 70　同一纯度调和　　彩图 71　类似纯度调和　　彩图 72　相近色隔离调和　　彩图 73　无色系隔离调和

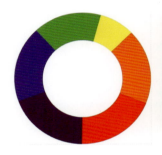
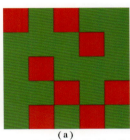

(a)　　　　　　　(b)　　　　　　　(c)

彩图 74　色彩的面积调和　　　　彩图 75　互补色的面积调和
(a)色彩的红与绿面积调和；(b)色彩的紫与黄面积调和；
(c)互补色橙色、蓝色组合面积调和

彩图 76　色彩的
三原色面

彩图 77　色彩的
三间色面积
调和

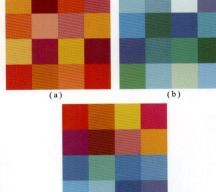

(a)　　　　　　(b)

(c)

彩图 78　色彩的冷暖感觉图例
(a)温暖色彩感觉；(b)寒冷色彩感觉；
(c)冷暖色彩组合

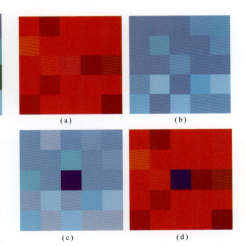

(a)　　　　　　(b)

(c)　　　　　　(d)

彩图 79　前进与后退色彩感觉图例
(a)前进色彩感觉；(b)后退色彩感觉；
(c)同一色彩主体不同背景前进感；
(d)同一色彩主体不同背景后退感

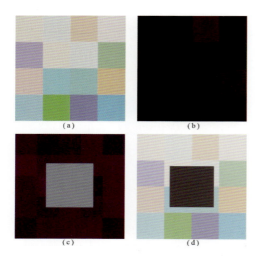

彩图 80　色彩轻重感觉图例

(a)色彩的轻感；(b)色彩的重感；(c)同一色彩主体在低明度背景前会产生轻的感觉；(d)同一色彩主体在高明度背景前会产生重的感觉

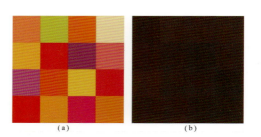

彩图 81　色彩动静感觉图例

(a)色彩的动感；(b)色彩的静感

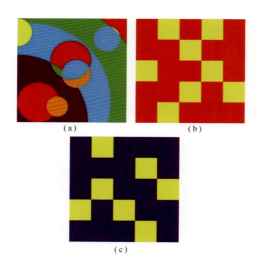

彩图 82　面积调和图例

(a)红、橙、黄、绿、蓝、紫组合面积调和；
(b)色彩的红与黄面积调和；(c)色彩的蓝与黄面积调和

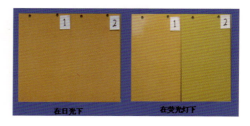

彩图 83　照明体同色异谱现象

彩图 84　环境对调色的影响

彩图 85　含有铝粉的漆膜

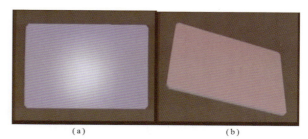

彩图 86　金属漆的方向性

(a)正视色；(b)侧视色

彩图 87　5PNC/星光银配方中各色母的特性（见表 3-3-6）

色母	名称	特性	色母	名称	特性
352-91	稀释剂	透明	55-M1	树脂	透明
55-M99-10	细银：颗粒细		55-A929	偏黄黑：正侧面均偏黄	
55-M99-19	粗银：颗粒粗		55-M306	红：侧面偏浅	
55-A136	偏绿黄：正面偏橙		55-A640	偏蓝绿：侧面偏蓝	
55-M105	偏橙黄：侧面偏橙		55-A098	白色：正面偏黄，侧面偏蓝	

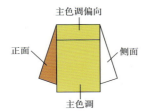

彩图 88　色母特性举例

彩图 89　颜色的属性

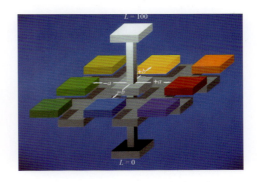

彩图 90　颜色三维坐标

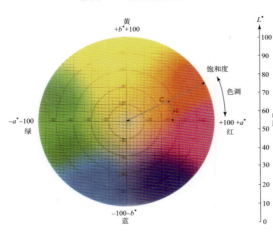

彩图 91　LCH 颜色模型

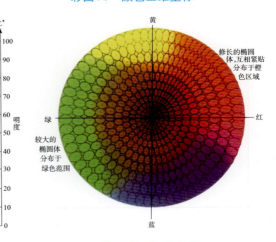

彩图 92　容体色差

· 11 ·